国际关系学院中央高校基本科研业务费专项资金资助

泛在环境下高校智慧图书馆研究

孟银涛　编著

中国农业大学出版社
·北京·

内容简介

本书由国际关系学院中央高校基本科研业务费专项资金资助(项目编号:3262018T19)。

本书从智慧地球、智慧城市和智慧校园出发,层层深入,进而引出关于智慧图书馆的研究。主要内容包括:对智慧图书馆的基础理论进行了研究;对智慧图书馆的核心要素——馆员、资源、服务、技术和建筑等进行了阐释;针对部分国内外实践案例进行了总结。

图书在版编目(CIP)数据

泛在环境下高校智慧图书馆研究/孟银涛编著.—北京:中国农业大学出版社,2018.8

ISBN 978-7-5655-2060-0

Ⅰ.①泛…　Ⅱ.①孟…　Ⅲ.①院校图书馆-图书馆工作-研究　Ⅳ.①G258.6

中国版本图书馆 CIP 数据核字(2018)第 169281 号

书　　名　泛在环境下高校智慧图书馆研究

作　　者　孟银涛　编著

策划编辑　孙　勇　　**责任编辑**　孙　勇

封面设计　郑　川

出版发行　中国农业大学出版社

社　　址　北京市海淀区圆明园西路 2 号　　**邮政编码**　100193

电　　话　发行部 010-62818525,8625　　读者服务部 010-62732336

编辑部 010-62732617,2618　　出　版　部 010-62733440

网　　址　http://www.caupress.cn　　**E-mail** cbsszs@cau.edu.cn

经　　销　新华书店

印　　刷　北京时代华都印刷有限公司

版　　次　2018 年 9 月第 1 版　　2018 年 9 月第 1 次印刷

规　　格　787×1 092　16 开本　11.75 印张　220 千字

定　　价　48.00 元

前　言

2009年IBM公司(International Business Machines Corporation)首席执行官彭明盛提出“智慧地球”这一概念,建议新政府投资新一代的智慧型基础设施。2010年在“智慧地球”的基础上,提出了“智慧城市”的概念,随后又陆续衍生出智慧交通、智慧医疗、智慧社区、智慧建筑等概念。作为智慧地球的基础部分和重要内容,发展智慧城市有利于提升城市的整体竞争力和创造力,创新2.0、新一代信息技术和知识社会是现阶段城市的高级形态,智慧城市是继数字城市之后信息化程度更高的城市发展和管理模式。

智慧城市的发展离不开人才的支持,而人才的培养又离不开各个阶段的教育活动。20世纪80年代以来,随着计算机的普及和互联网的出现,人类社会逐步进入信息社会,人们的生产方式和生活方式也发生了很大变化。传统的知识观、发展观和人类世界认识观也都面临着信息时代的挑战,终身学习、提高学习能力成为人类社会发展和单个个体自身提高的必然要求。教育活动也不仅仅局限于人的青少年时期,学校教育和终身教育相结合,贯穿人的一生。2010年,浙江大学在信息化“十二五”规划中提出建设一个令人激动的“智慧型校园”。这一模式描绘了崭新的蓝图,它集无处不在的学习、交互有效的教学、互联互通的科研、透明高效的管理、丰富多彩的校园文化、方便周到的校园生活为一体,形成相对科学高效的大学校园模式。

在智慧校园的建设过程中,智慧图书馆发挥了重要的作用。图书馆是人类知识的存储中心,是每个人终身学习的最佳场所,也是大学教学科研活动的重要保障。智慧图书馆是智慧地球、智慧城市和智慧校园研究的再深入和发展,是将智慧性研究发展到图书馆领域的一项创新。同时,智慧图书馆也是在网络图书馆、虚拟图书馆和数字图书馆的基础上发展而来的,它具有便利性、互联性、高效性等特点,是新技术与图书馆发展的密切融合。智慧图书馆的5个核心要素包括:馆员、资源、服务、技术和建筑,它们一起发挥作用,共同诠释智慧图书馆的概念、性质、特点和功能。

本书总结了前人的研究,并在总结前人研究的基础上分章节对智慧图书馆各个要素进行研究。本书第1～3章对智慧图书馆的基础理论进行研究,其中第1章分别对智慧地球、智慧城市、智慧校园和智慧图书馆进行研究，并总结了它们四者的关系。第 2 章分别阐述了网络图书馆、虚拟图书馆和数字图书馆，并引出对智慧图书馆的概念、特点和功能的分析。第 3 章从北京邮电大学等 4 个智慧图书馆项目出发，研究了智慧图书馆的目标、原则和框架设计。第 4～8 章对智慧图书馆的核心要素分别进行阐释，第 4 章从智慧馆员的范畴研究出发，围绕馆员结构、馆员能力评估和馆员引进和培养机制对智慧馆员进行研究；第 5 章研究了智慧图书馆的资源，并具体分析了信息资源构成和资源建设策略；第 6 章研究了智慧图书馆的服务，包括基础服务、嵌入式学科服务和移动图书馆；第 7 章研究了智慧图书馆的技术，包括物联网技术、云计算技术、资源整合技术和移动图书馆技术；第 8 章研究了智慧图书馆的建筑，主要研究了建筑节能设计、空间分布和智能系统。第 9 章结合国内外智能图书馆实践案例进行剖析，主要从物理空间中的智能化、虚拟空间的智能化、基础设施的智能化、人工智能和移动服务等几个方面来加以说明。

由于时间仓促及作者的能力有限，本书难免有缺陷、错误和不足，请各位专家批评指正。

作　者

2018 年 5 月

目　录

1　智慧城市与智慧校园

1.1　智慧

古人对智慧一词有三种解释，一是聪明才智，如《墨子・尚贤中》“若此之使治国家，则此使不智慧者治国家也，国家之乱，既可得而知已。”二是分析、判断、创造、思考的能力，如《孟子・公孙丑上》“虽有智慧，不如乘势。”第三种是佛教释义，即梵语“般若”的音译，意为“超越世俗认识，达到把握真理的能力。”

《新华字典》给出的智慧的定义是对事物能迅速、灵活、正确地理解和解决问题的能力。狭义的智慧是指高等生物所具有的基于神经器官(物质基础)一种高级的综合能力，包含有：感知、知识、记忆、理解、联想、情感、逻辑、辨别、计算、分析、判断、文化、中庸、包容、决定等多种能力。智慧让人可以深刻地理解人、事、物、社会、宇宙、现状、过去、将来，拥有思考、分析、探求真理的能力。与智力不同，智慧表示智力器官的终极功能，与“形而上谓之道”有异曲同工之处，智力是“形而下谓之器”。智慧使我们做出导致成功的决策，有智慧的人称为智者，而人工智能则是机器人的极其艰难的最终目标。

1.2　智慧城市

信息化与全球化、城市化一起被称为重塑现代社会的三大力量[1]。信息通信技术的融合与发展推动了创新的民主化进程，加速了创新由生产范式向服务范式的转变[2]。以用户为中心、社会为舞台的面向知识社会、以人为本的下一代创新，即创新 2.0 正逐步浮现[3]。创新 1.0 是工业时代的延续，它以生产为中心，主要通过技术突破来实现生产的变革，这种创新模式较为保守、封闭。而在创新 2.0 时代，创新与信息技术、知识获取能力紧密结合，它以用户为中心，以方便用户，充分满足用户的需求为目标，以面向用户创新、开放创新、大众创新、协同创新为特点，进而对生产方式、生活方式、工作方式、社会组织形态等方方面面产生了深远影响。

创新 2.0 的实现需要依托一定的载体,而现阶段,城市无疑仍旧是创新最主要的载体,对创新的变革实际上就是对城市的变革。2009 年 IBM 公司(International Business Machines Corporation)首席执行官彭明盛提出“智慧地球”这一概念,建议新政府投资新一代的智慧型基础设施[4]。2010 年,IBM 在“智慧地球”的基础上,提出了“智慧城市”的概念,随后又陆续衍生出智慧交通、智慧医疗、智慧社区、智慧建筑等概念。智慧地球的建设离不开智慧城市的建设,作为基础部分和重要内容,发展智慧城市有利于提升城市的整体竞争力和创造力,创新 2.0、新一代信息技术和知识社会是现阶段城市的高级形态,智慧城市是继数字城市之后信息化程度更高的城市发展和管理模式。

越来越多的城市把智慧城市建设视为提升城市竞争力的重要途径。比如:巴塞罗那智慧城市建设的主要驱动力是培育城市的竞争力;“智慧首尔 2015”的目标是把首尔建成全球五大最具城市竞争力的“ICT 之都”之一。智慧城市的建设将会吸引创新型人才及企业的聚集,有助于进一步提升城市竞争力。比如:斯德哥尔摩智慧城市建设中考虑的一个重要问题是如何才能让该智慧城市成为市民更加希望居住和企业想留下来继续发展的地方[5]。

进入 21 世纪以来,我国城市发展迅速,大城市、特大城市规模不断扩大,同时一批具有代表性的中小城市也在迅速崛起,城市发展取得如此成绩,是与我国经济社会的发展密不可分的。然而,在城市飞速发展的过程中,也面临着诸多问题,如城市规划不合理现象时有发生;资源浪费和重复建设现象严重;不注重本地实际,盲目上马一批高新区、高开区等项目,而经济发展和规划跟不上,致使上述一些地区逐渐变成“鬼城”。同时,我国城市建设需要解决城镇化进一步发展的问题(如城市空间布局的转型、农村人口向城市人口转移、城市化过程中的资源消耗等),压力是双重的。所以,迫切需要引入更新的城市管理理念,用于指导我国城市建设。

在建设智慧城市过程中,人们往往认为单纯地依靠技术就能够迅速有效地构建起高效智能的智慧城市。这种观点在肯定了技术的重要性的同时又忽略了作为一切工作的主体——人,这一构建智慧城市最主要的因素。智慧城市的特征也绝不仅仅是智能化,而是由多种特征共同组合而成的。

1.2.1 智慧城市的特征

1. 智慧城市具有技术智能化的特征

这是智慧城市最直观的特征,以大数据、云计算、物联网和智能网络等技术为代表的新兴技术,是智慧城市建设的重要支撑,智慧城市之所以“智慧”,首先需要具备“技术智能”的特性，由感知、传输、支撑、应用等层面技术平台共同构成一个技术服务网络，使得物与物之间、人与物之间进行感知、互动和交流。人们在高度发达的信息技术条件下，通过移动通信或者社交网络工具可以跨地区、跨行业即时进行交流。智能技术已经渗透到了每一个领域，尤其是与市民生活息息相关的金融、文化等领域。如网络的出现、电子商务的兴起和发展使人们足不出户便可购买所需的商品甚至是服务，智能技术的应用使城市成为一个智能的联合体。

2. 智慧城市体现了知识与知识创新的广泛应用

美国教授约瑟夫·奈提出“软实力”概念，它是指一个城市的文化、价值观念、社会制度等影响自身发展潜力和感召力的因素，反映国家和城市综合实力的重要指标[6]；也是城市公共服务水平、精神面貌、人才素质、荣誉形象的一个集中体现，包括制度层面的制度体制、行为层面的文明规范、文化层面的人文底蕴等。发挥好城市的软实力水平，对内整合民众的力量，发挥民众的聪明才智，对外吸引人才、资金和技术，促进城市经济的发展，才能充分带动城市化建设[7]。

智慧城市的建设不但需要硬件设施、技术设置的支持，同时也需要人才，特别是一些关键领域的人才、专家、技术骨干、知识分子等来掌控全局。技术的硬件需要技术的“大脑”去操控，城市智慧化的过程也即是城市知识化的过程。当今城市社会，特别是国际著名的城市的发展不再是 20 世纪的依靠资源的粗放型增长模式，而是依靠创新驱动，通过推动一些高新产业的发展来带动城市的发展。

创新的源头在于知识，创新的主体是具备多种知识的复合型人才。而智慧城市的建设也不能脱离创新特别是知识创新这一模式，否则便不能称之为“智慧”。

3. 智慧城市体现了人与自然和谐发展，具有宜居的生态环境

智慧城市的具有宜居的生态环境，主要体现在 3 个方面：

(1)绿色建筑　这里的绿色建筑并不是一般意义的绿化良好、风景秀美的建筑，而是一种绿色环保理念，指对环境无害，能充分利用环境和自然资源，并且在不破坏环境基本生态平衡条件下建造的一种建筑，又可称为可持续发展建筑、生态建筑、回归大自然建筑、节能环保建筑等。绿色建筑既有一个舒适平衡的室内环境，又有有机融合的室外环境。

(2)可再生的能源资源，可回收、零污染的生产和服务　宜居的生态环境另一项特征就是能源可再生、生产与服务零污染，越来越多的城市的公交车以天然气和电动取代汽油动力，并大力发展城市轨道交通；同时对城市产业进行调整，裁汰落后、污染、低效产业，积极推进节能环保高效的新兴产业，特别是信息产业和现代服务业。通过一系列措施来实现低碳环保高效的经济发展模式。

(3)智能互联的网络、通信和交通系统　自2010年以来，移动互联网大发展，以社交网络和移动APP应用为代表的一大批新型互联网企业如雨后春笋般出现和发展，它们不但改变了人们的生活方式，也对城市经济产生了一定的影响。智慧城市需要智能网络和智能通信的支持，而智能交通系统能够缓解乃至解决城市的拥堵问题，为我国城市交通建设提供了一种优良的方案。

(4)智慧城市为创新创业提供高效便捷的环境　创新创业在近年来成为经济发展的一个热点，特别是"党的十八大"以后，国家鼓励"大众创业，万众创新"。然而，不论是个人、企业或者组织创新创业，都需要一个稳定、高效、便捷的外部环境作支撑。创新创业所需要的人才、金融、服务、场所、政策等也都需要外部环境提供，城市作为中国经济发展的最有活力的单元，理所应当地承担起创新创业的主要支持。智慧城市以其高效、互联、便捷、稳定的特点，为我国的"大众创业，万众创新"提供一个最合适的外部环境。

1.2.2　数字城市、生态城市、创新城市与智慧城市的关系

美国副总统戈尔于1998年1月21日提出了数字地球这一概念，随后学界对其发展，逐渐衍生出了"数字城市"的概念。"数字城市"是指运用以信息技术为主的各种现代高科技手段，充分挖掘、采集和整合城市中自然与人文、经济与社会以及环境等方面的信息资源，构筑面向政府、企业、社区和公众的信息服务平台，开发涵盖城市生产、生活等领域活动的应用系统，通过信息的服务与利用，使人们正确地处理当前与长远的关系，城市与郊区的关系，生产与生活的关系，经济建设与自然资源和生态环境的关系，并从整体上统筹地解决"城市病"问题，促进城市经济和社会的可持续发展[8]。

"生态城市"是在联合国教科文组织发起的"人与生物圈计划"研究过程中提出的一个重要概念，是一种趋向尽可能降低对于能源、水或是食物等必需品的需求量，也尽可能降低废热、二氧化碳、甲烷与废水的排放的城市模式。根据国内外学者的观点，生态城市需满足8个标准：①广泛应用生态学原理规划建设城市，城市结构合理、功能协调；②保护并高效利用一切自然资源与能源，产业结构合理，实现清洁生产；③采用可持续消费发展模式，物质、能量循环利用率高；④有完善的社会设施和基础设施，生活质量高；⑤人工环境与自然环境有机结合，环境质量高；⑥保护和继承文化遗产，尊重居民的各种文化和生活特性；⑦居民的身心健康，有自觉的生态意识和环境道德观念；⑧建立完善的、动态的生态调控管理与决策系统。

创新城市又称为创新型城市，是指主要依靠科技、知识、人力、文化、体制等创

新要素驱动发展的城市，对其他区域具有高端辐射与引领作用。创新型城市的内涵一般体现在思想观念创新、发展模式创新、机制体制创新、对外开放创新、企业管理创新和城市管理创新等方面。主要构成要素有4方面：①创新资源，它是创新活动的基础，包括人才、信息、知识、经费；②创新机构，即创新活动的行为主体，包括企业、大学、研究机构、中介机构、政府等；③创新机制，它保证创新体系有效运转，包括激励、竞争、评价和监督机制；④创新环境，它是维系和促进创新的保障，包括创新政策、法律法规、文化等软环境，信息网络、科研设施等硬环境，以及参与国际竞争与合作的外部环境。

近20年来，随着经济社会的不断发展，人们对城市发展的概念也在不断深化，从数字城市、生态城市、创新城市到近年来提出的智慧城市发展模式，整体是向前和发展的。有学者指出，数字城市、生态城市、创新城市和智慧城市的内涵相似，都是科学化的城市发展思路，因此，它们之间只有量的变化，并无本质不同。本研究认为，智慧城市虽然在某些方面与其他几种模式有所相同，但其本质是有很大不同的，智慧城市是继承了前面几种城市发展模式的优点，同时又改良了一些缺点和不足。智慧城市继承了数字城市的发展框架，包含了生态城市的发展理念，融合了创新城市的创造力，是一种继承发展的关系。

1.3 智慧校园

教育是人类特有的现象，有意识的学习是人区别于其他生物的一个重要标志，人类社会的繁荣和发展离不开教育和学习活动。在远古社会，由于人类部落实行的是平均分配的制度，劳动分工并不明显，随着社会生产力的发展，先后发生了三次社会大分工，并实现了脑力劳动和体力劳动的分离。为了适应社会分工的需要，专门的教育场所——学校，开始出现。古埃及、古印度和中国夏朝时期，都有一些文物佐证了这一现象。西方社会也陆续出现了宫廷学校、贵族学校和宗教学校，以满足上层社会的教育需求。

学校的出现使人们系统、持续地接受教育成为可能，从欧洲的教会学校、神学院，到中国古代的太学、国子监，以及各类书院等，为宗教机构和政府输送了大批人才。现代意义的大学起源于欧洲的基督教会学校和神学院，迄今为止世界上最早的大学是巴黎大学和博洛尼亚大学，巴黎大学被称为世界大学之母。在巴黎大学成立后，欧洲其他各地的大学相继成立，其中著名的有牛津大学、剑桥大学、比萨大学等。1898年，清光绪帝下诏，京师大学堂在孙家鼐的主持下在北京创立，标志着中国最早的真正意义上的大学的诞生。

一所大学，一般由若干个要素组成，即固定的教学场所、教职工、学生、教学设备、管理和教学制度等。而校园的概念，狭义上是指开展教学活动的场所，广义上则包括教学场所、教学设备等一切保障教学活动良好进行的必备条件。从大学诞生之日起，大学校园建设就一直是一个重要的话题，并且大学校园的发展和管理从未停止过。

1.3.1 从数字校园到智慧校园

20 世纪 80 年代以来，随着计算机的普及和互联网的出现，人类社会逐步进入信息社会，人们的生产方式和生活方式也发生了很大变化。传统的知识观、发展观和人类世界认识观也都面临着信息时代的挑战，终身学习、提高学习能力成为人类社会发展和单个个体自身提高的必然要求。教育活动也不仅仅局限于人的青少年时期，学校教育和终身教育相结合，贯穿人的一生。

为适应信息社会的发展，学校教育也发生了重大变革，在此期间，“数字校园”这一模式被提出和推广开来。数字校园概念最早起源于 20 世纪 70 年代美国麻省理工学院提出的 E-campus 计划。1990 年，美国克莱蒙特大学教授凯尼期·格林（Kenneth Green）发起了“数字校园计划（The Campus Computing Project）”大型科研项目[9]。1998 年，美国前副总统戈尔发表了题为“数字地球：21 世纪认识地球的方式”的演讲，提出“数字地球”的概念，此后全世界普遍接受了数字化概念，并引出了“数字城市”、数字校园等概念[10]。随着互联网的飞速发展，特别是从 20 世纪末互联网第一次大发展以来，越来越多的行业、领域开始引入互联网，并与其深度融合。数字校园也开始单独成为一个研究领域，教育行政部门、学校管理者、教育研究者等利用计算机技术和互联网创造出一个独立于实体校园存在却又依存于实体校园的“数字化虚拟校园”，并以此为依托对教育、科研和校园环境进行信息化改造。

数字化校园是利用计算机技术、网络技术、通信技术以及科学规范的管理对校园内的教学、科研、管理和生活服务有关的所有信息资源进行整合、集成和全面的数字化，以构成统一的用户管理、统一的资源管理和统一的权限控制；通过组织和业务流程再造，推动学校进行制度创新、管理创新，最终实现教育信息化、决策科学化和管理规范化。数字校园的建设包括校园基础信息化环境的建设和校园应用系统的建设。校园基础化环境包括校园网络化环境，基本的信息化终端建设，数字教室的建设；校园应用系统应包括基础应用系统和功能应用系统。

数字校园是教育行业相关者对学校特别是大学发展模式做的一次深入的研究，理论和实践的成果也的确为世界各国特别是我国产生了积极的影响，但数字校园模式也有一定的局限性，特别是随着经济社会的发展，科学技术水平的提高，数字校园模式逐渐不适应新环境、新需求。根据国内外专家学者的归纳，数字校园主要有以下几点问题：

(1)数字校园建设主要集中在信息门户和管理系统建设，对教学科研的关注不够，致使不能从根本上推动教学科研的发展。

(2)片面强调数字校园的推广和普及，而忽视了每所大学自身的特点，导致许多系统不适合大学的需求，且可扩展性、专业性不足，不适应大学持续的发展需求。

(3)在管理—服务上没有发生变化，没有改变传统的管理者思维，服务意识淡薄，主要依靠被动反应。

(4)访问方式不友好，校内外访问时空割裂，缺乏交互性，不能形成统一互动的访问环境。

因此，迫切需要一种新的校园发展模式来替代“数字校园”模式。

1.3.2　智慧校园的概念和内涵

2010 年，浙江大学在信息化“十二五”规划中，提出建设一个令人激动的“智慧型校园”[11]。这一模式描绘了崭新的蓝图，它集无处不在的学习、交互有效的教学、互联互通的科研、透明高效的管理、丰富多彩的校园文化、方便周到的校园生活为一体，形成相对科学高效的大学校园模式。国内不少学者如宗平、郭惠丽、严大虎、张永波等也相继对智慧校园的概念、规划和建设思路等进行研究。国内高校如西南大学、成都大学、同济大学等几十所高校也开始筹划、实施智慧校园的建设。智慧校园实现了从理论到实践的飞跃。

关于智慧校园的概念，不同学者有不同的理解。如祝智庭教授在《智慧教育：教育信息化的新境界》一文中，对“智慧”及“智慧教育”的概念进行了辨析，指出智慧环境、智慧校园是智慧教育的理解图式的学习空间，发展学习者的智慧是智慧环境、智慧教学和智慧学习的出发点和归宿[12]。北京师范大学的黄荣怀教授认为“智慧校园是指一种以面向师生个性化服务为理念，能全面感知物理环境，识别学习者个体特征和学习情景，提供无缝互通的网络通信，有效支持教学过程分析、评价和智能决策的开放教育教学环境和便利舒适的生活环境[13]。宗平等认为智慧校园的核心特征主要反映在 3 个方面：①为广大师生提供一个全面的智能感知环境和综合信息服务平台，提供基于角色的个性化定制服务；②将基于计算机网络的信息服务引入到学校的各个应用与服务领域，实现互联、共享和协作；③通过智能感知环境和综合信息服务平台，为学校与外部世界提供一个相互交流和相互感知的接口[14]。

对以上研究归纳我们可以得知，无论智慧校园如何被研究或者定位，都绕不开两个方面，即作为教学科研支撑的智慧学习平台和作为服务师生生活的智慧服务平台。对于师生来说，校园不仅是学习、教学、科研的场所，也是平时生活的场所；同时，它还是一种新的学校管理模式，将信息技术、物联网技术和智能通信技术与校园环境结合起来，实现校园信息流与校园管理、服务相融合，最终形成智慧化运营效果。

借助新一代信息技术和物联网等多种技术手段而发展起来的智慧校园，其特点也是与这些技术分不开的。智慧校园主要有以下特点：

1. 智慧校园的智能化

智能化是智慧校园的一个重要的特点，云计算技术、大数据技术、物联网技术、4G/5G 移动网络技术、数字化平台技术等，这些技术使得校园环境有了质的提升，它们解放了人力、物力，也节省了财力，促使校园管理和服务朝着智能化、自动化、个性化方向发展，提高了师生的学习、工作和生活效率。一个最直观的例子就是校园一卡通的应用，在信息技术没有如此广泛地应用到校园时，师生在校园中食宿花费、就医、借阅书籍、宿舍管理等方方面面都需要办理不同的证件。一卡通的发明和发展，使师生在校园中一切有关学习、生活的各个环节都可以用一卡通来实现，真正做到了“校园内一条龙服务”和“无现金支付服务”。

2. 智慧校园的感知化

大数据技术、数据挖掘技术和物联网技术可以将师生的一卡通的信息统一收集整理并加以分析，最后分享给各个服务节点。在智慧校园中，所有的智慧服务设备像是“懂人心思一样”，立体感知，针对不同用户提供个性化服务。如教学楼环境监测，由传感器网络采集多媒体信息，准确感知楼内环境变化，预测楼内人员需求，通过计算，最后采取措施，以达到楼宇环境监测和节能减排作用。

3. 智慧校园的开放性

教育的核心理念是对创新能力的培养，因此，“开放”是现代大学校园的基本属性，大学校园应提倡开放式教学。智慧校园支持教学资源的拓展，不但让学生掌握教科书知识，更要掌握实践知识和技能；智慧校园的学习从传统的线下课堂教学发展为课堂教学与网络教育并重；并且，智慧校园提供虚拟环境，让学生“身临其境”，感受虚拟现实技术。比如，慕课的发展就是网络教育的一次新的飞跃。

4. 智慧校园的交互性

通过物联网技术，可以将智慧校园与校园内所有的人员、设备和系统等互相联系起来，使智慧校园内的相关因素互联互通，并且实现人与人之间，人与物之间交互融合。例如,可综合手机短信、互联网和语音技术构建高效的校务管理平台,使老师、家长和学生三方之间信息互动,给学校和家庭提供便捷的家校沟通方式和互动交流空间[15]。

1.3.3 智慧校园的平台设计

智慧校园的建设及平台设计,应与其所发挥的作用相关联。构建智慧校园需满足先决条件即高效畅通的互联网络,它应该包括传统的网络即 WLAN 和移动网络(包括校园 WiFi 和通信运营商的 4G/5G 网络)。满足互联网络这一条件后,智慧校园还需满足以下功能设计:

1. 提供一个综合统一的管理平台

构建智慧校园系统的一个重要目的就是高效便捷的管理,管理包含校园管理的方方面面,它包括多个子系统,如教务管理子系统、财务管理子系统、学生管理子系统、后勤管理子系统、校园安全环境管理子系统等。这些系统的最终目标是要建立一个信息集成、资源共享、功能整合和统一服务的综合性统一管理平台,它能有效改变校园内存在的各部门之间、各院系之间沟通和交流不畅,信息闭塞和缺失现象严重,管理缺乏效率的问题。而且,构建统一管理平台,能够克服各部门“各自为政”的现象,避免重复投资,节省人、财、物成本。

2. 提供一个综合、高效的服务平台

现代社会要求政府、企事业单位和其他社会组织,不但要重视管理,更要强化服务。由于服务意识不强、认识不够深刻,我国各类机关和企事业单位在相当长的一段时间内存在服务质量不佳的问题,在高校管理中,同样也存在这样的问题。而借助智慧校园建设,可以在很大程度上缓解乃至改变这一状况。智慧校园的服务平台又包括若干子平台:

(1)面向校园管理的服务子平台　借助于现代信息技术,智慧校园实现了对大学校园的统一管理和规划,从校园通信、实时社交、校园办公、安全管理、信息集散等方面全方位为校园管理提供服务支撑。

(2)面向教学科研的服务子平台　智慧校园不但为师生教学和科研提供硬件设施和基础设备,如提供智能教室、智能实验室和交互式学习共享空间等,而且为教学和科研提供软件支持,如各种学习软件、智能分析软件等。此外,智慧校园还提供了丰富的线上教学资源,如网络课堂、慕课学习等。

(3)面向校园生活的服务子平台　校园除了作为教学科研的场所,还是师生最主要的日常生活场所。因此,智慧校园必须提供较为完善的日常生活服务。如宿舍水电服务、餐厅消费、信息查询、图书借阅、医疗健康、社交活动等，都需要满足一定的人性化、个性化设计。

图 1-1 是智慧校园建设架构图。

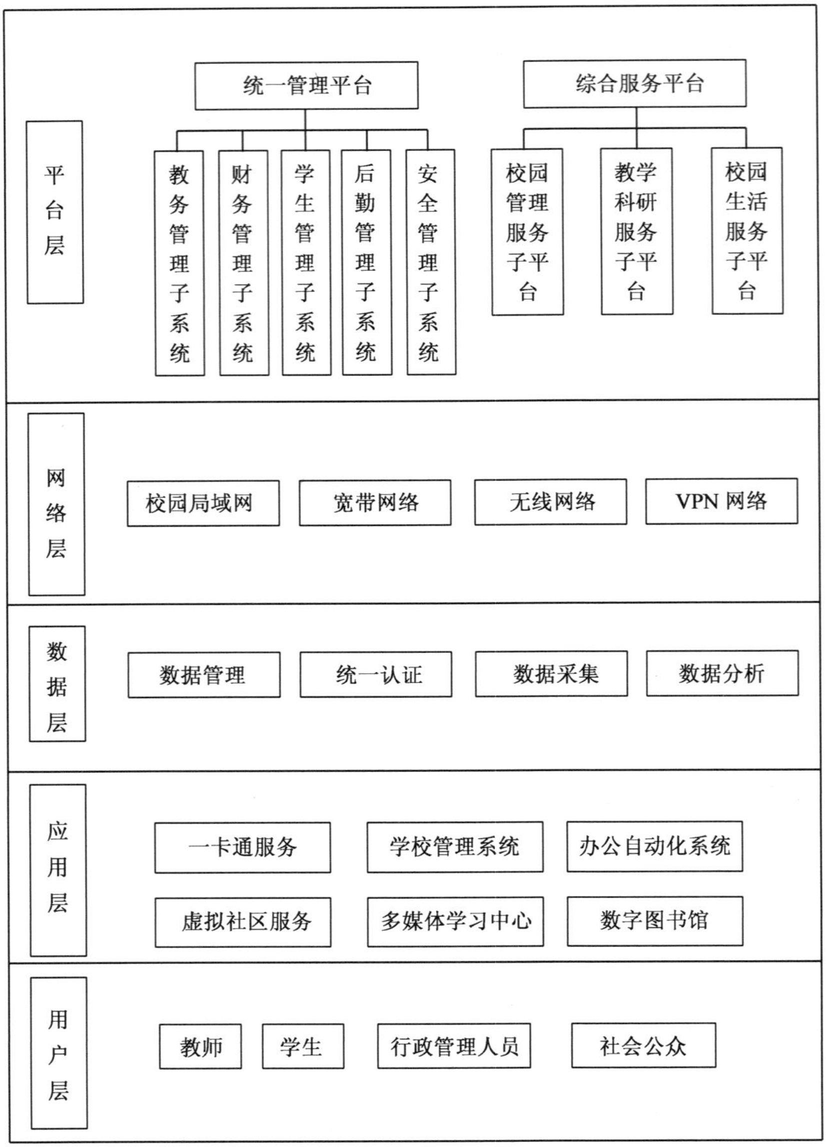

图 1-1　智慧校园建设架构图

1.3.4 智慧校园应用案例

智慧校园方便了师生的教学、科研和生活，它不是一个空洞的模式，而是有一大批具体的实践案例来为师生服务。

(1)智能解锁 日常生活中，我们常常会因为钥匙太多而烦恼，经常会出现钥匙丢失损坏或者打不开锁的情况。应用物联网技术，将有形的钥匙变为无形的电子钥匙，学生只需要安装相关软件，并进行注册验证，就能利用手机对宿舍或其他地方的锁具进行解锁。此外，学校还借助门禁子系统对持卡人权限进行管理，大大提高了身份识别的安全性。

(2)智能考勤 此项应用主要针对教师，以往教师为了保证课堂秩序和出勤率，往往需要多次点名以监督学生。而应用了智能考勤系统，教师通过后台基础数据库可以方便地调出学生出勤记录，从而准确地掌握全班学生的出勤情况，节省时间，提高教学管理效率。

(3)移动消费 应用第三方软件，可以使手机实现支付功能，免去了学生以往需要带大量现金的麻烦，还能通过软件的记账功能实时查看自己的消费情况，从而在一定程度上培养学生正确的消费观。

(4)未来教室 传统的教室主要以讲台、黑板和粉笔等物品作为主要教授工具，教师在讲台上用粉笔在黑板上讲解知识点，学生在下面听讲。这种授课模式比较固化、呆板，师生缺乏交互性和互动。而“未来教室”打破了师生对教室的想象，它没有黑板、粉笔，也没有教科书，只有一个超大的电子屏幕，教师借助电子工具或直接用手对屏幕进行操作，所有的教程以图文并茂、声像结合的形式出现在学生的眼前。学生也不再需要书包或课本，只需要一个 PAD 工具，就能完成课堂提问、作业提交等整个学习环节。而且，通过对互联网的使用，学生和老师可不必在同一教室，只要有网络，学生可以在任何地方都能和老师进行远程互动，向老师提问和提交作业，老师也可以在线批改，从而完成远程教学活动。此外，未来教室还提供一个虚拟的学习共享空间，可供师生进行团队教学和研究活动，分享学习资源，将实体的学习共享空间搬到了网上，真正实现了实时学习，充分互动交流。

(5)电子安保 校园安全问题是全社会关注的一个重要问题，学生的安全也是家长最为担心的。智慧校园引进智能化安全预警系统，通过在校门口、楼道口、餐厅等学生主要活动区安装传感器，可实现对各楼面楼道、校门口、游泳池池面等多个重点安全管理区域的监测与管理。通过这些传感器，学校保卫部门可实时监控校园内情况，对突发事件提前预警和监控，将安全隐患“扼杀在摇篮里”。

(6)智能楼宇 传统的大楼水、电、光线都是恒定的，不可调控。而在智慧校园，智能楼宇能根据学生在一天中的不同时段的身体状况，自动监测环境温度、湿度、调节室外景观照明自动设置，为学生提供了一个安全舒适的学习环境，将外界因素对学习、生活的影响降到最低。

(7)智能一卡通　传统校园里，借书要出示借书卡，吃饭要用饭卡，看病要用就医卡，非常不便捷。在智慧校园里，智能一卡通的使用将校园生活变得非常方便，一张卡就可以走遍校园，凡有现金、票证或需要识别身份的场合均可以使用此卡。此外，一卡通还可以实现校园公交乘车、图书馆借阅、校内考勤记录等功能。他为学生的学习和生活带来了方便、高效和安全。

(8)高校教学资源共享网络　现代高校的教学科研从封闭走向开放，尤其是在某一城市、某一地区聚集了相对多的高校的情况下，可以实现教学资源的共享。学生足不出户就可以享受到本地区乃至全国高校优质的教学资源，为学生的知识能力的提升提供有效的保障。

1.3.5　国内智慧校园的案例

智慧校园作为近年来一个新出现的事物，对其的研究越来越受到专家、学者和教育机构的重视。国内外已有相当数量的大学对其或进行理论研究，或进行实践层面的设计，或已建设完毕并投入试运营。国内的高校如北京大学、浙江大学、西南大学、成都大学、同济大学等多所高校对智慧校园进行了研究和尝试。在国外，许多高校的研究机构已经在对智慧校园进行详细的研究。如印度印多尔的科学与技术研究所(IIST2)建立了庞大智能校园，使用促进教育资源规划(ERP)软件，以最大限度地发挥其校园的潜力，优化资源配置。在南加利福尼亚大学中，也正在逐步实现智慧校园。通过使用一台计算机，校园能源系统的控制人员即可获得一个图形化的校园监控结果。企业建筑整合系统(Enterprise Buildings Integrator, EBI)在南加利福尼亚大学校园用来跟踪和控制供暖、排风和空气调节系统(Heating, Ventilation and Air Conditioning, HVAC)，取得了良好的效果[16]。下面以浙江大学和北京大学为例，来探究一下智慧校园的建设案例。

1. 浙江大学

浙江大学的现代化校园探索最早开始于20世纪90年代，大致经历了4个阶段，即从1998年的网络化校园，2006年的数字化校园，2009年的信息化校园，最终到2010年以后的智慧校园阶段。浙江大学对智慧校园的理解，大致分为六个方面：①透彻的感知，包含物与物的感知、物与人的感知和系统间的实时感知；②更实时的控制，包括适时关闭闲置的电器、对安全隐患实时报警和实时控制校内交通等方面；③高速的互联，主要依托智能物联网、3G移动网和三网融合作支撑；④面向服务的云计算,这是技术支撑,主要包括云计算、数据挖掘和专家系统;⑤更科学的决策,通过智慧校园可以优化资源利用,实现量化评估,并且能辅助制定决策;⑥更便捷的服务,包含多项服务,即随时随地的上网,面向手机的信息服务和智能自动化的服务流程。

浙江大学根据其具体需求,制定了智慧校园框架,如图1-2所示。

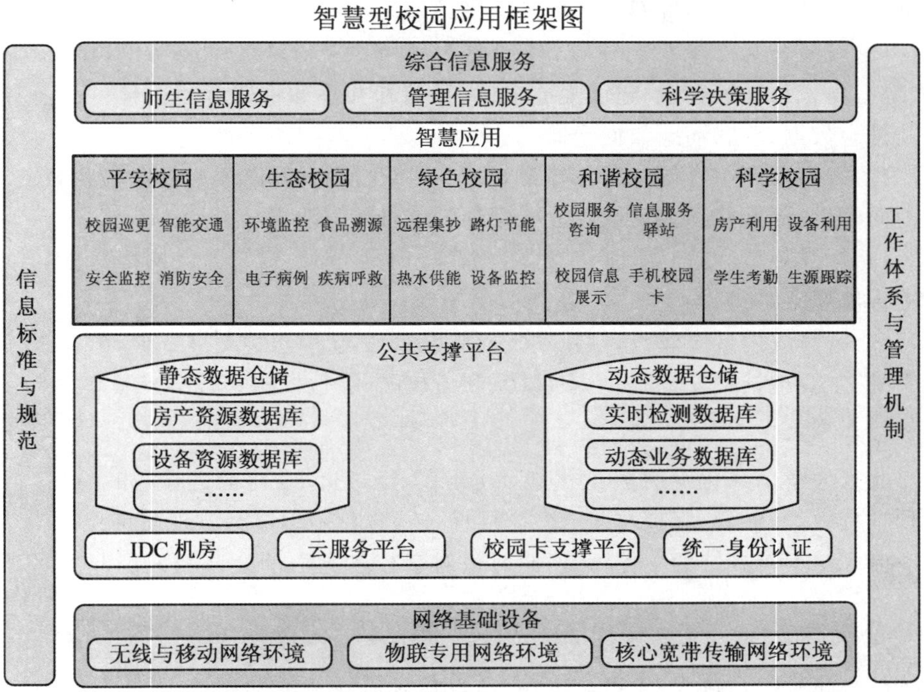

图1-2　浙江大学智慧型校园应用框架图

浙江大学的智慧校园框架一共分为四部分,即综合信息服务层、智慧应用层、公共支撑平台和网络基础设施。涵盖了从技术、应用到服务的一整套体系。

为了支撑智慧校园建设,浙江大学进行了相当完备的技术准备和技术升级,如建设了跨城区大规模有线网络,实现了68千米光缆连接五大校区、6大附属医院,并且构建了IPv6/v4双线技术,高速无线网大范围覆盖,覆盖全校各公共场所及部分教学工作区域,覆盖AP数已达近千个;建设了IDC公共统一机房环境保障;组建了统一有效的运维服务保障队伍;同时还开发了一批公共服务软件和相关平台,如学校统一身份认证平台、学校统一校园卡服务平台、学校统一公共通信平台、学校统一的数据中心和学校统一的一站式服务目录等。并且,浙江大学把智慧校园建设写入该校的“十二五规划”，将智慧校园建设作为浙江大学“十二五”信息化“三大重点工程”之一。无论从硬件设施、软件设施还是政策支持，浙江大学都给予智慧校园项目极大的支持。

浙江大学智慧校园项目主要建设内容。

(1)校园网络基础设施建设，主要建设泛在的无线与移动网络环境、物联专用网络环境、核心宽带传输网络环境等网络基础设施。

(2)校园公共支撑平台建设，目的是为了继续扩充IDC机房、校园卡支撑平台、统一身份认证等容量，建设集成主机、存储和共享软件服务于一体的云服务平台及静态数据仓储、动态数据仓储。

(3)智慧校园综合信息服务建设，按照一体化服务思路，整合各项应用，统一制定面向师生、面向管理人员以及面向领导的综合信息服务。

(4)标准规范和体制机制建设，建立感知识别终端、感知器件网络接入标准等有关标准规范。

(5)智慧应用系统建设，依托学校网络基础设施和公共支撑平台，建设智慧应用系统，主要包括平安校园、生态校园、和谐校园、绿色校园和科学校园5大类。

2.北京大学

北京大学信息化发轫于20世纪80年代，经过近30年的建设，如今已全面深入到学校教学、科研、管理与服务各个层面。信息化不但成为实现北京大学创建世界一流大学不可或缺的支撑力量，同时也对学校各方面的改革与发展起到了独特的促进作用。

20世纪末，得益于信息技术源于高校的优势，北大的信息化水平领先于社会总体信息化水平。进入21世纪以来，信息技术迅速成熟和应用，北大信息化已经落后于社会，在应用创新方面，更是远远落后于社会，教育信息化转型升级迫在眉睫。

北京大学拥有较为雄厚的软硬件基础，如在网络上，校园网核心网络带宽达万兆级，IPv4出口带宽4.43 Gbps，IPv6连接至CNGI-CERNET2的带宽为10 Gbps；有线信息点数量超过8万个，无线接入点数量近2 000个，接入速率以54 Mbps为主；并且超过300栋教学楼、办公楼、宿舍实现了光纤互连；拥有超过70台的服务器。同时，软件平台建设较为完善，涉及教学/科研、人事/财务/资产、平台、办公等类别。

北京大学认为智慧校园是支撑学校发展的智慧化环境，是校园信息化的一种全新形态，运用物联网、云计算、移动互联、数据融合、数据挖掘、数据交换、应用集成等前沿信息技术，把学校里分散的、各自为政的信息化系统和资源整合为一个具有高度感知能力、协同能力和服务能力的有机整体。北京大学构建智慧校园的整体目标是:通过智慧校园来实现校园信息的畅达无滞,以人为本的创新服务,高科技浸润的校园氛围,无处不在的网络学习,融合创新的网络科研,透明高效的校务治理,方便快捷、安全有序、绿色环保的科研、教学、生活环境。智慧校园提供人与人、人与校园、人与物、物与物和谐共处的强有力智能支撑。

智慧校园与数字校园是有区别和联系的,北京大学认为智慧校园与数字校园最根本的区别在于,数字校园以校园为数字化对象来管理校园的各方面信息,而智慧校园则通过物联网把数字校园的数字空间与现实校园的物理空间"缝合"在一起,以人为本对校园各个构成要素动态管理,来满足校区居民的不同需求,促进学校的快速、可持续发展。

北京大学建设智慧校园主要包括 9 个方面。

(1)汇聚畅通的教学环境,主要包括 6 个方面的交互,即学生与学生交互、学生与老师交互、老师与老师交互、学生与知识交互、老师与知识交互、知识与知识交互。传统课堂具有教室、黑板、粉笔、书本、课桌等要素,数字课堂侧重多媒体课件、机房授课等。智慧课堂则可以将学生、老师、课程、课件、教室、教务、书籍等教学所有相关要素互联互通互操作,通过智能终端、共享资源库、智慧化的数字图书馆等等工具,实现多渠道学习、课程自组织、知识推送、心得分享等。

(2)充分协作的科研平台,智慧实验室将教授、研究生、实验器材、计算机辅助工具、实验室规则、实验大纲等科研所有相关要素互联互通互操作,通过高性能计算平台、云存储、无线传感网络等工具,实现实验数据畅通传输、历史数据智能分析、实验结果前推等。

(3)准确智能的决策支持,通过智慧党务、智慧财务、智慧教务、智慧人事、智慧外事等建设项目,建设学校运行总体视图。将决策管理中不同领域所有相关要素虚拟化为互联互通互操作的信息结点,具体包括但不限于:决策者、管理人员、运行流程、文件材料、特定场所及设施属性等。

(4)科学可控的监察辅助,举报材料、纪检监察公告、涉案人员和其他相关信息资源有机融合,实现互联互通互操作,将助推纪检监察工作人员的科学调查和环节控制。

(5)实时联动的校园安防,将管理部门、保安、安保对象、校园环境等实现为互联互通互操作的信息结点,协调安保资源,实现一动全动。智慧化的安防分为若干子系统:门禁系统、监控系统和巡更系统等,提供人脸识别门禁服务、人员轨迹挖掘服务、人员疏导服务等各种安防类服务。

(6)便捷有序的校园交通,将驾驶员、车辆、道路、停车场、校门、管理人员等实现为互联互通互操作的信息结点。智慧化的交通分为若干子系统：自控车闸系统、电子警察系统、校园停车自动导引系统、班车调度与监控信息系统、校内交通电子屏系统等，提供校内车辆绿色通道服务、班车信息服务、校园路况服务等。

(7)节能环保的校园生态，智慧的校园生态是针对学校学习、工作及生活中的能源、资源浪费、环境保护等情况而建设的信息化服务升级版。将校园环境、环境监测设备、环保管理人员、水电系统等实现为互联互通互操作的信息结点，建设远程抄表系统、照明监控系统、高用电设备控制系统、智能喷灌系统、生态监控系统等。

(8)长程在线的校园医疗，将气候环境、健康用品、患者、医务人员、医疗器材等实现为互联互通互操作的信息结点。智慧化的校园医护分为：健康监测系统、医疗数据交换平台、急救通信系统、在线门诊系统等，可以提供应急医疗服务、家庭医生服务等。

(9)丰富即时的公共窗口，智慧的学校公共窗口是针对学校当前面向社会的服务欠缺、迟缓等情况而建设的信息化服务升级版，具有丰富即时的特点。建设多媒体信息发布系统、移动用户访问校园信息系统、信息化咨询服务平台、讲座摘要检索服务、一站式校园咨询服务、校园信息推送服务等，将门户网站、微博、微信、信息公开、查号台、网络服务、车辆入校预约、校史校情、招生咨询、社会招聘、招标公告、社会服务等实现为互联互通互操作的信息结点。

图 1-3 是北京大学智慧校园的整体框架。

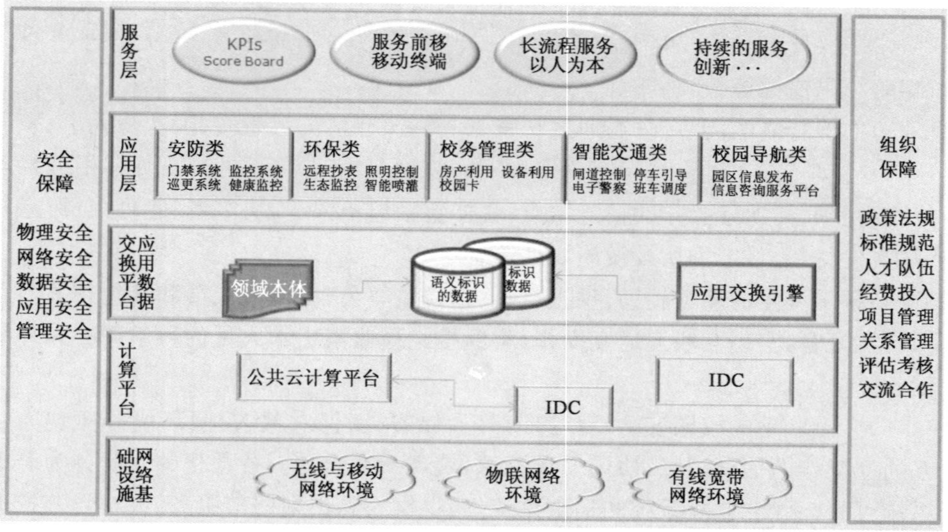

图 1-3　北京大学智慧校园整体框架

如图 1-3 所示，北京大学的智慧校园框架主要包括 5 部分，即服务层、应用层、应用数据交换平台层、计算平台层和网络基础设施。它们共同实现了智慧校园的设想，并应用到学校管理、教学、科研和生活等方方面面中去。

1.3.6　智慧地球、智慧城市、智慧校园与智慧图书馆四者的关系

智慧地球是智慧城市、智慧校园和智慧图书馆提出的首要前提，即所有的智慧性研究应当以 IBM 公司所提出的“智慧地球”为前提条件。而地球最重要的组成部分是城市，城市是地球发展的驱动力，“智慧城市”是“智慧地球”理念落地的主要载体，可以说“智慧城市”代表了“智慧地球”所承载的主要内容。校园是城市的特定区域，智慧城市理念在校园中的应用就是智慧校园，是智慧地球、智慧城市的延伸。而智慧图书馆又是智慧城市的一个重要组成部分，是前三者更深入的发展和更广阔的延伸。

智慧地球、智慧城市、智慧校园和智慧图书馆四者属于包含关系，即智慧地球这一理念包含了所有的智慧性项目，依次类推，直到智慧图书馆。同时，四者的关系又属于研究的深入和再发展的关系，只有智慧地球的概念，就好比是一栋楼只有设计图纸，没有进行实质性的包括“打地基”、构建“大楼框架”在内的建设，而对智慧城市、智慧校园和智慧图书馆的研究，正是一步步将智慧地球从理论到实践的过程，没有对后三者的研究和建设，智慧地球的建设将无从谈起，也即为“无源之水，无根之木”。反之，对智慧城市、智慧校园和智慧图书馆的研究和发展，能从根本上促进智慧地球的发展。

2 智慧图书馆

想要研究智慧图书馆，首先我们应当了解一下图书馆产生的背景，因为智慧图书馆也具有一般图书馆的性质和特征。1852 年建立的曼彻斯特公共图书馆是依照英国议会立法建立的第一个现代意义上的公共图书馆。该馆的建立标志着社会民主意识在一些西方国家日趋成熟。19 世纪末期，随着西方科学与文化的传入，图书馆作为欧美各国的一种公益性大众教育机构，开始引起了中国人的注意。20 世纪初，以古越藏书楼的建成开放（1902 年）为标志，近代意义上的中国图书馆事业开始起步。

在第 1 章中我们已经提到，智慧图书馆是智慧地球、智慧城市和智慧校园研究再深入和发展，是将智慧性研究发展到图书馆领域的一项创新。本章我们将会初步探讨智慧图书馆，对智慧图书馆的发展沿革、国内外研究现状和智慧图书馆的概念、内涵和意义等要素进行研究，并对随后的其他章节的研究起到承前启后的作用。

2.1 从网络图书馆、虚拟图书馆、数字图书馆到智慧图书馆

随着 20 世纪中期计算机的发明，人类逐渐由工业社会进入到信息社会。特别是 20 世纪 90 年代互联网的产生和飞速发展，将人类社会由工业文明发展为信息文明。在图书馆界，一些领航者开始进行大胆探索，尝试将计算机技术、网络通信技术等现代信息技术在图书馆中应用，图书馆开始由传统的工作机制和工作模式转变为网络化、自动化、信息化的工作模式。计算机在图书馆中逐渐被广泛应用，卡片式检索被计算机检索、联机检索、网络检索取代，纸本资源如图书和期刊的地位逐渐被网络数据库和数字文献所取代。在此期间，网络图书馆、数字图书馆、虚拟图书馆开始出现和普及，并成为现代化图书馆的代名词。

网络图书馆、数字图书馆、虚拟图书馆三者之间既有联系又有区别，为了对它们进行彻底的研究和辨析，我们需要了解它们的概念、内涵等。

2.1.1 网络图书馆

20 世纪 90 年代以后，图书馆的外部环境和内部需求都发生了极大的变化。

先进的计算机技术、多媒体技术、数字化技术和通信技术日益发展，数据库的简历，文献数字化的发展带来更多网络化连接的机会，自由灵活的信息使用代替了以往的固定完整的信息收藏等。在这种背景下，网络图书馆作为网络环境下资源的一种新的组织形式，作为图书馆界的一种新型合作模式，应运而生，网络图书馆也成为国内外众多专家学者研究的对象[17]。

对于网络图书馆的认识，学术界存在较大争议，可谓仁者见仁，智者见智，主要流行的观点有以下几个。

1. 网络图书馆是就是电子图书馆

这种观点认为网络图书馆是虚拟图书馆、电子图书馆、数字图书馆等概念的统称，认为网络图书馆就是利用计算机技术，网络通信技术将数字化的信息进行加工整理和贮存，并依托网络进行传播的一种信息服务机构。与传统图书馆相比，网络图书馆侧重对数字化、网络化的信息的处理和传播，其工作内容和工作方式均与传统图书馆有很大不同。并且，网络图书馆与传统图书馆相比，更容易实现对信息的共享，打破了传统图书馆较为僵化的信息获取模式，因此，又被称为“无墙图书馆”。

2. 网络图书馆其实是图书馆的计算机管理系统

该观点认为网络图书馆并不是图书馆的一个种类，而是由于现实的需要，由图书馆开发的一套为实现信息资源共享和有效传播的网络化管理系统。它在一定程度上拓展了图书馆的功能，并且使图书馆的管理手段和服务方式发生了变革。通过网络图书馆，可以实现网络采购、网上编目、在线借阅、馆际互借和参考咨询等，丰富了图书馆的服务内容和服务手段。

3. 认为网络图书馆是跨地区、跨系统的图书馆联盟

这种观点认为网络图书馆产生和发展的最终目的是为了实现信息资源共享，网络图书馆的本质就是图书馆联盟，是图书馆联盟在网络环境下的组织形式。网络图书馆是基于图书馆联盟合作的深入发展，在自愿和互惠互利的基础上建立起来的图书馆联盟。

关于网络图书馆，我国图书馆学者吴慰慈先生给出的定义为：网络图书馆是指一定范围内若干图书馆以计算机技术、数字化技术、网络技术为基础共同合作组建的，可供用户异地获取图书馆馆藏资源与服务信息资源的网络系统。这是目前学术界比较全面系统概括网络图书馆特征的概念。

2.1.2 虚拟图书馆

最早提出虚拟图书馆这一术语的人是美国人 A. Harley，他当时是大英图书馆

外借部计算机与通信工作组负责人,他认为虚拟图书馆指的是一种环境,是一种远程获取图书馆情报资源和服务的行为[18]。

1992年,美国学者卡耶在《虚拟图书馆知识社会与图书馆员》一书里,认为虚拟图书馆是利用电子网络远程获取信息与知识的一种手段。他认为虚拟图书馆只是用户获取知识与信息的一种方式,而不是一种图书馆形态。日本学者 Jajko 则认为虚拟图书馆是一种知识管理实体。通过远程通信技术将图书馆拥有的信息资源与外部世界范围的信息有机结合，促进快速和有效地利用信息。

国内学者也对虚拟图书馆做了较多的研究,如武汉大学黄宗忠教授认为虚拟图书馆是虚拟现实技术在图书馆的应用,是一个跨地区、跨国家的信息空间,而不是一个物理存储的图书馆。北京大学的吴慰慈教授则认为虚拟图书馆就是虚拟化的图书馆镜像,它以信息资源的数字化存储和网络化传递为基础,是实现信息资源共享的"大公共图书馆""无墙图书馆""全球图书馆"。

虚拟图书馆中"虚拟"一词源于计算机技术,是指用计算机来虚拟现实世界中的客观事物和环境,所造出和现实事物极其相似的镜像[19]。计算机技术、网络技术的发展使图书馆利用信息技术在网络上开展工作和服务成为可能,而网络上的图书馆是现实中的图书馆在网络上的镜像,因此,虚拟图书馆也就是图书馆在网络中的镜像。通过网络实现与跨地区、跨系统甚至跨国的图书馆连为一体,而其他图书馆的馆藏资源也成了虚拟图书馆的虚拟馆藏资源,它依托本馆馆藏资源和其他馆馆藏资源为用户提供服务。

2.1.3 数字图书馆

1993年,美国克林顿政府提出的信息高速公路计划中,将数字图书馆规划作为"试点"建设的重要项目。1994年,美国国家科学基金会等单位正式实施的一项"数字图书馆创始计划"中,首先提出了数字图书馆的概念。同样在得克萨斯又召开了国际数字图书馆会议。同年9月,美国国家科学基金会、美国国防部高级研究计划署、美国国家航空与太空总署联合发起了"数字图书馆创始工程(DLI——Digital Library Initiative)"。1995年初,美国IBM公司又发起了全球数字图书馆研究的倡议,并成立了数字图书馆学会,"数字图书馆"一词广泛流传开来。1997年,美国国家科学基金会赞助的专题讨论会上认为:"数字图书馆"的概念并不仅仅是一个有着信息管理工具的数字收藏的等价词,数字图书馆更是一个环境,它将收藏、服务和人带到一起以支持数据、信息乃至知识的全部流程,包括从创造、传播、使用到保存的全过程[20]。自美国开始研究数字图书馆之后,英国、法国、日本等世界上许多国家开始对数字图书馆项目进行规划和建设,如英国图书馆电子化贝奥伍夫项目(BL)的创建,日本国会图书馆实施的“关西图书馆工程”等,均是对数字图书馆的研究和尝试。

数字图书馆的研究者将数字图书馆的定义分为两类,一类观点是从技术和数字存储空间的角度来对其进行定义,这种观点认为数字图书馆应该更突出“库”的概念,即数字图书馆是一个数字化的信息资源库,它是为国家信息基础设施建设提供关键性的信息管理技术,同时提供主要的信息源和资源库的数字化仓储空间。这一类观点的代表性定义有:①数字图书馆是一个分布式的信息环境,其相关技术使得创建、传播、处理、存储、整合和利用信息的困难大幅降低。②美国研究图书馆协会(ARL)给数字图书馆的定义是:数字图书馆不是一个单一的实体;数字图书馆是把许多地方的资源连接在一起的技术;众多数字图书馆和信息服务的连接对最终用户应是透明的;数字图书馆的目标是让广大用户最大限度地获取信息、得到信息服务;数字图书馆的馆藏不应局限于原件的替代品,还应包括无法用印刷方式表现或传递的实物,并将其数字化。③美国“数字图书馆创始计划”提出:数字图书馆不仅仅是数字馆藏及管理工具的集合,而应包括信息、数据和知识在整个创建、发布、利用、存储等生命周期内的所有活动。④数字图书馆即是一个数字化的信息系统,它将分散于不同载体、不同地理位置的信息资源以数字化方式存储,网络化方式互相联接,提供即时利用,实现资源共享。

第二类观点将重心放在“图书馆”上,认为数字图书馆就是运用当代信息技术,对数字信息资源进行采集、整理和储存,并向所有连接网络的用户提供,为一定的社会政治、经济服务的文化教育机构以及这种机构的组合。代表性定义有:①数字图书馆是采用现代高新技术所支持的数字信息系统,是下一代因特网网上信息资源管理模式,它将从根本上改变目前因特网因规模庞大而不便使用的现状。这一概念说明数字图书馆是超大规模的,分布式的,便于使用的,没有时空限制的,是跨无缝连接与智能检索的知识中心。②所谓数字图书馆,是指运用计算机技术、网络技术、通信技术、数据库技术和多媒体技术等多种信息技术及其设备,对不同类型、不同载体、不同形式的各种文献信息资源进行搜集、选择和规范化处理,使之以数字化的方式和多媒体的形式存储,建立分布式的馆藏信息资源库和虚拟馆藏信息资源库,并通过各种局域网、广域网和因特网,向世界各地所有连接因特网的用户提供信息服务的数字化和网络化的信息系统。第二类观点是图书馆界比较认可的观点。

关于数字图书馆的类型,加利福尼亚大学信息管理和信息系统学校的 Peter Lyman 将数字图书馆分为 4 个类型:①数字图书馆,包括多种媒体介质的数字化馆藏,它由图书馆员来组织管理。数字化馆藏包括印本资源的数字化和各类型数据库。②新生的纯数字图书馆，这种类型的数字图书馆从建立之初便以数字形式创造和存储各类文献。③数据图书馆，数据图书馆不但存储图书馆活动本身产生的各类数据，即用户、图书馆员和图书馆专业设备所产生的数据，也存储图书馆外部产生的数据，如各类传感器、气象卫星、智能化设备、经济活动、科学研究等所产生的数据。④数据通信，这种类型的图书馆包括一组数字通信的电子文件，如环球网、电子邮件和用户组，还包括数字电视、网络视频、数字电话和数字广播等。

哈佛大学商学院教授克莱顿·克里斯滕森提出了“破坏性技术”(Disruptive Technologies)概念，泛指那些有助于创造新价值、开辟新市场，而且逐步或者迅速地颠覆原有的市场格局、取代原有技术的新技术。从 21 世纪开始，以信息技术、自动化技术、智能技术等为代表的高新技术的飞速发展对原有的社会经济结构和模式造成了“颠覆性影响”。在世界范围内，大部分的产业发生了深刻变革，这既对传统的产业造成了危机，又带来了一定的机遇。作为传统的信息服务机构的图书馆，也在一定程度上受到了破坏性技术的冲击，如图书馆查询信息的功能被 Google、百度等搜索引擎冲击，图书馆的馆藏图书和期刊被存储电子化、数字化文献和信息资源的数据库所影响，参考咨询服务被社交网站、百科类网站和问答式的网站所冲击等。表 2-1 是在维基百科有关资料基础上整理的一个破坏性技术与传统技术对照表。

表 2-1　破坏性技术与传统技术对照表[21]

主流技术	破坏性技术
电报	固定电话
固定电话	移动电话
交卷相机	数码相机
百货商店	大型超市
IBM 主机	个人计算机
存储软盘	闪存装置
Microsoft	Google
Google	Facebook
传统报纸	网络门户
网络门户	Twitter/微博
⋮	⋮

数字图书馆面临着来自多方面的挑战，这里的多方面，既包括来自技术的挑战，也包括来自于外部相关机构的挑战。如目前学术数字资源建设商发展迅猛，中国知网资源建设已由中国期刊论文逐步拓展到国内外期刊论文、会议论文、学位论文、重要报纸文章、专利、标准等，在图书资源方面，也收录大量图书，不仅提供年鉴、工具书的查询服务，最近还建立了教辅平台。另一重要学术资源服务平台——万方数据知识服务平台，也提供了国内期刊论文、学位论文、会议论文、专利、标准、地方志、法规文献、科技成果、图书、行业机构、专家学者等学术资源。其他的资源建设商，如维普期刊服务平台等在学术资源建设方面都取得了许多成绩。目前，这些资源建设商所拥有的非图书资源是国内绝大多数图书馆都无法比拟的。我国大多数高校图书馆已经离不开这些资源建设商提供的学术资源服务了[22]。超星图书馆，主要提供数字化的图书资源，该数字图书馆包括文学、经济、计算机等 50 余大类，拥有数百万册电子图书，500 多万篇学术论文，全文总量超 13 亿页，已经达到一个大型图书馆的藏书规模，假以时日，将会超过目前我国绝大多数图书馆的藏书。另外，该数字图书馆还收藏了近 20 万集的学术视频，这些收藏对我国传统数字图书馆形成了很大的冲击。此外，百度和 Google 等搜索引擎均设置了学术搜索，并开始涉足学术出版领域，这些都在不同程度上对数字图书馆产生影响。

在技术方面，大数据技术、云计算技术、语义技术、数据挖掘技术、RFID 技术、跨平台检索技术等，都对数字图书馆造成了一定的冲击，用户的需求随着新技术的发展而不断提高，人们不再满足于以前的信息获取模式，泛在化的、个性化的、智能化的信息服务被越来越多的用户所青睐，并逐渐成为评价图书馆服务好坏的一个重要标准。当然，信息技术在给数字图书馆带来了挑战的同时，也给它带来了发展机遇，数字图书馆可以应用这些技术到工作中去，到服务中去。数字图书馆所遇到的问题和其所获得的机遇，也就预示着数字图书馆的整体结构和工作、服务模式必然要有所变革，这就为智慧图书馆的产生和发展提供了前提条件。

2.2 智慧图书馆

1995 年，比尔·盖茨在《未来之路》一书中率先提出了物物相联的雏形。1999 年，物联网的概念被正式提出并迅速波及全球。而以物物相联的智能技术为信息基础的智慧城市(Smart City)则是 20 世纪末特别是 21 世纪初以来在全球展开的未来城市发展的新理念和新实践[23]。

随着物联网技术的发展，特别是智慧地球、智慧城市、智慧校园的概念提出与发展，作为它们的组成部门，一些更多的“智慧单元”被提出并被尝试和发展，如智慧交通、智慧政府、智慧商业、智慧工业等在很多城市得到发展壮大。智慧图书馆，既作为一个主体的一部分（如大部分的图书馆位于城市，学校图书馆隶属于校园的一部分等）存在，又是一个独立的单位和个体，在智慧地球这一概念提出后，被广大图书馆学者提出，并丰富和完善。

在智慧城市这一概念提出之后，国内图书馆界出现了“智能图书馆”这一概念，并且，图书馆学者围绕这一概念做了一定量的研究。通过中国知网检索，以“智能图书馆”为检索词，可查询到的结果约为 60 条，除去一些不太相关的结果（如智能和图书馆两个词分开显示），检索结果还剩 50 多条。发表时间最早的文章可以追溯到 2000 年，即李艳丽和刘春杰发表在《山东图书馆》上的《智能图书馆的结构化布线系统》；被引次数最多的文章为董晓霞、龚向阳等 2011 年发表在《图书馆杂志》上的《基于物联网的智能图书馆设计与实现》一文；虽然国内对智慧图书馆的研究兴起于 2000 年，但研究的高峰在 2009 年以后才出现，集中于 2009—2015 年间。图 2-1 是智能图书馆的部分检索结果截图。

通过图 2-1 我们可以看到，国内对智能图书馆的研究大多集中于建筑建设、技术和系统等领域，如张洁、李瑾于 2000 年发表的《智能图书馆》一文认为，21 世纪的图书馆应建成智能大厦，智能图书馆是把智能技术运用在图书馆新馆舍建设之中形成的一种现代化建筑，它是高新技术（计算机、多媒体、现代通信、智能保安、环境监控等）与建筑艺术的有机结合[24]；陈鸿鹄于 2006 年发表的《智能图书馆设计思想及结构初探》一文认为，“智能图书馆（Intelligent Library，IL）是把智能技术运用在图书馆建设之中形成的一种现代化建筑，是智能建筑与高度自动化管理的数字图书馆的有机结合和创新，是在二者共同发展的基础上产生的，它应同时具备两者的设计思想、基本要求、特征和功能[25]；李峰、李书宁于 2013 年发表的《基于物联网技术的智能图书馆发展研究》一文，认为物联网技术的发展为图书馆带来了一系列变革，而 RFID 无线射频标签在图书馆应用之后使得印本馆藏和其他设备顺利纳入到图书馆物联网环境中，促进了智能图书馆的发展[26]。

由于智能图书馆的研究仅限于建筑和技术等领域，智能图书馆的其他重要组成部分如软件、服务、高素质馆员等领域却少有研究，这反映了智能图书馆并不能解决所有问题，图书馆界迫切需要一种更新的理念和模式来实现图书馆的变革。

□	题名	作者	来源	发表时间	数据库	被引	下载	预览	分享
□21	基于物联网的RFID在数字化校园中的智能图书馆的应用	王武	发明与创新(教育信息化)	2014-06-15	期刊		45		
□22	物联网技术在智能图书馆中的应用体系架构探讨	徐丽君	河南图书馆学刊	2014-03-15	期刊	1	65		
□23	物联网技术在智能图书馆中的应用研究	安海燕;朱浩然;王文娴;刘丽丽	中国医学装备	2014-03-15	期刊		52		
□24	智能图书馆研究综述	黄勇	科技情报开发与经济	2014-03-10	期刊		96		
□25	新信息技术在智能图书馆中的应用	董秋生;马骏涛;宋欣	中华医学图书情报杂志	2014-01-15	期刊	4	100		
□26	物联网技术在智能图书馆中的应用研究	张郁松	农业图书情报学刊	2014-01-05	期刊	1	96		
□27	基于智能图书馆的学科馆员服务拓展	张郁松	科技情报开发与经济	2013-12-25	期刊		57		
□28	智能图书馆中实景导航系统的研究与实现	栾英博	北京邮电大学	2013-12-24	硕士		208		
□29	UHF RFID智能图书馆管理系统的研究	李旗;何宏;潘红艳	天津理工大学学报	2013-12-15	期刊	1	64		
□30	物联网技术在智能图书馆中的应用研究综述	张骞	内蒙古科技与经济	2013-11-30	期刊		88		
□31	智能图书馆建设途径探析	李晓君	河北科技图苑	2013-11-01	期刊		65		
□32	一种基于CPS的智能图书馆网络	胡群	图书馆理论与实践	2013-06-30	期刊		143		
□33	RFID智能图书馆在我馆应用	白薇	科技视界	2013-05-25	期刊		49		
□34	图书馆移动辅助服务的智能手机端应用设计与实现	杨建	湖南大学	2013-04-18	硕士	1	202		
□35	高校智能图书馆发展趋势探讨	谢良鹏	中国科教创新导刊	2013-04-11	期刊		75		
□36	基于物联网技术的智能图书馆发展研究	李嵘;李书宁	图书情报工作	2013-03-05	期刊	23	1215		

图 2-1　中国知网中智能图书馆主题的部分检索结果截图

2.2.1　智慧图书馆的背景和研究现状

“智慧图书馆”的理念和实践率先出现在欧美的大学图书馆、公共图书馆和博物馆中。2003 年前后，芬兰奥卢大学图书馆提供的一项新服务称为“Smart Library”，这一服务隶属于“Rotuaari project”项目。芬兰奥卢大学图书馆的学者发表了题为《智慧图书馆：基于位置感知的移动图书馆服务》的会议论文，指出 Smart

Library是一个不受空间限制的、可被感知的移动图书馆服务，它可以帮助用户找到所需图书和相关资料。与此同时，澳大利亚昆士兰州也曾探讨了智慧图书馆与智慧社区建筑的关系问题。其实早在2004年之前，加拿大首都渥太华的一些图书馆和博物馆以及多所大学和公共图书馆就已经建立起了以“智慧图书馆”（Smart Library）命名的联盟，利用同一个搜索引擎为读者提供一站式服务。2004年，米勒等学者在国际会议上发表了有关智慧图书馆的研究报告，题为《智慧图书馆：强调科学计算的图书馆的SQE最佳实践》。米勒等认为智慧图书馆是指运用大量软件质量工程（Software Quality Engineering，SQE）的实践，力图使用户和开发人员避免犯各类错误，包括使用、配置、安装中的错误，以及因应用程度的变化而导致的绩效下降或死锁等方面的错误。可见，世界图书馆界关于智慧图书馆的研究已从技术趋向了服务与管理以及社区的建设，体现出智慧图书馆的本质追求[27]。

2005年以来，我国图书馆界也开始从智能图书馆的研究深入到智慧图书馆的研究与实践，如上海图书馆率先开展了手机图书馆的移动服务，台湾台北市立图书馆则应用RFID（Radio Frequency Identification，无线射频识别）技术建成了无人服务的智慧图书馆。2010年，严栋发表了《基于物联网的智慧图书馆》一文，他认为智慧图书馆就是以一种更智慧的方法，通过利用新一代信息技术来改变用户和图书馆系统信息资源相互交互的方式，以便提高交互的明确性、灵活性和响应速度，从而实现智慧化服务和管理的图书馆模式。2011年，董晓霞等发表了《智慧图书馆的定义、设计以及实现》一文，认为智慧图书馆综合了感知智慧化和数字图书馆服务智慧化。自2011年起，上海社会科学院信息研究所的王世伟先后发表了《未来图书馆的新模式——智慧图书馆》《论智慧图书馆的三大特点》《再论智慧图书馆》3篇文章，对智慧图书馆的概念、内涵和特点进行了较为深入的阐述。

2015年以来，智慧图书馆的研究取得了很大的进步，无论是从事研究的学者数量、发表论文情况或者是文章被引用情况等都有了较大的提升。而且研究的主题范围更加广泛，研究内容更加深入和具体。如龚娅君在《智慧图书馆公共文化服务平台建设研究》一文中探讨构建由“智慧社区系统”“智慧经济系统”和“智慧学习系统”组成的公共文化服务综合平台，支持城市智慧社区、智慧经济、智慧学习的建设与发展，为市民提供更精细更智能的体验。曾子明、金鹏在《智慧图书馆个性化推荐服务体系及模式研究》中分析了个性化推荐在图书馆中的智慧化服务需求，构建了基于泛在智慧服务的智慧图书馆个性化知识推荐服务体系，并探讨了体系架构组成及智慧推荐服务的保障模式，即由用户交互层、智慧服务层、个性化推荐层、知识存储层、传输感知层等组成的智慧图书馆服务保障系统。曾子明、陈贝贝在《融合情境的智慧图书馆个性化服务研究》中从智慧图书馆的概念和特点出发，提出融合情境感知的智慧图书馆个性化服务模型，分析该服务模式构建方法，探讨将情境感知运用于智慧图书馆存在的问题，主要包括用户隐私问题和数据安全问题等。凌征强、黄辉在《基于智能家居的智慧图书馆数据层建设》中研究了大型信息技术企业的智能家居发展现状，探讨智能家居数据中心管理系统及其主要特点，针对智慧图书馆存在的大数据处理能力欠缺及区域数据智慧化功能不完善等问题，提出学习借鉴大型信息技术企业的智能家居数据层设计经验，通过建设智慧图书馆数据中心、制定跨平台数据通信标准、开发数据中心管理系统及区域数据子系统等措施，推进智慧图书馆数据层建设的策略。此外，李后卿、董富国、侯松霞、张晴、陆妍、陆素梅、姜永英等学者分别从智慧图书馆的服务、顶层设计和馆员队伍建设等不同层面对智慧图书馆进行研究。这些学者的研究不但从理论层面丰富完善了智慧图书馆，而且还进行了实践层面的规划和设计，为智慧图书馆的建设提供了丰富的研究资料。

2.2.2 智慧图书馆的概念

关于智慧图书馆的概念，国内学者目前还没有统一的定义，他们从各自的研究出发，分别给出了不同的定义。如，从智能建筑的角度：智慧图书馆是把智能技术运用在图书馆建设之中形成的一种现代化建筑，是智能建筑与高度自动化管理的数字图书馆的有机结合和创新[28]。从感知计算的角度：智慧图书馆＝图书馆＋物联网＋云计算＋智慧化设备，通过物联网来实现智慧化的服务和管理[29]。从数字图书馆服务的角度：充分利用 ICT 技术，不仅可能实现各种信息的电算化，还可远程进行阅览图书等资料、预约座位等操作的数字图书馆[30]。

严栋是国内较早给智慧图书馆下定义的学者，他认为智慧图书馆(Smart Library)就是以一种更智慧的方法，通过利用新一代信息技术来改变用户和图书馆系统信息资源相互交互的方式，以便提高交互的明确性、灵活性和响应速度，从而实现智慧化服务和管理的图书馆模式[31]。

王世伟认为智慧图书馆是以数字化、网络化、智能化的信息技术为基础，以互联、高效、便利为主要特征，以绿色发展和数字惠民为本质追求，是现代图书馆科学发展的理念与实践[32]。

韩丽认为：智慧图书馆是指通过物联网等智能感知技术，为用户提供智慧化服务和管理的一种数字图书馆的高级发展形态[33]。它是数字图书馆发展到一定阶段的产物，是物联网技术在数字图书馆广泛应用的集中体现，也是数字图书馆发展的最终目标。它具有传统数字图书馆的功能，又具有其鲜明的智能化特征。在智慧图书馆的智能空间中，计算与信息将融入人们的生活空间，将从根本上改变人们对图书馆的认识。在任何时间、任何场所,人们都能像呼吸一样自如地访问信息,并获得智慧化服务。智慧图书馆将“主动”地服务于用户,以实现用户之间、用户与图书馆之间、用户与信息资源之间以及信息资源之间的通信,实现真正意义上的无人值守的智慧化服务和管理,实现 7×24 小时的泛在化服务。

马然对智慧图书馆的定义为:智慧图书馆是利用物联网技术将图书馆建筑、设备、文献资源、用户等各个元素相连接构成图书馆物联网,借此实时主动地获取相关感知数据,并在对感知数据进行分析和处理的基础上,为图书馆工作人员提供一个智慧化的管理平台,为用户提供一个无处不在的智慧化服务环境[34]。无论智慧图书馆的概念怎样完善,都离不开两个本质:一是以物联网为基础,二是管理与服务的智慧化。随着物联网技术在图书馆应用的深入、扩展以及技术本身的不断成长,智慧图书馆也必然是不断成长的。而以物联网为基础的智慧图书馆则是一个建筑智慧化、资源智慧化、管理智慧化、通信智慧化的结合体,其“智慧”总是以人为本、为服务而生。

这些定义在一定程度上丰富和完善了智慧图书馆的理论基础,但它们大部分集中在智能技术、智慧服务以及智能建筑领域,具有一定的局限性。本文认为,智慧图书馆是以高质量的信息资源为核心,通过高素质馆员的支撑与用户的协同感知,借助高科技手段和智慧化建筑,实现对数字图书馆和个性化的信息、知识服务的提升和推动,它是数字图书馆发展的更高级阶段,是集资源、技术、人才、服务、建筑为一体的智慧化集合体。

2.2.3 智慧图书馆的特点

智慧图书馆的特点,是与其概念分不开的,智慧图书馆所依附的数字化、网络化、智能化也为智慧图书馆的特点打上了深深的烙印。综合国内学者的观点,本文认为,智慧图书馆主要有便利、互联和高效 3 个特点。

1. 智慧图书馆具有便利性

智慧图书馆通过互联互通的网络,给馆员管理图书馆,用户使用图书馆,以及馆员和用户的学习和生活带来了巨大的变化。

(1)便利性体现在智慧图书馆的无线泛在　2001 年,韩国首尔提出了泛在城市计划,以构建城市内随时随地网络接入和服务接入的城市信息环境;2004 年,美国费城市政府在世界上第一个提出“无线费城”规划,以实现城市内宽带无线网络覆盖。泛在城市和无线城市给无线泛在的图书馆创造了良好的信息环境[35]。而中国的电信事业发展也为智慧图书馆的发展提供了保障。根据工信部披露的数据显示,截至 2015 年底,全国 4G 用户总数达 3.86 亿户,4G 移动电话用户月均净增超过 2 000 万元；移动用户数总规模达 12.93 亿户；移动宽带用户占比近 50%。而电信业的飞速发展也对我国城乡居民的工作和生活产生了深远影响，移动支付、新一代电子商务、新媒体、生活娱乐、泛在式的信息服务等被越来越多的人使用，给人们带来的变化几乎深入各个领域。而通过利用有线和无线网络，可以使图书馆真正实现泛在化，用户可以在手机和 PAD 等移动终端上使用图书馆进行借阅图书、阅读文献、点座位、与同学交流经验和使用视听资源等活动。

（2）便利性体现在对智慧图书馆的一体化使用　智慧图书馆的精髓就是以人为本，以用户为中心，一切从用户的角度出发来提供服务。智慧图书馆的一体化使用既体现在用户可以到图书馆来，利用物理的图书馆，包括各种设备工具来满足其需求，如借阅、参考咨询、知识共享、小组讨论、丰富课余文化生活的视听活动等。同时，智慧图书馆的一体化还体现在它的另一个形态——移动图书馆，用户可以在手机或 PAD 等终端设备上无障碍、便捷地使用智慧图书馆。国内的一些大的公共图书馆在移动图书馆上走在了前列。例如，上海图书馆的手机图书馆自 2003 年策划、2004 年试点、2005 年正式推出以来，2007 年和 2012 年又先后进行了功能提升，实现了“上图信息、书目检索、读者服务、微博分享、移动阅读、你问我答和分馆导航”等多项功能的整合。重庆图书馆的手机图书馆功能也包括了丰富的内容，如书目查询、我的图书馆、重图新闻、重图电子书、入馆指南、读者互动、阅读通、讲座预告、使用说明等。中国国家图书馆的“掌上国图”则以其独特丰富的内容形成了服务的特色。移动通信在图书馆中的广泛应用，使 21 世纪初提出的“我的图书馆”的创新理念真正落到了实处。

（3）便利性还体现在智慧图书馆的个性化程度更高　进入 21 世纪以来，世界各地的图书馆的服务理念都发生了深刻变革，尤其是在我国，从以管理为中心到以服务为中心，从以前的被动服务到现在提倡主动服务，从重视资源建设和馆藏建设到服务与建设并重，从提供固化的、程式化的服务到提供专业的、个性化的服务。可以明显看到的是，智慧图书馆比以往的图书馆理念的个性化服务意识有了质的飞跃，同时，智慧图书馆也强调与用户互动，它提供的服务是智慧化的、交互性强的个性化服务。

2. 智慧图书馆具有互联性

智慧图书馆的技术具有数字化、网络化和智慧化的特点，智慧图书馆的互联体现在 3 个方面，全面感知、立体互联和深度协同。

（1）智慧图书馆的互联性体现在智慧图书馆是全面感知的图书馆　智慧图书馆通过各种传感器，使图书馆有了“皮肤”，可以感觉到外部的变化。将传感器部署在设备终端或馆内一些需要感知的环境中，可以获取想要得到的数据。例如，温湿度传感器可以用于对机房的监控和预警、射频识别(Radio Frequency Identification,RFID)感应系统可用于图书和文献的感知等。目前通过物联网连接的传感器涉及范围非常广泛,包括:手机、电脑、射频识别装置、红外感应器、全球定位系统、激光扫描器等[36]。再例如,美国华盛顿州西雅图市图书馆在多媒体文献全面感知的基础上实现了读者服务的实时数据显示管理,图书、DVD、CD 等各类文献的读者实时服务数据通过大屏幕的分类显示一目了然。挪威国家图书馆的汽车图书馆也是在信息全面互联感知基础上实现了汽车图书馆内外人的互动以及文献借阅和音乐欣赏等多样化服务。

(2)智慧图书馆的互联性体现在智慧图书馆是立体互联的图书馆　立体互联即全面的互联,包括图书馆物理空间的互联,楼与楼之间、层与层之间、区域与区域之间、房间与房间之间、桌与桌之间、计算机与计算机之间、屏幕与屏幕之间、馆藏与借阅之间等的相联,以及网络与网络之间、馆与馆之间、书库与书库之间、图书与图书之间、人与物之间等的相联;图书馆服务主体馆员之间、服务客体读者之间的互联,主体馆员与客体读者间的人与人、人与机器的互联、三网融合(电信网、广播电视网、互联网)的互联;图书馆跨行业、跨部门、跨城区甚或跨国界的互联。这些主体的立体式互联使得图书馆成为一个有机融合的整体,从而保证了图书馆服务的深度和质量。

(3)智慧图书馆的互联性体现在智慧图书馆是深度协同的图书馆　智慧图书馆的深度协同体现在馆员与设备工具的协同、馆员与用户的协同、用户与设备工具的协同、信息技术与所有智慧图书馆的主体的协同,以及图书馆与其他馆或信息机构的协同。现代社会,图书馆的信息共享尤为重要,它不但能使各馆之间互通有无,而且能够提高资源使用效率,使图书馆的作用最大化。而这些协同的实现必须要有一定的机制,用以规范协同系统内各组成单元的关系,同时维持协同系统的正常运转。例如,在各图书馆之间可以创建个人诚信信息系统,各个图书馆的读者诚信记录可以实现同城联网、全省联网乃至全国联网,这就需要运用智慧图书馆建设的协同理念,在信息技术的支持下创建图书馆诚信协同机制,并逐步建立起图书馆读者诚信网。

3.智慧图书馆具有高效性

智慧图书馆的高效性不但体现在管理的高效,还体现在服务的高效和资源配置的高效上。

(1)智慧图书馆是高效管理的图书馆　“图书馆管理”,是指图书馆的主管者,通过计划、决策、组织、领导、控制和创新等职能来协调工作人员的行为,以达到图书馆预期目标的活动过程。智慧图书馆就是要使管理科学化,使馆内各组成部分高效运转，如促进设备工具的高效使用，提高馆员的工作效率，提高管理者决策效率，提高图书馆整体的创新能力。高效的管理就是要提高图书馆反应的即时性和适时性，使图书馆复杂的神经系统在面临千变万化的动态发展情况下能够做到"耳聪目明"并快速反应，藉以提高图书馆管理的灵敏度。例如，通过智能技术的物联网，可以实时监控电梯运行，让每台电梯自己成为"安全员"，使电梯运行故障及时得到发现并处置。

(2)智慧图书馆是高效服务的图书馆　在现代社会，用户的服务需求越来越向着高、精、深方向发展，对图书馆的要求也越来越高。智慧图书馆的高效服务，一方面体现在馆员根据用户的服务需求，通过现代化的技术手段，提供最符合要求的信息资源，必要时，还要根据用户深层次的需求提供更专业的服务，如情报服务、知识服务等。另一方面体现在图书馆要形成一个集群，利用整体的力量来满足用户个性化的服务需求。例如，"同城一卡通"是 21 世纪以来图书馆整合集群的典型案例，这种突破行政区划和城市中的分级财政而实现的跨区域的全城(乡)一卡通，使图书馆公共文化服务体系实现了质的飞跃，使原本一个个独立的图书馆资源整合为集群共享的图书馆，使图书馆的设施资源、文献资源以及人力资源的效能走向了最优化。

(3)智慧图书馆是资源优化配置的图书馆　绿色发展是当今时代的主题，也是智慧图书馆的灵魂。图书馆的资源优化配置的核心就是提倡图书馆的绿色发展，而低碳环保又是图书馆绿色发展的核心。这就需要馆员转变工作方式，提高绿色发展理念，从点滴做起。例如，2011 年 12 月，上海交通大学图书馆与美国国家仪器公司 NI(National Instruments)合作，针对传统中央空调忽冷忽热的现象，发动大学生共同设计了国内首个高校图书馆室内"环境监测与节能系统"，通过对空气温度的区域即时感应做出相应的温度调控，体现出智慧图书馆在节能低碳发展中的理念创新与实践创新。再例如，现今高校图书馆的占座系统大部分已实现无纸化运行，即取消小票机占座，通过电子选座系统来实现占座，节约了纸张的同时也提高了占座的效率。

2.2.4 智慧图书馆的功能

智慧图书馆的功能，是与智慧图书馆的定义和特点密不可分的。智慧图书馆的功能，主要分为几个方面，一是图书馆管理的功能，智慧图书馆能提供一种全新的智慧化的管理模式；二是图书馆的服务功能，智慧图书馆的服务模式是智能化、泛在化和个性化的；三是图书馆的空间的智慧化，智慧化的馆舍空间提供智慧图书馆必要的物理承载。

1.智慧图书馆的"智慧管理"功能

"物联网(Internet of Things)是指通过射频识别(RFID)技术、传感器技术、智能嵌入技术、全球定位系统、激光扫描器等信息设备,按约定协议将任何物品与互联网连接以进行物品标识、感知信息处理、交换和通信,实现对物品及物物之间智能化识别、定位、跟踪、监控和管理的一种网络"[37]。简单地说,物联网就是"物与物相联的网络"或叫"物体的互联网"。智慧图书馆的智慧管理功能主要是通过物联网实现的,智慧管理又分为对人的管理、对图书的管理、对资产的管理等方面。

(1)对人的智慧管理　包括对图书馆馆员的管理和对用户的管理,对人员的管理主要是通过身份识别技术来管理。例如,图书馆馆员和用户均需要办理一张存有个人信息的一卡通卡片(卡片也可以内置到手机中)。此卡集多种功能为一体,如图书馆借阅及占座、校园消费、教学楼和宿舍门禁系统等。图书馆在门禁处安装感应器或接收器,此装置与校园卡管理系统和图书馆管理系统相连接,馆员或用户需携带一卡通卡片(或有内置一卡通信息的手机)靠近门禁处,接收器就会自动识别并开启门禁,同时系统会记录人员信息情况,并将数据传送到图书馆管理系统中。图书馆管理系统可以自动生成进出馆人员信息报表,并统计出各类人员每天进出馆的次数和具体时间。由于在馆中装有足够数量的接收器,各类人员进出馆和在馆中的流动情况可以很方便地从系统中查出。此系统非常便于对图书馆人员管理,并积累详细数据以供图书馆管理层和馆员利用。

(2)对图书的智慧管理　对图书的智慧管理主要依靠植入芯片技术和RFID(无线射频识别技术)来实现。例如,以往图书都是依据图书馆分类法,依靠人工来进行分类排架、查找等管理工作,由于高校师生人数较多,用户借阅图书量大,所以图书馆员每天或很低的频次就需要对书架进行整理,这对图书借阅部门的馆员来说是一项比较重的负担,同时也使得图书流通效率降低。而依靠芯片技术和RFID技术,图书馆馆员可以将来自不同出版社的图书的基本信息植入到芯片中,通过此芯片可以进行智能化管理。同时此项技术可以带来很大便利,一是植入芯片可以省去繁杂的图书信息编辑工作;二是清点图书也变得非常简单,只需要用扫描设备在书架上依次扫过,所有书目信息一目了然,通过此项技术,以往需要相当长时间的清点工作现在只需很短时间就能完成;三是方便用户查找所需书籍,以往用户借阅图书需要先查该书的索书号,再去相应的书架去找书,利用RFID技术,用户可以手持扫描设备很快找到所需的图书;四是图书馆馆员和用户可以便捷地查询相关书籍的基础信息、馆藏书目数据、借阅数据及图书当前所在书架的具体位置;五是方便馆员顺架和将图书归位,开放式借阅使得图书的顺序比较混乱,馆员需定期对书架进行整理,"在智慧图书馆中只需在阅读器中输入要检查的号码段或要找的书名等，然后沿着书架依次扫描，一旦发现排架错误或找到所要的书刊时，立刻声光报警，这使得查找工作变得非常方便，而且能显著降低错架乱架率。在不影响正常工作下，完成顺架工作，减少失误，大大提高书刊整架归位的速度”[38]。

(3)对图书馆资产的智能管理　图书馆资产多、门类杂，管理难度大，在以前图书馆资产流失情况偶有发生。如果将图书馆资产都植入芯片，并在门禁处设置电子识别器，依靠管理系统，可以防止图书馆资产的流失，如果再加上网络视频监控系统，图书馆就可以有效管控国有资产，防止图书馆的固定资产和图书的流失。

2.智慧图书馆的智慧服务功能

智慧图书馆的智慧服务又分为一般性服务和深度服务，一般性服务是指图书馆的基础服务，如借还书服务，空间服务(教师和学生利用图书馆空间来学习和研讨等)等；深度服务是指图书馆馆员利用所学的专业知识，结合用户的需求提供的更深层次服务，一般包括知识服务、高级参考咨询服务和情报服务等。智慧图书馆的深度服务功能将会在下面的章节详细描述，在此仅探讨智慧图书馆的一般性服务功能。

智慧服务的一般性服务一般包括借还书服务和空间服务。

(1)智慧性的借还书服务　传统的图书借还服务主要依靠人工来完成，即读者到借阅部门借书或还书。通过智慧图书馆，可以实现自助借还图书。例如，通过自助借还系统，读者将自己的借书证和需借阅的图书放在自助借还机相应的感应区上，系统就会进行自动识别和扫描处理，通过与图书馆自动化借阅系统连接，确认后即完成借书。与借书系统一样，读者也可自主还书，操作完成后打印还书凭条，系统自动获取馆藏信息，通知中心系统更新图书信息及读者信息。“采用自助借还机可以实现多本图书同时进行借还操作的功能，而且 24 小时不间断服务，从而增进流通速率，简化借阅流程，方便了读者，减少了工作人员的工作量，进而提升图书馆的工作效率和服务品质”[39]。

(2)智慧性的空间服务　空间服务主要集中于图书馆的阅览室和部分图书馆设有的自习室，对于图书馆空间的管理主要依靠引入智能占座系统。例如，某智能占座系统的操作过程：读者只要将智能卡放在刷卡区，屏幕上便会跳出“常坐座位”和“本次选位”两个选项。选好座位后，如果需要打印，机器便打印出一张标明座位代码、所在位置、学生卡卡号等的座位票。学生离馆时，再重新刷卡，如果选择“暂离”，系统会保留座位 45 分钟(可设定)。如果选“本次离开”，系统将自动释放该座位。近两年来，随着 4G 网络的发展，图书馆占座系统也可以实现手机操作功能，用户利用手机可以实现在终端机上的所有操作，足不出户便可以实现选座功能，同时，此系统还可以自行设置规则，防止出现漏洞或其他不符合规范的行为。在方便了图书馆管理的同时又最大程度的便利了用户使用图书馆空间。

3. 智慧图书馆的空间智慧化

智慧化空间就是图书馆利用技术手段和设备来管理空间，以达到空间最优效果。智慧图书馆的空间智慧化核心是智能楼宇系统在智慧图书馆中的应用。何谓智能楼宇？日本电机工业协会楼宇智能化分会把智能化楼宇定义为：综合计算机、信息通信等方面的最先进技术，使建筑物内的电力、空调、照明、防灾、防盗、运输设备等协调工作，实现建筑物自动化（BA）、通信自动化（CA）、办公自动化（OA）、安全保卫自动化系统（SAS）和消防自动化系统（FAS），将这 5 种功能结合起来的建筑也称为 5A 建筑，外加结构化综合布线系统（SCS），结构化综合网络系统（SNS），智能楼宇综合信息管理自动化系统（MAS）组成，就是智能化楼宇。楼宇智能化系统一般包括以下系统：综合布线系统、计算机网络系统、电话系统、有线电视及卫星电视系统、安防监控系统、一卡通系统、广播告示系统、楼宇自控系统、酒店管理系统、物业管理系统、智能楼宇管理系统（集控平台）及数据中心机房建设等。由于一般图书馆没有酒店管理、物业管理等功能，智慧图书馆的楼宇控制系统也会有选择地建设一些子系统以支撑楼宇管理功能的实现。

智能图书馆的智慧化空间主要体现在几个方面，一是通过网络视频监控，实现对图书馆空间的智慧管理；二是通过声光电和温度湿度控制系统，设置相应的传感器、行程开关、光电控制等，对设备的工作状态进行检测，并通过线路返回控制机房的中心计算机，由计算机得出分析结果，实现对图书馆的声光电和温度湿度进行监测和调控；三是图书馆大门也可以实现自动定时开关；四是利用综合布线系统可以提供整个馆舍内无死角的网络覆盖；五是智能广播系统可用于播放背景音乐、通知和应急广播，告示系统用于视频信息发布，在门厅、大堂、电梯间等地配置告示屏，播放宣传材料、广告和公告信息等；六是智慧化消防，它具备火灾初期自动报警功能，并在消防中心的报警器上附设有直接通往消防部门的电话、自动灭火控制柜、热/烟感应系统、火警广播系统等，可有效防止火灾发生；七是智能身份识别系统，该系统主要依靠一卡通系统来实现。

3 智慧图书馆的架构、构成要素与运行机制

第 2 章我们对智慧图书馆的理论知识进行了论述，包括智慧图书馆产生的背景与国内外研究现状，智慧图书馆的概念与定义，智慧图书馆的特点，智慧图书馆的功能等，对理论的研究有助于我们更深入的了解智慧图书馆，同时也能够为后面章节的研究提供指导。

本章我们将对智慧图书馆的架构、设计、构成要素和运行机制进行探讨，分析智慧图书馆是如何设计的，其顶层和底层架构情况如何；分析构成智慧图书馆的要素都有哪些，它们内部有何关系或联系；分析智慧图书馆的内部运行机制如何。对智慧图书馆的具体内容和结构进行分析，有助于我们更深刻地了解智慧图书馆的内部构成和内部关联，为如何构建智慧图书馆提供借鉴。

3.1 国内智慧图书馆的项目案例

智慧图书馆的架构主要是指智慧图书馆都包含哪些内容，哪些单元，以及各单元是如何工作的。根据国内外学者的研究，智慧图书馆的架构主要分为狭义架构和广义架构，狭义架构仅指支撑智慧图书馆运行的技术和系统，广义的架构除了包括现代信息技术和系统外，还包括提供服务的"智慧馆员"、馆员所提供的"智慧服务"以及图书馆的智能建筑等。

国内已有多所高校图书馆开始尝试和设计智慧图书馆，并取得了一定的进展，他们的经验值得我们借鉴，下面 4 个小节我们将重点介绍国内高校和公共图书馆的智慧图书馆项目。

3.1.1 北京邮电大学智慧图书馆项目[40]

北京邮电大学于 2009 年底开始感知的智慧图书馆示范系统（BUPT-SLDS）的项目研制工作，项目由北京邮电大学网络技术研究院和北京邮电大学图书馆合作研制。旨在研制一个感知的智慧图书馆的原型系统，探索和研究出利用物联网技术实现智慧图书馆的具有适应性和可扩展性的部署框架和模式，为图书馆的工作

人员和读者提供一个真实的基于物联网的智慧图书馆的体验环境，为今后智慧图书馆的建设提供可行的参考模型。

1. BUPT-SLDS 的设计思路

根据智慧图书馆的理念，BUPT-SLDS 采用了以下设计思路：

（1）以智能手机作为读者服务的主要载体　智能手机（Smartphone）是指像个人电脑一样，具有独立的操作系统，可以由用户自行安装第三方服务商提供的应用程序，并可以通过移动通信网络来实现无线网络接入的手机的总称。目前，智能手机的操作系统主要有 Symbian、Linux（包括 Android，Web OS，MeeGo 等）、BlackBerry OS、美国微软公司的 Windows Mobile、苹果的 iOS 等。BUPT-SLDS 选用了 Linux 操作系统、支持 WiFi 无线局域网接入的诺基亚智能手机。

（2）利用 WiFi、ZigBee 等无线通信技术感知和定位读者　通过智能手机以及 WiFi、ZigBee 等无线通信技术，读者可以被感知和定位，继而提供相应的图书馆的智慧服务。

（3）利用 RFID 技术实现感知和定位图书　RFID 技术是物联网的主要技术之一，利用 RFID 技术实现图书的定位和管理在北美等发达地区已经逐渐得到了广泛的应用，国内图书馆近几年也逐渐开始了这方面的应用，例如国家图书馆、集美大学图书馆、武汉大学图书馆等。

（4）选择实现具有较强示范和体验效果的智慧图书馆的部分功能　为了能够更好地体现系统的示范性效果，BUPT-SLDS 选择实现了智能的图书清点、感知的 OPAC（联机公共查询目录）以及基于位置的读者信息推送等示范性较强的功能。

（5）与图书馆自动化系统无缝链接　BUPT-SLDS 基于图书馆自动化系统的读者和图书数据以及 OPAC 检索系统，提供相应的智慧化服务。

2. 系统框架

根据智慧图书馆在感知智慧化方面的定义，BUPT-SLDS 采用的系统框架如图 3-1 所示。

（1）感知层　是 BUPT-SLDS 的皮肤和五官，负责识别物体，采集信息。通过感知层的智能手机和 RFID 标签感应装置实现了对读者和图书的感知。对图书的感知通过 RFID 标签感应装置实现，对读者的感知是以读者随身携带的智能手机为被感知对象，通过 WiFi 以及 ZigBee 等无线定位技术实现。

（2）网络层　是智慧图书馆的神经中枢和大脑，负责信息传递和处理。网络层将感知层获取的图书信息以及读者信息进行传递和处理，以提供相应的服务。

（3）应用层　是智慧图书馆的实际应用，在 BUPT-SLDS 中实现了智能的图书清点、感知的 OPAC 以及基于位置的读者信息推送等功能。

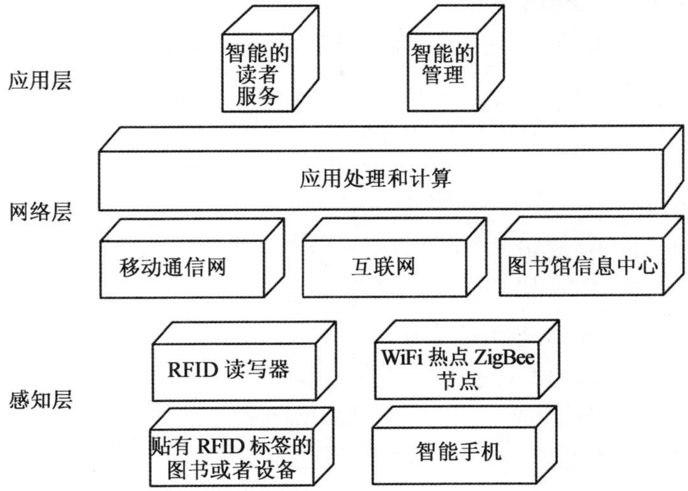

图 3-1 BUPT-SLDS 的系统框架

3. 关键技术分析

BUPT-SLDS 智能手机上的应用基于 Qt 平台开发,微机上的应用采用 JSP 开发,主要涉及以下关键技术:

(1)移动终端地图系统 移动终端上的地图系统可以让读者能够体验到精确的地图导航服务,引导读者快速地到达其所需资源的位置。BUPT-SLDS 的移动终端地图系统是基于 Qt 的开发平台,利用 Google Maps API 开发的。Qt 具有良好的跨平台特性,除支持大部分计算机操作系统之外,还支持 Symbian、Maemo、MeeGo 等手机操作系统,其 Web Kit 引擎可以实现本地界面与 Web 内容的无缝集成。而 Google Maps 是一种新型的 Web GIS 设计模式,Google Maps APIs 使用户能够快捷地开发 Web GIS 应用。为了能够更精确地确定读者和图书的位置,BUPT-SLDS 根据图书馆的建筑结构按层绘制了图书馆平面图,根据 GPS 定位结果,如果读者在图书馆内,则调用图书馆建筑的平面图;否则,则使用 Google Maps。

(2)图书定位 图书定位的核心技术是 RFID 读写装置。在物理层,在图书和书架上分别贴上 RFID 标签,在每个书架上安装一台 RFID 读写设备。在逻辑处理层,基于图书馆自动化系统,增加书架、层架等图书位置信息的数据库保存和逻辑处理功能。图书定位的机理是书架上的 FRID 读写器获取到该架上的所有图书的标识信息，上传到数据库服务器，当用户检索到相关图书时，即可根据图书标识得知图书的地理存放位置。为了能够和图书馆自动化系统实现无缝链接，智慧图书馆示范系统提供了基于 OpenURL 的位置查询的 APIs，调用获取位置的 APIs 返回 XML 代码格式，如下：

```
＜? xml version = "1.0" en coding = "GB18030" standalone="
no"? ＞
＜location＞
＜latitude＞＜/latitude＞ ＃纬度
＜longitude＞＜/longitude＞ ＃经度
＜floor＞＜/floor＞ ＃书架所在楼层
＜grid_row＞＜/grid_row＞ ＃所在书架的行号
＜grid_col＞＜/grid_col＞ ＃所在书架的列号
＜side＞＜/side＞ ＃指示书架的哪一侧
＜dynamic＞＜/dynamic＞ ＃指示是否是实时位置信息
＜/location＞
```

(3)用户定位　用户定位是以读者随身携带的智能手机为被感知对象，实现了室外定位和室内定位的无缝结合。室外定位采用的是 GPS 定位技术，室内定位则创新地使用了 WiFi 和 ZigBee 相结合的定位技术，采用接收信号强度指示(Received Signal Strength Indication，RSSI)技术实现。WiFi 无线路由器和 ZigBee 无线传输节点都是无线发射装置，WiFi 的发射功率较大，覆盖范围广，而 ZigBee 发射功率较小，覆盖范围小。图书馆的室内定位主要使用 WiFi 方式，ZigBee 则作为 WiFi 方式的补充来提高定位的精度。

4. BUPT-SLDS 的系统功能描述

BUPT-SLDS 实现了图书自动盘点、感知的 OPAC 以及基于位置的推送服务等功能。

(1)智能的图书清点系统　通过 RFID 读写装置实现图书的自动清点功能，获知图书的在架情况。RFID 读写装置在实现图书清点的同时，也能够实时更新数据库中图书的存放位置。

(2)感知的 OPAC 系统　感知的 OPAC 系统是在传统的 OPAC 系统上增加了感知定位功能。在 BUPT-SLDS 中对于不同类型的终端实现了不同程度的感知定位功能。对于微机终端来说，感知 OPAC 系统在传统的 OPAC 系统的基础上增加了感知图书的功能，并且能够以地图的方式提供给读者。对于智能手机的终端来说，BUPT-SLDS 不仅能够感知图书的位置，而且还能够感知读者的位置，并且可以基于图书和读者的位置为读者提供相应的导航服务。

(3)基于位置的推送服务　基于位置的推送服务是感知读者所在位置时,向读者推送其感兴趣的信息。例如当用户手持智能手机走到图书馆附近时,用户的终端会接收到图书馆的近期热门图书、新书通报、馆内活动、催还等服务信息;当用户走到某一书架范围内时,用户终端会收到该架上的新书信息等。

3.1.2 香港城市大学图书馆的 RFID 应用案例[41]

1. 馆情介绍

香港城市大学图书馆(以下简称"城大图书馆")成立于 1984 年,在 1989 年,迁到目前城市大学的所在位置,并被命名为邵逸夫图书馆,以表彰慷慨捐赠的邵逸夫爵士。城大图书馆是一个规模很大的单层图书馆,依附于学术搂,是城大教学区内唯一的图书馆,服务于全校师生。图书馆收藏的纸质图书达 100 多万册,电子图书超过 240 万册,拥有的电子资源库、电子期刊和媒体资源每年还在不断地增加。

城大图书馆通过提高员工的服务意识,培养一批优秀的服务团队,给城市大学提供了一个有利于学习的环境。该图书馆以提供信息服务为中心,还一直加强西文馆藏的建设。城大图书馆在未引进 RFID 技术之前,馆内设置多类型、多功能的服务柜台,包括流通服务柜台,主要处理借还书和罚款;媒体资源服务柜台,主要处理媒体资源流通事务;信息服务柜台,主要提供图书馆的指引服务、普通的信息服务及较为专业化的参考咨询服务;主题咨询服务柜台,提供与法律主题相关的信息咨询服务。

2. RFID 技术应用现状

城大图书馆于 2007 年开始引进 RFID 技术并进行图书馆的测试应用,第一阶段主要是 RFID 项目的立项,通过对 RFID 技术的性能评估和实验论证,根据研究成果,起初决定在图书馆的两个书库小规模应用 RFID 技术;第二阶段是实施测试阶段,分别在半闭架书库实施超高频 RFID 和媒体资源库实施高频 RFID;第三阶段图书馆开始对读者进行自助服务的教育培训,使读者适应自助借还服务;第四阶段是再次对 RFID 项目运行的效果进行评估和分析,比较超高频和高频 RFID 的性能,决定大规模实施 RFID 的类型和方案;最后一阶段是在全图书馆大规模展开应用 RFID 技术。

2009 年,城大图书馆全面应用 RFID 技术后,其图书馆内的服务柜台增加了自助服务站、媒体资源自助服务站和信息技术服务柜台:RFID 自助借还机有 8 部,分别放置在图书馆的流通柜台和各学科主题服务柜台,主要处理日常的流通业务,并能支持自动缴费业务;媒体资源 RFID 自助借还机有 2 部,主要服务于媒体资源的自助借还和自助付款工作;2 个信息技术服务柜台分别位于图书馆的南北两个区域,主要是提供信息技术的服务。

3. RFID 技术应用成效分析

虽然基于 RFID 系统的使用规模,我国高校图书馆相对小于公共图书馆,但香港城市大学图书馆作为我国成功地将 RFID 技术引进高校图书馆的典范,为我国高校图书馆开拓了眼界,使国内更多高校图书馆引进并使用了该技术。城大图书馆在实施 RFID 项目第三阶段,还对图书馆的读者进行了自助借还的推广、教育培训等活动,使得自助借还成为读者的使用习惯。该校图书馆还根据馆藏和馆务的实际情况,对图书馆部门进行了调整,通过对图书馆组织结构和业务流程的重组,实现了图书馆资源的整合,提高了图书馆的服务质量。

城大图书馆应用 RFID 技术后,利用这一机会,转变了图书馆的服务模式,即从传统的以柜台人工服务为主的服务模式转变为依托 RFID 技术的自助服务为主的服务模式。这一转变,使读者享受了 RFID 技术带来的实质性便利。单纯地看,RFID 只是一种技术,但将其合理地利用在图书馆各项服务工作中,它就是一种财富。香港城市大学图书馆作为我国一所高校图书馆,结合高校馆服务对象、服务内容和服务手段的特殊性,其已成功地引进 RFID 技术并大规模地进行推广应用。

3.1.3 宁波市图书馆智慧图书馆建设方案设计[42]

1. 馆情简介

宁波市图书馆始创于 1927 年,有着近 90 年的发展历程。现馆舍为 1988 年建成,2001 年经过扩建,馆舍面积 1.2 万平方米。馆址位于人文气息浓郁、环境清幽宜人的永丰路。现有图书外借室、少儿借阅室、报刊阅览室、古籍地方文献阅览室、天一音乐馆、外文阅览室等十余个服务窗口。截至 2015 年底,纸质藏书 200 万册(其中古籍近 8 万种)、电子图书 200 余万种,电子数据库 68TB。藏书品种及收藏的地方报刊,在浙东地区最为丰富和完整。

宁波市图书馆本着“公益、平等、开放、创新”的服务方针,积极探索图书馆服务新方式,不断拓展服务领域,丰富服务内容,提升服务层次。夯实基础服务的同时,创新推出流动图书馆、汽车图书馆、24 小时自助图书馆、网络图书馆、微信图书馆、移动图书馆等便民惠民新服务模式,打造了“天一讲堂、天一文荟、天一约读、天一展览、天一音乐”等品牌。年开展各类阅读活动 500 余项,接待读者 150 余万人次,图书借阅 360 余万册次,网络图书馆读者访问超 800 万人次。

2. 建设目标

宁波图书馆智慧新馆建设的总体目标是：到2020年建成设施先进、技术领先、资源丰富、服务优质、覆盖广泛、特色鲜明、国内一流的创新型城市智慧型图书馆，成为宁波智慧城市建设的示范项目和文化精品工程。

这一总体目标结合智慧图书馆的六大发展要素，可分解为以下6个方面的建设目标：

——形成国内一流的知识资源体系；

——建成优质高效的智慧服务体系；

——促成深度感知的智能技术体系；

——培育一支素质过硬的馆员队伍；

——创建一批研学驱动的读者社群；

——营造进取创新的城市学习文化。

3. 建设框架

从宁波市图书馆智慧新馆的建设目标出发，结合当前智慧图书馆的相关理论研究成果和建设实践，宁波市图书馆智慧新馆的建设框架设计如图3-2所示。

该建设框架与一般意义上的"感知层—传输层—应用层"不同，而是分成了7层进行设计。考虑到传输层在智慧图书馆运营中起着基础支撑的作用，因此将其纳入到了"基础支撑层"予以考虑。

4. 建设内容

如建设框架图所示，宁波图书馆智慧新馆的建设包括以下内容：

(1)载体层　为智慧图书馆提供物理空间和功能载体，具体包括少儿馆、音乐馆、数字媒体馆、盲文馆、地方特色馆、古籍馆、协同学习馆和讲座报告馆等。

(2)基础支撑层　为智慧图书馆的运行提供通信网络、基础软硬件支持，包括互联网、局域网、通信网和广电网等网络系统以及存储系统、操作系统、中间件和数据库系统等基础软硬件建设。

(3)感知层　为智慧图书馆运行提供基础数据采集和环境感知，具体包括RFID系统、二维码、智能书架、温度感知、湿度感知、烟雾感知、噪声感知和实时定位等建设内容。

(4)数据资源层　数据资源是智慧图书馆运行的"血液"，包括馆藏大数据(含结构化数据和非结构化数据)、外馆大数据(含资源目录、服务目录、用户目录)以及管理大数据(含读者数据和馆内数据)。

(5)应用支撑层　为各类应用提供基本支撑的保障系统，涵盖应用支撑管理

图 3-2 宁波市智慧图书馆建设框架

(包括数据中心管理平台、内容管理平台和门户管理平台)、交换共享平台(包括信息共享平台、数据交换平台、应用整合平台)和基础服务(包括统一用户认证平台、统一权限控制平台和统一安全管理平台)。

(6)应用层　是智慧图书馆各项应用的承载系统,包括智能感知系统、智慧资源系统、智慧管理系统、智慧服务系统、智慧技术系统、智慧学习系统、智慧馆员系统和智慧社群系统。各应用系统通过云服务平台,面向不同的用户对象提供云服务支持。

(7)服务层　通过互联网服务门户、图书馆内网门户、移动端服务门户、大屏显示终端和分馆连锁终端,利用浏览器、客户端、移动 APP、微信、电话和传真等途径,面向馆员、读者、连锁分馆、政府领导和合作伙伴等提供各类专业服务,满足不同用户对象的需要。

(8)标准规范体系　遵循已有的有关图书馆管理系统和信息系统建设的标准规范,结合智慧图书馆建设需要进行适当的补充和完善。

(9)信息安全与运维保障体系　从技术保证和制度规范两个方面建立适合智慧图书馆运行需要的信息安全体系,并从资金和人员配备等方面入手建立相应的可持续发展的运维保障体系。

3.1.4　上海宝山区智慧图书馆项目

1. 馆情介绍

宝山区图书馆位于上海市宝山区中心城区海江路上,是“国家一级图书馆”“上海市群众文化工作先进集体”“上海市文明单位”。建筑面积 11 000 平方米,设计馆藏量 70 万～80 万册/件,读者座位约 1 200 个,日接待读者能力约 4 000 人次。2006 年 8 月,作为上海市唯一一家公共图书馆,宝山区图书馆获得了由中华人民共和国文化部授予的“公共文化设施管理先进单位”的光荣称号。现有藏书近 60 余万册。每年订购报刊 2 000 余种(含外文报刊 20 余种),图书近 5 万余册(含电子出版物);数字资源近 20TB。

2. 宝山智慧图书馆的结构特点

宝山三维智慧图书馆具有立体互联、360°全方位感知、智慧服务 3 个维度。其中,立体互联、全面感知是技术基础,智慧服务是管理基础。

(1)立体互联　立体互联就是将书、人、物相互联系起来,形成书书、人书、书物、人人、人物、物物互联的立体互联网络。书书互联是将各个部门及各馆的印刷型、数字型、网络型等文献进行整合实现集群管理。将各类文献之间建立起跨系统应用集成、跨部门信息共享、跨库网转换互通、跨媒体深度融合、跨馆际物流速递的服务与管理新形态。

人书互联是指人的想法问题可以通过视频、声音或者交互动画瞬间在“书本”上得到反馈，从而达到互动的目的。书物互联是指通过射频识别技术(RFID)、传感器技术、智能嵌入技术、全球定位系统激光扫描器等信息设备，将书同装有智能芯片的固定读写机、智能桌椅、智能安全门、自助借还机等智能化设备相联系。

人人互联包括读者和读者互联，读者与馆员互联，馆员和馆员互联，是一种以人际关系为导向的人际互联网。可以更好地整合每个人的知识储备，形成网状的咨询平台，达到知识共享的目的。人物互联指的是将读者、馆员的智能可穿戴物同自动预定选座系统、自动导航系统等图书馆设备，形成智慧服务的管理体系。利用可穿戴技术的信息处理技术，即信息反馈报警功能，以及人机交互功能和人体感知功能实现对弱势群体的帮助和公平服务。

物物互联就是讲各种图书馆终端设备和读者、馆员的私人智能终端如智能手机、IPAD、手提电脑等相连，达到立体互动的目的。

(2)360°全方位感知　智慧图书馆通过4G网络、物联网、大数据等信息技术将手机、电脑、射频识别装置、人脸识别、红外感应器、全球定位系统等感知设备对书和各种虚拟资源进行感知和传输，对用户需求进行分析和管理，对于图书馆运营状态进行测量和调整，从而达到360°全方位感知。

(3)智慧服务　智慧图书馆经过对数据的分析和处理之后为读者和馆员提供在任何时间、任何地点、任何距离的以智慧为内容和方式的服务，从而满足读者和馆员的深层次需求。

3.设计思路

(1)用三维条形码和RFID来共同感知和定位图书　三维条形码是新一代条形码，有自动识读以实现信息自动处理、信息量大、无辐射的特点，用于少儿类图书定位。RFID定位其他类别图书。可以通过工业级PDA(Personal Digital Assistant)多功能手持盘点机(可以同时支持RFID读写和条码扫描功能)共同扫描。

(2)利用CSS、WiFi等无线通信技术定位读者和设备　通过读者携带的智能用户终端、可穿戴智能设备如手机、谷歌眼镜(Google Project Glass)、智能电脑和CSS、WiFi相连接定位读者以便提供最终的智慧服务。

(3)利用人脸识别技术、温湿度感应器提高基藏、古籍、机房等基地的安全性和舒适度，从而提高智慧图书馆的整体竞争力。

(4)在功能上使用 GPS 书目自动传递、书目自动清点上架、系统导航、自动订座、馆员自动识别等新一代技术。

(5)利用云计算处理超容量信息,为用户端提供动态易扩展的虚拟化资源。

(6)本系统需要尽量与原先的技术做到无缝对接,并预留升级接口。

4. 系统架构

通过对智慧图书馆需求分析和构架规划,宝山智慧图书馆的系统构架分为感知控制层、数据处理层、网络传输层和应用服务层(图 3-3)。

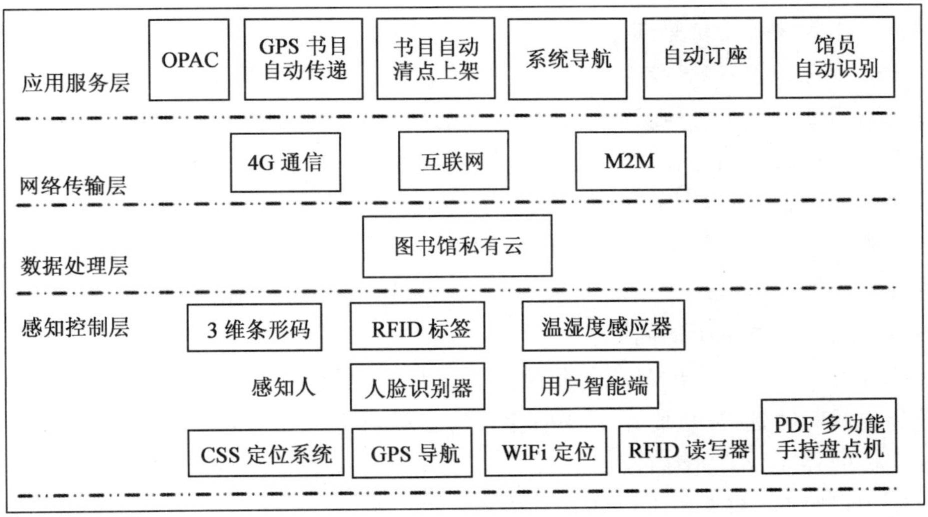

图 3-3　宝山智慧图书馆系统架构图

(1)感知控制层　各种类型的传感器组成网络,形成智能化的自我协同、自我定位,从而获取物理世界中发生的物理事件和数据信息。其中,用来感知物的有三维条形码、RFID 标签、温湿度感应器。感知人的有人脸识别器、智能用户终端。定位的有 CSS 定位系统、GPS 导航系统、WiFi 定位器、RFID 读写器和 PDA 多功能手持盘点机。

三维条码:通过条形码在空宽度变化、条空颜色变化和纵向排列表示信息,能在有限的几何空间内表示更多的书目信息。贴有 RFID 技术标签的设备在书、设备上可以很好地进行大规模数据采集,并且具有简便易行的特点,可以实现从"精细管理"到"集约管理"的转变,从而极大地提高数据采集效率。

温湿度感应器:用于对古籍、基藏等珍贵资料库房的温湿度感应。通过感应端感应干湿度和CSS定位系统进行定位接收，在云端给出计算识别温度，自动调节温度，避免因为高温湿热对纸张造成酸性渐变，降低保护的难度。

人脸识别器：人脸识别技术可以运用到机房、基库等重要通道上，可以更好地提供安全。当使用者进入门禁系统检测范围时，系统会自动获取使用者的身份信息以确定其是否为合法用户，同时启动摄像机获取人脸图像并实施人脸认证，还可以记录进出人员信息并对非法入侵者发出报警信号，防止读者误入馆藏、机房等重要场所。

智能用户终端：对读者的感知是以智能用户终端实现的，通过CSS、WiFi等无线定位技术对读者定位感知。

CSS定位系统：CSS技术的无线传感网定位系统将参考节点固定在网络内。标签在RFID应用中是最基础也是最重要的部分。读者、馆员将携带移动节点作为标签节点进行活动。在活动过程中，移动节点和参考节点之间进行通信，并确定相隔距离，然后再通过网关传送到图书馆私有云进行计算，最终实现定位功能。标签点必须进行统一的管理避免碰撞的发生，且该管理算法必须保证整个系统的平等性与高效性。CSS定位系统克服了大规模局域网中GPS在室内由于建筑物阻挡而导致定位精度下降的问题。

GPS导航系统：用于A馆到B馆图书交互时进行的精准定位，以减少路途偏移而导致的时间延迟，从而让全球书库立体互联成为可能。WiFi无线定位：作为CSS定位的补充，小范围内使用。

RFID读写器和手持终端：RFID读写器由射频天线、收发器、控制单元和应用系统这四个模块组成，用来接收和发射RFID信号。PDA多功能盘点机：有扫描三维码和RFID芯片的功能，传送给云端进行计算和处理。

(2)数据处理层　智慧图书馆数据来源众多，数据格式、编码、类型和特征均存在差异，海量的数据资源呈现出分布式、异构化、多样化的特征。利用云计算、模糊识别等各种智能计算技术和能力超级强大的中心计算机组群，对CSS传输的数据、人脸识别的数据、RFID传输的数据进行分析和计算，并对少量的跨地域、跨部门的GPS信息数据进行分析和整合，最终达到智能化决策和控制的目的。

(3)网络传输层　它是根据应用需求来传递独立于通信子网的、可靠、透明的数据传输服务，也是将来自数据处理层已经处理好的各类信息通过4G、互联网、M2M(Machine to Machine)等传输到应用服务层，达到网络互连传输的目的。

(4)应用服务层　在这一层中我们实现了联机公共目录查询系统(Online

Public Access Catalogue，简称 OPAC）、GPS 书目自动传递、书目自动清点上架、系统导航、自动订座、馆员自动识别等功能。

3.2　高校智慧图书馆的建设目标和原则

前面我们系统了解了北京邮电大学图书馆、香港城市大学图书馆、宁波图书馆和上海宝山图书馆的智慧图书馆的项目，他们根据各自的特点和需求，分别设计了不同的框架模式，构建符合图书馆发展和用户需求的智慧图书馆。本节将结合前人的经验，并分析作为中国教育的最顶层——高等教育，所需的图书馆结构与功能需求，结合图书馆的技术和系统发展，最终设计一套适合高校图书馆的智慧图书馆框架。

3.2.1　建设目标

建设智慧图书馆并不是进行简单的技术堆砌，而是从每个图书馆自身需要出发，结合自身特点，再利用物联网、信息技术等高新技术，实现图书馆的全面升级。根据国内外学者的研究，我们总结了高校智慧图书馆的建设目标主要有 4 个：

（1）建设一个全面感知的智慧图书馆　要通过感知系统、感知技术来获取图书馆的运行数据、用户的行为数据、图书馆外部数据等所有与智慧图书馆相关的数据，并将这些数据存储起来，对数据进行分析，这是实现智慧管理和智慧服务的基础。

（2）建设一个广泛互联的智慧图书馆　广泛互联就是将智慧图书馆的相关因素和参与方互相连接起来，既要实现人人相连、书书相连、书人相连，又要实现更高层次上的馆馆相联、网网相联、库库相联。使过去相对孤立的图书馆各个单元和服务模块有机融合，实现互联互通，创造出新的价值。

（3）建设一个开放泛在的智慧图书馆　现代图书馆强调开放，开放是其存在和发展的重要方式。开放既是指“时间的开放”，即图书馆开馆的时间更长；也是指服务范围的开放，既服务于本单位、本系统的用户，也向社会公众提供服务。泛在是指图书馆的服务不仅存在于图书馆的物理场所，同时也向互联网、移动终端、社交网络平台等多场所、多维度延伸，以数字图书馆、移动图书馆、微信服务平台等形式为用户提供服务。

（4）建设一个深度融合的智慧图书馆　物联网、大数据、云计算和以 4G 为代表的移动通信网络等在图书馆建筑功能设计、图书馆资源建设、图书馆管理和服务等环节上应用,从而实现图书馆资源和服务与图书馆的平台和装置设备有机结合,无缝对接,为用户提供一体化、一站式的服务体验。

综上所述,高校智慧图书馆建设的目标就是要建立一个全面感知、广泛互联、开放泛在、深度融合的图书馆,图书馆的功能和框架设计也必须要围绕这一目标来执行。

3.2.2 建设和服务原则

谢拉曾说,“服务,这是图书馆的基本宗旨。”[43]程亚男认为,图书馆现代化发展的最终目的就是提供更好的服务[44]。那么,一座现代化的图书馆,或者一个图书馆员到底应该遵循哪些宗旨或者服务原则呢?100多年来,不同的专业机构和不同的学者对此有着不同的认识。1939年,美国《图书馆权利宣言》确立了“图书馆自由”的原则。这个原则要求图书馆的服务必须保持意识形态上的中立性、客观性和被动性。直至今天,这种客观、公正、中立的立场与原则仍是西方图书馆坚定维护的目标。国际图书馆协会和机构联合会与联合国教育、科学及文化组织在《公共图书馆宣言》(1994)中写道:“公共图书馆是其所在地区的知识入口,为个人和团体的终身学习、独立决策和文化发展提供基本的条件。……公共图书馆的服务以平等利用为基础,不分年龄、种族、性别、宗教、国籍、语言或社会地位,为所有人提供。”[45]

根据中外学者的论述,一个图书馆的原则既应包括建设原则,也应包括服务原则。因此,智慧图书馆也应该包括建设原则和服务原则。

1. 建设原则

(1)服务性原则　智慧图书馆建设的最主要的任务就是为用户提供智慧性服务,这是其建设的根本目的,也是其立身之本。与以文献载体为主提供的图书馆文献服务,以信息传播为主的图书馆信息服务,以知识传播为主的图书馆知识服务相比,图书馆智慧服务是以用户的智慧生成过程为中心,致力于培育用户驾驭知识、运用知识和创新知识的能力,进而实现智慧创造。图书馆知识服务是智慧服务的前提和基础,而图书馆智慧服务是图书馆知识服务的深化和升华,图书馆应充分发挥客观知识的拥有者、整合者、启发者的核心作用,帮助用户在知识应用的过程中创新知识、提升智慧。

(2)技术前瞻性原则　智慧图书馆之所以“智慧”,是因为借鉴和应用了一大批先进的技术,特别是现代信息技术、物联网技术和云计算技术等,智慧图书馆必须保持技术的先进性、适用性，才能从根本上适应图书馆发展的要求，进而符合用户对图书馆服务不断提升的需求。图书馆需要借助云计算技术、物联网技术建立文献感知服务系统和整合集群管理系统，在各个文献信息机构、各类文献之间建立起跨系统应用集成、跨部门信息共享、跨库网转换互通、跨媒体深度融合、跨馆际物流速递的服务与管理模式。图书馆的集群化综合服务平台可以实现知识与信息的共建性整合、集约式显示、便捷性获取、无障碍转换、跨时空传递等，从而使公共图书馆向智慧型图书馆转型，使知识资源的视角从点拓展到条线、块面和区域，使服务和管理也从孤立的点转移聚焦于条线的交流、块面的联系和区域的互动，这些正是新形势下促进图书馆服务创新所必须具备的信息服务环境。

(3)开放性原则　前文我们了解了智慧图书馆建设的根本目标，即建立一个全面感知、广泛互联、开放泛在、深度融合的图书馆。因此，建设智慧图书馆必须要坚持开放性原则，要保持图书馆的资源建设是开放的，图书馆的服务是开放的，图书馆的技术设备是开放的，图书馆员也是开放的。只有保持开放性，与外界交互联系，才能不断吸收其他地区、其他馆的先进经验、先进技术来为我所用。

(4)共建共享原则　图书馆共建共享，是社会经济发展到一定阶段，人们对图书馆信息和服务的需求日益提高，而图书馆受到内外因素的制约不能满足其需求时，依靠其他图书馆或信息机构的资源来满足其用户的一种手段。我国的高校图书馆共建共享始于1998年启动的“中国高等教育文献保障体系”(CALIS)，它是资源共建共享的成功范例，极大地改善了我国图书馆的资源状况。而在《图书馆合作与信息资源共享武汉宣言》后，高校图书馆区域性系统内共建共享信息资源更是加快了发展的步伐。智慧图书馆，是数字图书馆发展到最新阶段的产物，有更多的技术和方法来提供馆外服务，同时有新技术设备来接受其他馆的信息和服务。因此，智慧图书馆的建设也应符合共建共享原则。

2.服务原则

2008年10月，中国图书馆学会发布了《图书馆服务宣言》，首次以行业宣言的形式明确了图书馆读者应该享有的平等权利，其宣称：“现代图书馆秉承对全社会开放的理念，承担实现和保障公民文化权利、缩小社会信息鸿沟的使命。中国图书馆人经过不懈的追求与努力，逐步确立了对社会普遍开放、平等服务、以人为本的基本原则。”[46] 2009年，范并思在接受采访时谈到，《图书馆服务宣言》中的3个基本原则，特别是平等服务、以人为本的原则，我们花费了半个多世纪的时间才真正认识，现在也还在追求与努力的过程中[47]。此外，陈克杰认为，普遍和均等是图书馆服务的最高原则[48]。王磊在社会包容的整体思想指导下，推导出开放、方便、创新、满意的图书馆服务原则[49]。

(1)开放服务原则　开放服务是公共图书馆的本质属性所在。“开放”是一个全方位概念，不独指一般的开门服务，它体现于公共图书馆各项服务的民主、宽松、和谐；“开放”又是一个动态概念，体现着图书馆服务的发展、提升和与时俱进精神。开放服务充分显示人文关怀意识；在服务对象方面，以面向全社会所有人开放为宗旨，西方发达国家的公共图书馆所谓“open to all”，不分民族、身份、职业、信仰，也不分国别、地区、住所；在服务内容方面，信息资源的数量足、质量高、时效性好，符合读者需求；在服务形式方面，灵活多样，为读者喜闻乐见；在服务时间方面，开馆时间长，“在人们都起床之前开馆”，“在大多数人上床睡觉，不再使用图书馆之后闭馆，(印度图书馆学家阮冈纳赞语)”[50]。而在智慧图书馆中，通过借助移动通信网络和移动图书馆技术，使得即使是“躺在床上”，也能利用移动终端设备来使用图书馆的资源和服务。

开放服务原则与智慧图书馆建设原则中的“开放性原则”既有区别又有联系，开放性建设原则是指在图书馆建设和发展过程中要保持开放，要与外界保持密切联系，互通有无。而开放服务原则是指服务对象和服务内容要开放，要非歧视、无差别地提供服务，这也是现代图书馆精神的应有之义。

(2)方便原则[51]　图书馆服务中的方便原则亦可称“简便原则”“便利原则”或“省力原则”。为服务对象提供方便，是任何一种服务共同追求的目标。不能提供方便的服务注定不会受人们欢迎，甚至被抛弃。方便是服务的本质，方便是服务的核心[52]。图书馆服务中的方便原则，主要体现在：馆舍位置要方便读者，资源组织要方便读者，服务设施要方便读者，服务方式要方便读者等。

馆舍位置要方便读者。网络条件下，“图书馆离我有多远”问题已不那么重要，但是，“去图书馆是否便利”仍是许多读者关心的问题，因为亲身到图书馆享受恬静、舒适、典雅环境之惬意感受，是网络环境所不能提供的。网络环境再发达，也不可能取代作为物理场所的图书馆。既然图书馆是人们向往的理想去处，就应处于便利的位置。

资源组织要方便读者。从知识组织论的角度看，图书馆是组织文献信息资源的社会组织。图书馆的资源组织方法，要遵循两个原则：一是文献保障原则，即要全面收集和充分揭示文献信息资源；二是读者保障原则，即要按照读者需求组织资源。读者保障原则要求图书馆按照方便读者检索利用的原则组织资源。

服务设施要方便读者。服务设施要方便读者，应在建筑格局和家具摆设上考虑读者利用的方便。

服务方式要方便读者。在服务方式上方便读者，一要贴近读者，二要从细微处入手。要充分利用多种途径，满足读者的不同层次需求，如借阅、咨询、知识分享讨论等。同时要利用现代技术手段，既要满足读者到馆服务需求，又要满足读者网络或移动信息服务需求。

(3)创新原则　智慧图书馆服务创新，包括理念创新、内容创新、方式方法创新等多方面内容。先进的服务理念，是创新的基础，应借鉴国内外一切先进的服务理念和方式为读者用户服务。内容创新，是指服务内容需要拓宽，智慧图书馆不但要提供基础服务，如借阅服务，还要提供创新服务如智慧性的咨询服务、知识服务、情报研究服务等。方式方法创新，就是指图书馆服务的方式要进行创新，多采用先进技术来增强服务方式。

(4)满意原则　读者是否满意及其程度如何，是衡量图书馆服务质量的最终标准。满意原则是图书馆服务诸原则中的核心原则。

美国宾夕法尼亚州立大学的安达利(S. S. Andaleeb)和西蒙兹(P. L. Simmonds)提出了测度读者满意度的 5 个命题：感受到的图书馆资源质量越高，读者满意度就越高；图书馆工作人员反应性越强，读者满意度就越高；感受到的图书馆工作人员能力越强，读者满意度就越高；图书馆工作人员道德行为越积极，读者满意度就越高；感受到的图书馆设施越好，读者满意度就越高[53]。

读者对图书馆服务是否满意，这又属于读者的主体评价范畴，即属于读者(主体)对图书馆(客体)所做的评价范畴。黄俊贵先生认为，读者的主体地位一般表现在 3 个方面：①读者对文献，即文献是否符合读者需要，必须由读者做出判断；②读者对图书馆员，即图书馆员的服务态度、服务能力、服务效果必须由读者进行鉴定；③读者对图书馆工作，即图书馆的各项业务建设、制度规章、服务项目及设施是否反映读者利益与要求，必须由读者加以评价[54]。

3.3 泛在环境下高校智慧图书馆的框架设计

在总结国内智慧图书馆的项目案例后，我们对智慧图书馆的要素、框架设计及其建设目标和原则有了相对清晰的认识，本节我们将根据高等院校的具体特点，以及高等院校图书馆的定位与功能，并结合国内智慧图书馆项目经验，设计一套适合高等院校的智慧图书馆系统框架，并对它的内部要素进行分析。

3.3.1 高校智慧图书馆框架

高校图书馆的用户主体是全校师生，此外，还有可能为校外用户提供信息服务。高校智慧图书馆的框架根据其定位，可分为技术和系统层、数据层、资源层、感知层、应用层和服务层。具体框架见图 3-4。

图 3-4　高校智慧图书馆框架图

1. 系统层

(1)技术层　为智慧图书馆提供技术支持,是组成系统层的技术来源。主要包括互联网技术、物联网技术、云计算技术、大数据技术、资源整合技术、社交网络技术和移动通信技术。

(2)系统层　为智慧图书馆各类应用提供基础支撑的保障系统,所有的应用服务均需通过系统层来实现。主要包括数据管理层、数据分析层、统一认证系统、移动图书馆、信息共享系统和数据库系统。

(3)感知层　为智慧图书馆运行提供基础数据采集和环境感知,主要包括RFID感知、二维码认证、声音感知、光度感知、温度感知、湿度感知、烟雾感知和智能定位。感知层是智慧图书馆的"神经系统",能够及时地反馈外界数据,以帮助智慧图书馆及时的根据外界变化而做出反应。

2. 资源层

为智慧图书馆提供内容资源,是组成智慧图书馆的"血液和肌肉"。

(1)数据层　数据层提供智慧图书馆所需的各种数据,包括原生数据(图书馆原有的或购买的数据)和再生数据(图书馆各个主体在使用图书馆过程中产生的数据),主要有馆藏结构化数据、馆藏非结构数据、馆外资源数据、用户行为数据、管理行为数据和感知系统数据。

(2)资源层　资源层提供用户所需的各种资源,这是智慧图书馆信息资源的主体。包括馆藏印本资源、馆藏数字资源、数据库资源、馆外信息资源、多媒体资源和数据资源(学术数据资源)。

3. 应用服务层

应用服务层主要面向图书馆的管理和应用主体,它是实现智慧图书馆价值的最主要的平台。

(1)应用层　是智慧图书馆各项应用的承载系统,智慧图书馆的价值主要靠应用层来实现。包括智慧感知系统、智慧资源系统、智慧管理系统、智慧学习系统、智慧馆员系统、智慧社交系统和智慧服务系统。

(2)服务层　服务层是智慧图书馆的终端,即智慧图书馆的核心价值所在。主要包括两方面,一是参与主体,主要有图书馆馆员、图书馆管理者、校内用户、校外用户和合作客户;二是服务平台和终端,主要包括内网平台、互联网平台、移动应用平台和智能显示平台。图书馆虽然是公益机构,但现代图书馆特别是高校图书馆也有一些面向用户深度需求的服务,特别是面向系统外用户的深度知识服务,因此,智慧图书馆也会有合作客户。

3.3.2 智慧图书馆应用系统建设

应用系统是图书馆的窗口，是直接面向一线服务的平台，是满足智慧图书馆参与主体的应用需求和支撑智慧图书馆各项业务开展的重要保障。智慧图书馆的应用系统应当传承数字图书馆、虚拟图书馆等原有的系统，又应当在技术创新和服务创新的基础上发展新系统、新模式。

1. 智慧感知系统

智慧感知系统是智慧图书馆的基础应用系统，通过各种感知手段获得各种感知数据，并应用于实际业务的运作。它又包括图书馆运行状态感知系统和智慧环境感知系统。

(1)图书馆运行状态感知系统　利用电子显示屏、感应器、电子摄像头和互联网、移动通信网络等软硬件设备，来实时监控图书馆运行情况，并及时传递和接收信息，主要包括图书馆人流量信息、读者到馆信息、图书期刊借还信息等，系统能够根据一定时间内用户使用图书馆资源和服务的信息，及时计算并做出反应，方便图书馆进行资源建设和读者服务工作的调整。

(2)智慧环境感知系统　主要是利用物联网技术对图书馆各个功能空间以及图书馆分馆馆舍空间进行实时的环境监控和感知。包括对光照、温度、湿度、烟雾、声音等进行监测，及时返回数据，以供图书馆管理中控系统及时对环境变化做出应对。

光度感知要及时掌握馆内各个空间日光照射情况，并根据需要调整光线进入的多少。温度感知要动态掌握各阅览室、各馆藏室的温度状况，根据需要调整温度值。湿度感知主要对一些特殊的馆藏物进行湿度监控，以便对湿度进行必要的控制。烟雾感知要对敏感区域以及重要馆藏场所进行实时感知，以便及时发现火灾隐患，将火灾事故消灭在萌芽状态。声音感知是为了及时获得环境噪声参数，对出现异常情况进行必要干预。

通过智慧图书馆的智慧环境感知系统，可以实现对图书馆的电、水等资源进行智能控制，能够根据光照、室内外温度、人员密集程度等情况自动进行调节和控制，达到节能降耗的目标。同时，通过图书馆运行状态感知系统，可以有效控制威胁图书馆安全的事件的发生，同时达到了智能安防的效果。

2. 智慧资源系统

智慧资源系统是智慧图书馆存在的根本，是智慧图书馆的最重要的内容。它又包括 4 个子系统。

(1)知识发现系统　知识发现(Knowledge Discovery in Database,KDD)是从各种媒体表示的信息中,根据不同的需求获得知识,目的是向使用者屏蔽原始数据的烦琐细节,从原始数据中提炼出有意义的、简洁的知识,直接向使用者报告。知识发现系统主要是利用数据仓储、资源整合、知识挖掘、数据分析、文献计量学模型等相关技术,用以解决复杂异构数据库群的集成整合,实现高效、精准、统一的学术资源搜索,进而通过分面聚类、引文分析、知识关联分析等实现高价值学术文献发现、纵横结合的深度知识挖掘、可视化的全方位知识关联[55]。

(2)数字资源定位系统　利用数字资源借阅终端,用户可以方便地查询各类数字资源的分布状况,并可按需要使用各类数字资源。

(3)统一检索系统　统一检索系统的建设目的是要打造新的检索平台——为读者提供强大、便捷和个性化的服务平台,构筑具有高用户黏性的个性化图书馆。这一系统应具有以下五个方面的功能特点:与互联网账户的无缝对接,支持微博、QQ、微信等账号登录;与书评网/网上书店的互联互通;个性化的借阅排行和新书推荐;提供读者推荐的绿色通道;简单实用的期刊目次推送。

(4)特色资源管理系统　结合图书馆所拥有的各类特色资源进行分类管理,并进行数字化加工处理,形成管理规范、分类科学、查询方便的特色资源服务体系,并通过云服务平台提供资源对接服务。特色资源以反映当地历史、文化、教育、科技等特色的各类资源为主,通过搭建资源共享平台,促进特色资源得到更好的传播和共享。

3.智慧管理系统

智慧管理系统的应用主体主要是图书馆管理者和图书馆馆员,智慧管理系统通过各种高新技术,并结合图书馆发展和自身业务需求,推动图书馆管理的智慧化。主要包括以下几种子系统。

(1)RFID系统　无线射频识别(Radio Frequency Identification,RFID)是一种通信技术,可通过无线电信号识别特定目标并读写相关数据,而无须识别系统与特定目标之间建立机械或光学接触。它是构建“物联网”的关键技术,近年来受到人们的关注。RFID技术早起源于英国,应用于第二次世界大战中辨别敌我飞机身份,20世纪60年代开始商用。RFID技术是一种自动识别技术,美国国防部规定2005年1月1日以后,所有军需物资都要使用RFID标签;美国食品与药品管理局(FDA)建议制药商从2006年起利用RFID跟踪经常会假冒的药品。Walmart,Metro等零售业巨头应用RFID技术等一系列行动更是推动了RFID在全世界的应用热潮。2000年时,每个RFID标签的价格是1美元。许多研究者认为RFID标签非常昂贵,只有降低成本才能大规模应用。2005年时,每个RFID标签的价格是12美分左右，现在超高频RFID的价格是10美分左右。RFID要大规模应用，一方面是要降低RFID标签价格，另一方面要看应用RFID之后能否带来增值服务。欧盟统计办公室的统计数据表明，2010年，欧盟有3%的公司应用RFID技术，应用分布在身份证件和门禁控制、供应链和库存跟踪、汽车收费、防盗、生产控制、资产管理。

RFID技术是当前图书馆智慧化建设过程中使用最广泛的技术，已成为智慧图书馆的主要技术标志之一。当前应用于图书馆的RFID主要有高频(HF)和超高频(UHF)两种，两者都各有其优缺点：高频标签由于受读取距离限制，容易出现数据漏读以及相互干扰问题；超高频标签读取距离较远，但具有跳频特性，会出现超范围误读的情形。总体而言，目前图书馆所用的RFID正逐步向超高频标签过渡，跳频、存储容量小、设备成本高等障碍正在逐步被解决。与此同时，RFID技术还可以实现图书的自助借还，简化借书流程；实现自动分拣、盘点以及安全防盗；根据自身状况和需求开发富有特色和个性化色彩的应用功能，最大限度激发应用潜能。RFID系统建设是智慧图书馆建设的基本任务，要从自身的实际需求出发，选用相对成熟的产品，确保与不同系统之间的互联互通，所采集的数据能为各应用系统所使用。

(2)二维码　二维码(Quick Response Code)能表示高容量的文字、图形甚至声音等信息，是当今应用十分广泛的技术。二维码在智慧图书馆中有多方面的应用：用二维码扫描代替身份识别可实现无证借还；在特定需要的地点提供使用指引；在书库中的二维码能提供书库馆藏类别及架位信息；将图书简介以及书评信息等置于二维码中供读者分享；将图书馆发布的信息以及相关的位置信息等通过二维码传递给读者；将电子资源连接置于查询结果页面，让读者通过二维码下载至手机等终端。智慧图书馆建设过程中需对部分图书和其他馆藏以及读者证、员工证采用二维码技术，进一步丰富数据采集的方式，弥补RFID等存在的不足。

(3)智能定位系统　智慧图书馆需要实现对人员、馆藏和图书馆本身的位置感知，必须通过智能定位系统来实现。智能定位系统涉及馆内和馆外定位两个层面，馆外的定位系统主要通过GPS系统进行定位，该系统可以感知读者实时的外部位置，结合大数据和云计算技术既可为读者推送周边的图书馆地点以及相关目的地等，又可为读者提供全程的位置导航服务；馆内的定位系统，涉及人员以及馆藏资源的位置定位，人员的定位主要使用WiFi和ZigBee相结合的定位技术，且以WiFi定位技术为主，ZigBee则作为WiFi的补充来提高定位的精度。对馆藏资源的定位主要利用RFID的智能感知技术，由智能书架上的感知系统感知馆藏品上附载的RFID信息，并将感知到的结果反馈到图书馆管理系统以及读者的移动设备上实现对馆藏资源的实时定位，实现人性化的服务。智慧图书馆建设需要综合采用各类定位技术，使基于位置的服务能为读者、为馆员和图书馆的管理创造更大价值。

4. 智慧学习系统

智慧学习系统主要是网络学习平台，是一个包括网上教学和教学辅导、网上自学、网上图书馆技能学习、网上学生培训学习、网上师生交流、网上作业、网上测试以及质量评估等多种服务在内的综合教学服务支持系统，它能为学生、教师提供实时和非实时的教学辅导服务。旨是帮助系统管理者掌控各种学习内容活动与记录学习者的学习情况及进度。凭借该系统，管理者可以安排各类学习活动与学习者的学习过程。

慕课(MOOC)，即“大规模开放的在线课程(Massive Open Online Course)”，是新近涌现出来的一种在线课程开发模式。智慧图书馆用户可以通过网络学习平台在线接受慕课教育，这种模式有利用把其他学校优质的教学资源与图书馆优秀的在线平台结合起来，从而更好地为用户提供服务。

5. 智慧馆员系统

智慧图书馆的建设对图书馆的馆员提出了更高的要求，既要让他们成为各类智慧应用系统的行家里手，又要成为解决读者问题的专家。智慧馆员系统是智慧图书馆的核心支撑系统，对提升图书馆的整体管理和服务能力有着重要作用。智慧馆员系统主要建设内容如下：

(1)馆员工作站业务系统　馆员工作站业务系统是馆员开展图书管理业务的基础系统，用于图书信息核查、图书盘点、图书出借情况登记等，需要根据高校图书馆实际业务需要进行针对性开发。

(2)智慧馆员培训系统　学习培训是传统馆员向智慧馆员转型升级的必备条件，建设智慧馆员培训系统，为馆员提供良好的培训学习平台，学习平台既能保证集体培训的需要，也能满足个人单独学习培训的需要。

(3)馆员任务管理系统　结合馆员具体的工作任务，开发个性化的馆员任务管理系统，根据内部工作流要求进行任务分解，对各项工作任务进行动态管理，提高作业管理水平和执行效率。

(4)馆员综合管理系统　馆员综合管理系统包括馆员考勤、绩效、职务等级、财务收支等在内的相关业务，是馆员个人进行自我管理、自助办理各项业务的信息系统。

6. 智慧社交系统

信息技术飞速发展，在改变人们的生产方式的同时，也在不断变革人们的生活方式。尤其是在大学生人群中，移动社交功能应用越来越普遍，学生之间联系的桥梁由以前的打电话、发短信逐渐变为利用微信等手机应用来实现。具备强大的智慧社交功能既是智慧图书馆建设的重要目标，也是迎合新一代读者发展需要的必然选择。智慧社群系统的建设要以"为读者提供融学习、社交和娱乐于一体的城市空间"为基本理念，结合 O2O（线上线下）融合发展的思路，为读者提供全方位支持。智慧社群系统的建设内容如下：

（1）微信服务平台　全面丰富和完善高校图书馆微信服务平台的功能，使其成为连接图书馆与读者的纽带。主要功能包括：微信号与借书证号绑定，直接凭微信号进行图书借阅和场馆预约等；微信号管理个人图书馆账户，实时获得各种个人数据；利用微信直接获取电子文献、影视频等馆内外资源；利用微信缴纳各类逾期罚款、打印复印以及其他有偿使用的费用；利用微信预订各类讲座、影视频节目演播的座次；利用微信建立学科微信群，服务学科发展需要。

（2）读者评价系统　建设读者评价系统，为读者提供评价和相互分享读书心得的渠道，并通过评价得积分的方法鼓励读者多做评价、认真做评价、负责任地做评价。

（3）读者荐购系统　对读者亟须又符合采购规定、读者反映较好尚未采购的图书，可以通过读者荐购，由图书馆根据实际情况进行采购安排。

（4）合作客户渠道　为各类合作客户提交业务交流和业务联络的窗口，如出版商、书店、地方文化资源提供者、其他图书馆以及其他与图书馆有业务往来的机构等，通过建立网上的业务渠道，为进一步加强合作、简化流程提供技术支撑。

7. 智慧服务系统

智慧服务是智慧图书馆的核心功能，既包括图书馆传统服务的智慧化，也包括利用各种新技术提供的创新服务。主要包括以下子系统：

（1）自助服务系统　自助服务是智慧图书馆的重要特色，既能满足读者自主选择服务的需要，又能提升图书馆的服务效率和服务水准。自助服务具体项目如下：自助办证；自助借还；自助打印复印扫描；自助管内开放空间预约；自助电子资源检索；自助缴费等。

自助服务的形式多样，可根据实际需要不断开发新的自助服务项目，尽可能为读者带来更多便利，同时也让馆员有更多的精力去提供更加专业的服务。

（2）移动图书馆　移动图书馆依托成熟的移动通信网络、互联网以及多媒体技术，使读者不受时间、地点和空间的限制，通过各种便携移动设备（手机、PDA、手持阅读器和平板电脑等）方便灵活的进行图书馆的信息查询、浏览，可一站式查找并获取图书馆纸本图书及电子资源，帮助读者通过移动端的APP享受图书馆提供的一系列服务。移动图书馆要重点解决手机客户端访问的OPAC（Online Public Access Catalogue，联机公共检索目录）系统，通过APP访问，读者可以实现基本字段检索、书目查询、阅读全文、新书预约、图书续借、新书通报和关注等主要功能。此外，还应具有提示书籍阅读期限到期提醒等功能。

（3）个性化定制服务　根据读者兴趣爱好、职业特征以及地理位置等提供有针对性的个性化定制服务。具体的服务内容如下：个性化图书推荐；个性化电子期刊订阅；个性化讲座推荐；个性化科技查新服务；个性化影视媒体欣赏安排。个性化定制服务将结合读者的需求不断优化完善，探索新的服务项目和服务模式，为读者提供更加切合实际需求的个性化服务。

（4）特色服务　从高校图书馆智慧新馆的实际需求出发，推出各类特色服务。

3.3.3 构成智慧图书馆的核心要素

所谓核心要素，是指构成某一事物必不可少的部分、方面或单位。根据智慧图书馆的概念、性质和功能，构成智慧图书馆的核心要素有馆员、资源、服务、技术和建筑。

1. 馆员

智慧图书馆的馆员是智慧图书馆服务的主体，是图书馆活动的主要执行者，图书馆的资源建设、参考咨询、流通阅览、学科服务、技术保障等工作环节都需要由馆员来完成，馆员在智慧图书馆中处于中心环节。

2. 资源

资源是图书馆的最主要的内容，是图书馆服务开展的基础。智慧图书馆的资源应包含传统图书馆的资源如印本资源，还应包括数字化资源、多媒体资源、数据资源等。

3. 服务

服务是图书馆工作的主要部分，是图书馆存在的根本价值，为用户提供服务是智慧图书馆最重要的工作。智慧图书馆的服务主要包括：借阅服务、参考咨询服务、用户驱动的获取与服务、学科化服务和情报研究服务等。

4. 技术

技术是智慧图书馆的基础，是支撑智慧图书馆各个系统的“灵魂”。智慧图书馆的技术主要包括:物联网技术、互联网技术、云计算技术、大数据技术、社交网络技术、移动通信技术等。

5. 建筑

建筑是智慧图书馆的物理载体,它为智慧图书馆馆员提供工作场所,为智慧图书馆资源提供馆藏空间,为智慧图书馆服务提供服务场地,为智慧图书馆系统和技术提供物理设备存放地。没有建筑,智慧图书馆就如同"无根之水""无缘之木"。

后面的章节我们将围绕智慧图书馆的核心要素展开,详细叙述各要素的组成部分。

4 智慧图书馆的馆员

智慧图书馆的发展需要坚实的基础设施以及人力资源支撑，演进过程中总是人力、技术以及资金雄厚的大型图书馆走在前列。因此，本章所讨论的智慧图书馆馆员配置以大型图书馆为基本前提。这种范围选择，有利于更加充分全面地揭示智慧图书馆发展的人才队伍需求。中小型图书馆，可以根据自身实力以及业务需求选择性地设立必要岗位，谋求本馆智慧图书馆方便、快捷以及全面感知的发展。智慧图书馆是对现有图书馆的发展以及传承，对现有知识服务型图书馆在服务上的革新。智慧图书馆与现有图书馆的服务以及馆员能力要求并无冲突，在传承精华的基础上做到更全面立体的感知、更广泛的互联互通、更深入的智能洞察、更高效的协同管理。

4.1 “智慧馆员”的重要性

在侯明艳《智慧图书馆环境下高校馆员的角色转变》一文中，认为“智慧馆员”是参考馆员经历知识服务阶段的学科馆员之后的另外一次嬗变，是从知识服务走向智慧服务的图书馆新角色。李安在《浅谈智慧图书馆中智慧管理的实现以及智慧馆员的培养》一文中提出，未来的智慧图书馆，应主要招收两种类型的馆员，一种是负责为馆内各种硬件系统正常运转提供支持的技术员，另一种是负责馆藏整理、与读者交流的专业馆员。储节旺、李安在《智慧图书馆的建设及其对技术和馆员的要求》指出在智慧图书馆中馆员要做的就是在不破坏用户（读者）行为习惯的基础上，更快更好地回答用户提问。许漫春认为具有一定学科背景知识并经过图书情报专业训练。既能为用户提供个性化、专业化、集约化知识服务，又能培育用户智慧能力的图书馆员才能胜任智慧服务工作，这样的馆员才可称为智慧馆员。在她梳理的智慧馆员、嵌入式馆员关系中，认为智慧馆员是学科馆员经过技能加成后的结果。

从这些学者观点中可以看出以下两点：①智慧馆员是知识服务环境中的学科馆员或者参考馆员在智慧服务环境下的发展；②智慧馆员的各方面能力要求更高。

然而，智慧图书馆环境下的图书馆员不等于以上学者研究中的“智慧馆员”概念。图书馆各个岗位均要参与智慧服务，在新环境中均有新的职责与能力要求。图书馆的智慧性需要通过服务来体现，智慧性服务质量与馆员能力息息相关。许春漫在《高校图书馆智慧服务模式下智慧馆员队伍的建设》一文中提出所谓图书馆智慧服务是指依托智慧的专业馆员和优质、多元的信息资源，在互联、智能技术驱动下，提供主动灵活、无处不在、形式多样的能有效支持用户知识应用和知识创新的服务。资源、技术、馆员和用户是图书馆智慧服务的四大要素，其中最核心的是馆员。智慧来源于馆员作用于用户。

“除了智慧的图书馆员，没人能创造出智慧图书馆”。伊安约翰逊在《智慧城市、智慧图书馆与智慧图书馆员》一文中对馆员的重要性做了深刻描述。同时提出“智慧图书馆员”的一些基本特征：资质达到一定水准；致力于终身学习；社会及种族多元化；灵活性；创造力；见多识广/思想开放和参与公共生活等。图书馆业务涉及众多岗位，各岗位对馆员能力要求都各不相同。

4.2 智慧图书馆馆员结构

常规的图书馆人员岗位围着图书馆业务流程分配，馆藏、采编、借阅、流通、咨询以及简单技术支持是其主要业务范围。随着业务发展，编目外包，各馆编目人员的配比正在逐步降低。智慧型图书馆引入大量先进技术，包括移动互联、无线射频以及数据挖掘等。将图书馆的服务引入一个全新的阶段。智慧的图书馆中基础服务自助服务成分增加，专业化、个性化服务的需求增强，就服务深度而言由简单的文献资源服务转变为知识服务，服务形式上从时间和空间上嵌入用户环境。这些服务内容和形式上的转变，对图书馆馆员岗位变革产生巨大影响。

4.2.1 智慧图书馆环境下图书馆员岗位变革

1. 资源建设类岗位配置的变革

(1)自助服务的投入　厦门集美大学诚毅学院于2005年底开始筹钱，成为国内第一家拥有RFID馆藏管理系统的图书馆；2006年深圳图书馆新馆将RFID标签和阅读器应用到图书馆的文献采访、分类编目以及图书的流通、典藏和读者证卡等各个环节，彻底取代了传统的条码、磁条等设备。RFID技术实现图书的自助借还、盘点、查找、定位、顺架、分拣等一系列基础性工作。自助设备的投入减少了原有工作量，同时也对使用者提出了新的能力要求。

(2)数字资源建设加强　相对应的数字资源建设、数字资源长期保存、数据馆员等岗位在国内、外图书馆中不断涌现。

(3)数字资源建设职责分散　同时，因为知识服务的发展，嵌入式学科馆员的盛行，数字资源建设不再局限在资源建设部门，嵌入用户环境及时掌握反馈用户需求的服务部门也开始承担起部分资源建设的责任。

2.流通借阅岗位的变革

截至目前，智慧图书馆彻底改变传统图书馆业务的伟大成就即为使用RFID技术完成图书馆采编、借阅、分拣以及盘点工作，实现图书馆用户自助借阅。这一转变缩减了流通借阅低技术含量的人员配置，可由非在编人员完成简单工作，节省人力成本。同时，为相对高技术含量岗位挪出空间。

3.参考咨询岗位的变革

学科服务开始萌芽崛起的那一刻起，参考咨询注定要进行一场伟大的革命。学科馆员1.0以学科资源建设、参考咨询、用户培训以及院系联络为特征发展为现在的嵌入式学科馆员，融入环境，嵌入用户使用过程。从事实上而言，学科服务完成了一次服务流程的整合。提供一种动态的、面向用户的交叉团组体系。将原本分散的业务流程集成，以用户动态需求为导向，基于分布式多样化的动态资源、基于集成以及基于自主和创新的服务。正确地讲，学科服务不只是对参考咨询的变革，也是对图书馆原有组织架构的一次重组。以任务为导向，集成各业务流程，嵌入用户环境提供服务。因此，发展后的学科馆员任务重、要求高，也是各馆提供知识服务以及智慧化服务的关键节点。

4.技术支持岗位的变革

随着e-science所展开的科研数据管理，到大数据环境下高校图书馆面临的数据处理问题，有必要设置数据馆员岗位，如陈锐和冯占英指出图书馆应存在专门负责数据收集整理、统一加工、元数据标准、数据共享和重用、研发先进的知识服务引擎等的管理人员，他们通过分析数据，集合存储需求、制订科研过程数据的管理计划、收集与传播数据等。陈建新认为图书馆应该专门设立数据馆员岗位，通过对岗位的设置要求来促使数据馆员提高自身的服务技能与素养。

4.2.2　智慧图书馆环境下的馆员结构

新时期为了适应用户不断变化的需求革新理念与服务是图书馆发展的动力。馆员结构也必须适应这些发展做出相应调整。馆员的组织形式仍然围绕图书馆业务构建，随着图书馆业务的变更，增设某些岗位或者扩大原有岗位的职责范围，是近年来图书馆内部结构变化的显著特点(图4-1)。

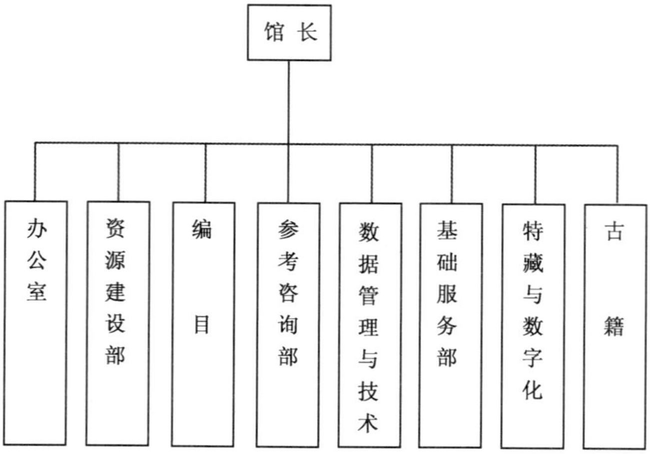

图 4-1　图书馆内部组织结构的基本构成

智慧图书馆发展历程几大标志性事件：①智慧图书馆的最早实践来自于 2001 年加拿大首都渥太华的“Smart Library”图书馆联盟，旨在提供一站式检索服务，即跨平台检索 。2001 年 10 月澳大利亚昆士兰州立图书馆建立了“智慧的图书馆网络”，并将物理设施和虚拟社区也纳入形成一个集成系统。②2002 年，新加坡图书馆在全球范围内首次应用 RFID 技术。③在理论研究中 2003 年，芬兰奥卢大学图书馆馆员艾托拉在人机交互移动设备国际研讨会上发表《智慧图书馆：基于位置感知的移动图书馆服务》，指出“智慧图书馆”(Smart Library)是一个不受空间限制且可被感知的移动图书馆。智慧图书馆发展之后，对资源建设部、参考咨询部以及数据管理与技术冲击最大。

图书馆知识服务团队是由专题处理人员、学科馆员、信息咨询人员、技术人员、管理人员以及外聘专家组成。智慧图书馆的智慧服务团队应该也是由团队构成，涉及图书馆业务的各方面。上海交通大学图书馆于 2008 年起实行岗位分类管理，彻底梳理 200 多个岗位的职责和要求。首先根据岗位的专业程度将馆员划分为专业馆员和辅助馆员，继而按照各岗位的具体业务范畴，横向划分为学科服务馆员、资源建设馆员、技术支撑馆员、图书馆管理馆员 4 大类；按照岗位内容专业程度纵向划分为辅助型、技能型、特色专业型、专家级、领军型 5 个层次(表 4-1)。

表 4-1 馆员分类表

<table>
<tr><td colspan="4" rowspan="2">馆员队伍分类</td><td colspan="4">横向 4 大类（按岗位业务范畴）</td><td rowspan="2" colspan="4"></td></tr>
<tr><td>学科服务</td><td>资源建设</td><td>技术支撑</td><td>图书馆管理</td></tr>
<tr><td rowspan="4">专业馆员</td><td rowspan="5">(按岗位专业程度)</td><td rowspan="5">纵向5层次</td><td>领军型</td><td></td><td></td><td></td><td></td><td rowspan="2">研究馆员（正高）</td><td rowspan="3">副研究馆员（副高）</td><td rowspan="2"></td><td rowspan="3"></td></tr>
<tr><td>专家级</td><td></td><td></td><td></td><td></td></tr>
<tr><td>特色专业</td><td></td><td></td><td></td><td></td><td></td><td rowspan="2">馆员（中级）</td></tr>
<tr><td>技能型</td><td></td><td></td><td></td><td></td><td></td><td></td><td rowspan="2">助理馆员（初级）</td></tr>
<tr><td>辅助馆员</td><td>辅助型</td><td></td><td></td><td></td><td></td><td></td><td></td><td></td></tr>
</table>

辅助型馆员：辅助岗主要分布于读者服务部门，对基础服务等辅助岗位的业务开展进行管理、培训和监督；其他临时性、辅助性和可替代性的辅助型馆员（可以编制外的形式聘用或以学生管理员的形式补充），从事书刊上架、整理、流程操作等业务，需要时辅助某些项目的实施。

专业型馆员主要包含有：学科馆员、学科情报分析人员、信息素养和教学支持馆员、外文书刊编目馆员、电子资源建设和揭示馆员、技术应用及系统研发馆员、数字化业务管理馆员、智能技术研发人员、阅读推广和文化活动策划馆员、科技查新馆员、知识产权服务馆员、特色馆藏组织和服务馆员。

智慧图书馆应致力于专业型馆员的发展，包含学科服务团队（学科馆员、学科情报分析人员、信息素养和教学支持馆员、电子资源建设和揭示馆员、阅读推广和文化活动策划馆员）、科技查新馆员；编目部的外文书刊编目馆员；技术部的技术应用及系统研发馆员；特藏与数字化部的特色馆藏组织和服务馆员、数字化业务管理馆员。这些馆员是及时发现用户需求、跟紧技术发展、调整服务形式以及内容实现更便捷更全面感知的智慧服务的中坚力量。

4.2.3 智慧图书馆的馆员职责及胜任力

美国麦克利兰博士提出"胜任力"概念。"胜任力"被定义为担任某一特定的任务角色所需要具备的能力素质的综合，能够明确区分在特定工作岗位和组织环境中杰出绩效水平和一般绩效水平的个人特征。1993 年 O. Mary 发表的《未来图书馆员核心胜任力》，将图书馆员的核心胜任力定义为，信息组织能力和对组织的管理能力。自此，国内外学者展开了对图书馆馆员胜任力的研究。

1. 现有胜任力研究

胜任力也就是图书馆馆员胜任图书馆工作岗位的能力。这些研究中大致分为以下几种类型：

（1）图书馆员的某方面胜任力研究

①领导胜任力研究：J. F. William 通过经验总结及相关文献分析，将图书馆员的领导胜任力定义为适应能力、有效的人际沟通能力、良好的决策能力。

②文化胜任力研究：L. S. Mestre 通过问卷调查和访谈发现馆员文化胜任力的现状、不足以及提升需求，并针对性地提出自主选择、加强教育、营造多元文化氛围等建议。

③专业胜任力研究：C. L. Young 对相关馆员胜任力标准进行探讨，对比研究国家学术咨询协会（National Academic Advising Association，NACADA）和高校图书馆协会（Association of College and Research Libraries，ACRL）的馆员胜任力标准，探讨图书馆学硕士毕业生应具备的专业胜任力。

④信息技术胜任力研究：J. H. Heinrichs 等通过实证探索了新环境下不同类型、不同角色图书馆员信息技术胜任力现状并对需求进行分析，提出网页设计、多媒体、数据库等计算机相关能力是图书馆员必需的能力。

（2）不同岗位图书馆员胜任力研究

①图书馆馆长胜任力研究：景晶和程晓勇对高校图书馆馆长胜任力评价体系

进行研究，根据文献法确定包括知识、能力、人格一级指标和 16 个二级指标的胜任力模型，并利用层次分析法对各个指标进行权重赋值。

②学科馆员胜任力研究：董舞艺将学科馆员胜任力概括为个性要素、知识要素、技能要素 3 个方面。唐文惠对高校图书馆学科馆员的胜任力研究，提出了知识、能力、工作态度、意识 4 个维度的胜任力模型。

③参考咨询馆员胜任力研究：L. Lou 通过文献分析构建初步的参考咨询馆员的胜任力模型，并在此基础上利用专家访谈对模型进行补充和完善，最终得到包括在线交流能力、评估资源和服务能力在内的胜任力模型。它还研究了文本参考咨询传递服务，通过专家访谈、整理录音、转换编码、统计频次及数据分析，构建了交流能力、技术能力、服务能力为一级维度的胜任力模型。

黄尊宝对参考咨询馆员胜任力模型进行了实证研究，通过行为事件访谈法、问卷调查，构建以工作态度、知识技能、个性特质 3 个维度为一级维度的二级馆员胜任力模型。

④电子资源图书馆馆员胜任力研究：E. Hartnett 通过分析 2000—2012 年的图书馆招聘广告并进行编码转换，构建电子资源图书馆馆员的胜任力模型，并分析随着时间变化各维度胜任力的需求变化。

⑤图书馆资料管理人员胜任力研究：闵宪鲁对高校图书馆资料管理人员的胜任力素质进行研究，依据冰山模型从显性和隐性两个方面提出专业知识和人格特质两个一级维度的胜任力模型。

祝红艺和白君礼基于 D. C. McClellan 的胜任力冰山模型以及其他学者的相关研究成果，从专业技能与知识储备、职业素养和个人潜能 3 个维度构建图书馆灰色文献收集馆员的胜任力模型。

(3)通用的馆员胜任力研究　华雪采用专家小组访谈法结合问卷调查法，在文献分析的基础上建立知识型馆员通用胜任力模型，并通过问卷调查进行实证研究，构建了以学习能力与交流能力、专业服务才能、服务改善能力、服务心智品质、服务资源管理能力、服务执行能力为一级维度的馆员通用胜任力模型。

唐美灵采用行为事件访谈法，建立以专业素质、沟通与协调、领导与管理、职业基础、认知能力、个人特征为一级维度，包含 18 个二级维度的胜任力模型。

耿骞等通过探索性因子分析将图书馆员的胜任特征划分为 6 个不同维度的冰山模型：基本知识和业务技能、相关学科知识、计算机运用能力为冰山上的部分，容易被了解和测量，可以通过后天培训和个人努力来获得、发展，是有效执行工作所必备的能力;职业态度和服务精神、情绪适应能力、组织沟通能力为冰山以下部分,是个人内在的难以测量的品质,但是确是区分绩优者和绩效平平者的关键因素。

(4)总结　这些胜任力研究都试图解释承当图书馆岗位工作需要的能力,且这些能力的划分能够帮助图书馆在人员选拔、培训、开发以及绩效评估方面提供参考。通过他们的研究可以发现:

a.不同岗位工作馆员胜任力存在差异性。最为显著的应该是学科馆员与技术型岗位馆员。业内统一认为学科馆员在专业知识、服务能力以及团队协作能力要求更强。这是他们区别与其他馆员的显著个人特征。而技术型岗位当然对计算机技术要求更高,不可能期望每个馆员都拥有数据挖掘、移动互联技术。

b.不同岗位也同样存在胜任力共性。协调沟通能力、服务创新能力以及学习能力至少在没一个岗位都很重要。这是图书馆作为一个整体运作的润滑剂。

c.这些能力的描述都比较抽象,不能结合馆员职责展开。

2.智慧环境下图书馆馆员胜任力研究

(1)基本胜任力　伊安约翰逊指出为了适应快速变化的现实环境,图书馆员工不仅要能胜任对现有体系和服务的执行和管理,还应具备卓越的洞察力和执着的献身精神,能时刻关注所在城市有哪些信息需求,了解如何通过建设新信息源来提升服务质量,并聚焦那些能有效传播信息的新技术。

归纳而言,智慧图书馆环境下的图书馆员应具备以下能力/素质。

①服务意识及执行能力:图书馆的目的就是服务用户。因此,每位馆员都应具有服务意识、责任心等良好的服务品质。通过积极良好的服务品质向用户传达"以用户为中心"的服务理念。智慧服务的开展高度依赖具有高专业技能和胜任力的馆员。馆员执行力是组织战略目标和行动佳话得以实施的保障。

②专业服务能力:出版行业的发展、数字资源的兴起打破了传统图书馆的资源垄断地位,迫使图书馆从业者"以资源为中心"的服务理念转变为"以用户为中心"。通信技术和互联网的发展,打破了图书馆的馆藏以及服务界限。在智慧图书馆时代,用户的需求从简单的借还书发展为经过深度加工增值的知识信息资源。馆员的服务能力应不断更新,与时俱进。现阶段应提升信息筛选、收集及整理加工能力,利用信息处理工具实现合理的知识增值服务。

③学习与交流能力:学习能力是指以快速有效的方式获取知识信息,并转化为自身知识的能力;交流能力是指愿意听取他人的看法,理解对方传单的信息,同时有效表达自己想要传递的信息。只有不断地学习交流创造具有生气的学习型组

织，图书馆才能成为一个有机生长的个体。

④服务改善与创新能力：改善能力是提升服务品质、提高组织效率的关键。积极寻求解决问题的方法，不断尝试新的技术和方法，激发组织成员内部潜在能力的发挥，提升组织的整体核心竞争力。

⑤服务资源管理能力：面对复杂的需求以及工作任务，图书馆馆员在执行过程中需要具备一定的资源管理能力。对自己掌握的资源，如知识技能、经验、工具等进行有效配置；与外部协作，提高资源获取的便利性与持续性。

⑥团队协作能力：随着服务的深化，服务内容的知识含量、科技含量以及专业化程度要求更高。每个人的能力有限，常常需要以团队的形式展开服务。图书馆馆员的协同工作是不可或缺的能力。

(2)学科馆员职责及胜任力

①职责：学科馆员从发展最初即具有 4 项最基本职责。

一是学科资源建设。学科馆员在资源建设上具有两方面的优势：a. 较强的学科知识背景和文献采选能力；b. 深入院系了解用户需求。学科资源建设是开展学科服务的基础，学科服务反过来联络学科用户、熟悉学科资源和用户的特点与状况，促进学科资源的利用。在开放的大数据环境下，学科资源多种多样，为学科建立集成的信息资源平台并定期更新维护是学科馆员的重要职责。

二是参考咨询。参考咨询是学科馆员最原始最基本的职责。参考馆员时期即开始为用户提供简单问题咨询。学科馆员发展之后馆员具有一定的学科背景同时拥有相应的服务能力和手段，能够为用户提供更为专业的咨询服务。学科馆员融入用户环境的工作模式，微信、QQ 等通信工具普及，方便馆员与用户的双向反馈。

三是用户培训。用户培训的目的主要是：帮助用户了解熟悉图书馆的资源以及设施；让用户学习资源以及设施利用的方法及手段；提高资源的有效利用，实现效益扩大化。

四是院系联络。院系联络是现代图书馆以用户为中心理念的改进图书馆与院系工作人员之间的关系，促进图书馆与学术界的交流，增强图书馆面向用户的形象。

五是嵌入教学过程的信息素养教育。

六是嵌入科研过程的情报服务。

②胜任力：孙坦在 2013 年中国高校图书馆发展论坛所做的《学术图书馆与嵌入式知识服务》报告中精辟地总结学科馆员应具备九大方面的技能和知识。

在该学科/专业具有良好的书目和其他发现工具的知识；

具有良好的设计信息素质教育的技能；

具有良好的信息发现、文献检索方面的技能；

具有对引用和参考文献提供咨询的知识，并能利用文献管理软件；

能够能动地向科研人员提供咨询并宣传推广图书馆的服务；

具有良好的该学科/专业数据源的知识；

具有良好的有关该学科/专业内容的知识；

了解本单位当前和变化的科研兴趣；

能够获得每个科研人员/项目的需求。

许春漫认为除此之外应着重提升以下三方面的能力：学科知识分析能力、教学科研辅助能力、新知识快速吸收能力。

(3)学科情报分析人员职责及胜任力

①职责：

一是决策支撑。面向学科、院系，为学科发展规划、科研评估、人才评估提供数据和文献信息情报支撑。情报分析人员利用现代情报分析方法以及分析工具，搜集整理为领导决策提供参考。

二是动态监测。面向课题、面向个人，提供学科发展前沿动态监测。最早期的定题服务即可视为学科情报服务的一种。学科情报分析人员可根据学校规划，为重点学科提供学科态势分析、学科动态追踪报道。

三是与学科馆员协作提供嵌入科研过程的学科服务。学科馆员嵌入科研过程服务的初期以及中期都需要大量的数据以及信息服务支撑。学科情报分析人员在学科馆员与用户的沟通、数据源的选取与整理、数据分析处理以及关键情报点的识别都能为学科馆员提供良好的技术支持。同时，学科情报分析人员与学科馆员可以协作构成服务团队，共同为重大项目以及课题服务。在人员紧缺的图书馆中，学科情报分析人员与学科馆员之间没有明确的区分，他们也是学科馆员的一种职责。

②胜任力：

一是具有某方面专业背景。学科服务的专业背景十分重要，这是与相对应的院系或者课题组人员建立联系的重要软实力。

二是具有互补性的外语特长。学科情报分析服务有大量的数据源/信息源需要整理。在互联网时代，学科的发展同样是交流互通的。国外信息收集需要一定的外语基础。

三是对学科发展趋势有一定见解以及跟踪能力。

四是情报分析工具使用能力。

五是情报数据筛选解读能力。

六是良好的沟通能力以及协作精神。

(4)信息素养与教学支持馆员职责及胜任力

①职责：

一是主要包括图书馆培训与讲座。日常培训、新生培训、数据库商培训、学科服务讲座、图书馆宣传推广系列讲座等。图书馆培训和讲座是参考咨询部的基本工作。有利于引导读者利用好资源，提高读者的信息素养。

二是提供教学参考工作。

②胜任力：

一是文献分析工具使用能力。

二是数据库使用能力。

三是宣传策划能力。

(5)电子资源建设与揭示馆员职责及胜任力

①职责：

一是数据库商联系、日常管理、试用评价、故障排查。

二是负责电子资源的调研分析，参与电子资源采购谈判。

三是自有电子资源建设工作。

②胜任力：

一是基本计算机处理技术。

二是谈判以及合同草拟能力。

三是资源收集、整理以及处理能力。

(6)阅读推广和文化活动策划馆员职责及胜任力

①职责：

一是日常资源推介工作。

二是专题性宣传推广活动。

三是宣传片以及宣传资料制作。

②胜任力：

一是绘图以及广告制作等软件应用能力。

二是宣传文案写作能力。

三是活动策划能力。

(7)科技查新馆员

①职责:承接各类型科技查新、论文收录引用检索。为校内外科研人员申报项目、申报奖励、成果鉴定、课题咨询提供科技查新服务。

②胜任力:

一是外语能力。

二是文献检索与分析能力。

三是专利检索与分析能力。

四是某一学科专业知识背景。

(8)外文书刊编目馆员职责及胜任力

①职责:负责馆内外文书刊的编目和整理。

②胜任力:

一是外语能力。

二是掌握熟练的编目技巧。

(9)技术应用及系统研发馆员职责及胜任力

①职责:

一是图书馆网站群管理。负责图书馆网站群的设计、维护、信息发布、二级网站的开发等;负责学术资源门户系统的开发与维护。

二是图书馆服务器设备、有线网络、软件平台、专用设备和系统、中心机房的管理和维护,数据安全管理,应用系统开发和维护,馆内技术培训,IT设备与系统采购等。

三是数据图书馆相关项目的管理和实施,提供系统架构设计、软件开发、数据分析等方面的技术和平台支撑。

四是跟踪、推广新技术在图书馆中的应用,提升服务与管理的效率和便捷性。

五是数据平台的学术研究、技术研发、对外协作、宣传推广与培训。

六是与科研机构合作,提供科研数据管理和服务的咨询、培训和技术支持,以及数据管理相关项目的规划、方案设计和实施。

(10)特色馆藏组织和服务馆员职责及胜任力

①职责:

一是负责协调本馆特藏资源的搜集、整理、研究以及保存(民国文献、老西文文献、复旦人著作、重要校友的捐赠以及其他重要的近现代文献及手稿)。

二是提供特藏文献的服务。

三是发掘特藏文献的学术价值和使用价值。

四是特藏文献的维护、修补。

五是阅览室读者服务工作(含复旦人著作阅览室服务)。

六是负责馆内文献资源数字化制作工作(包括数字化扫描、资源制作、数字化标引等)。

七是与数据管理和技术部沟通协调,参与制定数字化工作流程,数据加工、储存、发布、服务等规范。

八是与数据管理和技术部沟通协调,参与数字化加工平台的评价选型,负责平台功能管理和数据安全管理。

(11)数字化业务管理馆员

①职责:随着数字图书馆的发展,数字化形式存在的馆藏越来越多。数字化业务管理员的主要职责即馆藏的数字化,以及数字化资源的整合管理。

②能力:数字化技术处理能力。

4.3 馆员能力评估

国外的图书馆馆员具有一定的准入门槛,我国没有建立图书馆员准入制度和资质认证标准,这在一定程度上制约着我国图书馆服务水平的提升。随着智慧服务的深化发展,图书馆馆员的素质能力成为提高智慧服务质量的关键因素。打造一支高技能的图书馆智慧服务队伍,建立馆员能力素质模型,构建评价体系,评估馆员胜任力,一直是业界重视探讨的问题。尤其是学科馆员的能力素质,一直是业界关注的重点。

4.3.1 简单的素质测评指标体系

吴环伟在《学科馆员素质测评指标体系研究》中提出从学术性(信息组织能力、科研创新能力和外语能力)、服务性(奉献精神、事业心、协作性)、个性化(自信心、适应力)、保密性(体质、体力和气质)4 方面的指标测评学科馆员素质能力。并通过"德尔菲专家评价法"和模糊数学法计算其建立的 CASLPB 体系中各个指标的权重。最后得到的结果见表 4-2。

表 4-2　馆员素质能力测评表

测评项目	测评指标	优	良	中	差
C 品德素质	C1 奉献精神	0.9	0.1	0	0
	C2 事业心	0.8	0.1	0.1	0
	C3 协作性	0.8	0.2	0	0
A 技能素质	A1 信息组织能力	0.8	0.1	0.1	0
	A2 沟通交流能力	0.7	0.2	0.1	0
	A3 科研创新能力	0.5	0.2	0.2	0.1
	A4 外语能力	0.6	0.3	0.1	0
	A5 学习能力	0.7	0.1	0.1	0.1
S 服务意识	S1 责任感	0.8	0.1	0	0.1
	S2 主动性	0.3	0.2	0.3	0.2
	S3 坚持性	0.5	0.2	0.2	0.1
L 资历结构	L1 学历等级	0.3	0.3	0.2	0.2
	L2 职称等级	0.3	0.2	0.2	0.3
	L3 工作经验	0.7	0.3	0	0
P 心理素质	P1 自信心	0.7	0.1	0.1	0.1
	P2 适应力	0.5	0.3	0.1	0.1
	P3 自制力	0.6	0.2	0.1	0.1
B 身体素质	B1 体质	0.5	0.3	0.1	0.1
	B2 体力	0.6	0.2	0.1	0.1
	B3 气质	0.7	0.3	0	0

从其测评指标中可以看出品德素质、技能素质是馆员能力考察中最为重要的两点。该指标体系能够揭示对馆员或者评估时的侧重点，但其测评指标仍然显得十分感性化，未能用具体的指标体现，在实际操作应用中仍然有一定难度。

4.3.2　基于能力素质模型的学科馆员测评指标体系

赵功群、都平平引入能力素质模型（Competence Model），该模型用行为方式来定义和描述员工完成工作需要具备的知识、技巧、品质和工作能力，通过对不同层次的定义和相应层次的具体行为的描述，确定核心能力的组合和完成特定工作所需要的熟练程度。能力模型在对馆员进行选拔时除了考察员工的知识、技能等外在素质外，能更多地考察员工自我概念、特质、动机等非智力核心要素。这既能选拔出高学历、高技能的馆员，又不会把那些主观能动性强、工作积极，通过培训就能提高知识和技能的馆员排除在专业馆员行列之外。同时这些指标还能成为绩效评估以及激励措施的重要依据。

在两位学者对学科馆员能力素质指标体系的研究中，把学科馆员的能力分成通用能力、业务能力、独特能力。其中，通用能力是适用于所有学科馆员工作的胜任能力，为学科馆员必备的能力，也是学科馆员的资质要求；业务能力是通过学科馆员自身努力而取得的学科服务能力；独特能力是针对多服务学科表现出的基于自身业务素质和创新能力的特质。然后结合麦克利兰能力模型通过问卷调查、样本分析、数据收集等方式构建馆员能力素质词典，根据绩效样本数据和能力素质词典进行综合分析，确定绩效优秀馆员和普通馆员在胜任特征上出现的频次和等级等指标进行全面系统的统计分析和比较，找出共性和差异特征，确定能力素质模型的各级指标体系，并确定各指标在能力素质考评中的权重。最终对能力指标体系中的一级指标设置相应的权重系数，即知识(20％)、技能(40％)、自我概念(15％)和个人特质及动机(25％)；对各二级指标设置测评等级及等级分值见表 4-3。

表 4-3　馆员能力测评表

测评指标	指标等级	测评要素描述	等级分数
知识	D	具备一定的图书馆管理经验，学科背景较差	1
	C	具备很强的图书馆管理经验和一定专业背景	2
	B	具备学科专业本科及以上学位或图书馆专业硕士及以上学位，熟知图书馆管理知识	3
	A	具备学科专业硕士及以上学位和图书馆专业硕士学位，熟悉版权法等相关法律，熟知图书馆管理知识	4
技能	D	具备一定的图书馆管理和服务能力，借助工具处理学科服务的能力较差，服务满意度较差	1
	C	熟悉各图书馆管理流程和资源状况，能利用计算机等现代设备进行简单的数据处理，外语能力较差，学科服务满意度较差	2
	B	具有很好的沟通能力，熟悉馆藏资源状况，具备基本的外语阅读能力和计算机操作能力，学科服务满意度一般	3
	A	熟悉用户的研究领域和对应学科的资源状况，具备很强的信息处理和分析能力，数年掌握文献管理工具，具备良好的外语阅读和表达能力，学科服务满意度高	4

续表 4-3

测评指标	指标等级	测评要素描述	等级分数
自我概念	D	在工作中缺乏自信，不能圆满完成任务，自制能力较差	1
	C	客观地应对工作中遇到的问题，能听取他人意见	2
	B	在工作中能采用各种方法处理问题，正直可靠，有很好的自制能力	3
	A	具有良好的个人品质，敬业爱岗，委任坦诚，心胸开阔，能有效控制自我	4
个人特质及动机	D	自我管理能力较差，工作缺乏计划性、创新性	1
	C	基本能够合理安排自己的时间，对待突发事件有时欠冷静，创新能力较差	2
	B	在工作时间的安排上具有较强的计划性，对待突发事件表现出较强的变通能力，能在工作中提出自己的新想法	3
	A	在实践分配上表现出很强的计划性。具有很强的领导能力和逻辑分析能力，遇事沉着冷静，并善于自我总结，积极进取，勇于创新	4

该能力测评体系更具体化地描述和刻画了学科馆员能力要求，操作性较强。适用于学科馆员的选拔和评估，需要通过一段时间的工作实践来考察，不太适用于新进人员招聘。

4.4 馆员的引进和培养机制

图书馆事业的实现由馆员个体的努力凝集而成，如果能很好地激励馆员，使之自我实现达到最大化，则必定助推图书馆事业的整体发展与前进。图书馆应当制定什么样的人力资源开发政策和职业实践规范，来吸引拥有必要能力的员工？雇主或图书馆管理层需要认识自己有责任改善整体的工作环境，图书馆该打造一个怎样的“雇主品牌”，来彰显赢得职场人士喜爱的组织形象？图书馆该怎样组成一个“知识工作者社区”，依此开展经常性的经验交流，依托高度网络化的环境，使成员的知识与技能得到加强，最终形成倍增效应。这些都是伊安约翰逊提出的培养“智慧图书馆员”需要考虑的问题。

4.4.1 馆员引进机制

美国等国家有馆员准入机制,而我们国家并没有。在馆员引进的过程中应该考量以下几个方面的问题:

(1)未来发展目标　在制度不断变革的情况下,各个馆编制都相对紧张饱和。在新进图书馆员的过程中需要考虑的问题实在太多。首先应该关注的应当是图书馆未来的发展目标。图书馆每一个时期的变革都是一种循序渐进的过程,人力是其必不可少的资源储备。如同发展目标一样,在馆员配置上也应该有一定的长期规划目标。根据图书馆的未来发展规划,配置合适的专业人才。良好的人才储备如同完善的基础设施建设一样,是智慧图书馆发展的基石。全面感知的智慧系统、个性化地推送服务系统都依赖于信息技术处理馆员、服务内容规划执行馆员的业务处理。在合理的时间有规划、有目的地引进合适的馆员应该也是图书馆规划中应该包含的内容。

(2)现有馆员配置　在配置新馆员的过程中,同样应该考虑现有馆员配置。现有年龄结构、技术结构、学科结构甚至外语结构都是应该是认真统计分析的项目。图书馆内就是一个小型的社会,要在不同的年龄层次合理分布,才不会出现人才断层的情况。同质性过高是对人力资本的浪费,因此技术结构与学科结构都是考量因素。在学科情报服务中,外语能力十分重要,是了解世界各国发展状态的桥梁。因此外语结构也是重要考量因素。

(3)本馆发展前景　图书馆本身的发展前景是吸引人才的一大利器。图书馆也应该认识清楚自己的发展前景,合理定位招聘要求。实现应聘人员的心理预期与本馆实际的对接,同时也在尽可能的条件下招揽最合适的人才。

图书馆事业仍然需要专业人才的维护,建立行业准入机制是广大同行一直在致力发展的事情。各馆应根据自身情况制定合理的准入门槛,让具有优秀素质的人才得到合理利用。除开准入之外,进入该行业之后,良好的培训与发展机遇同样是吸引人才的法宝。

4.4.2 馆员培训机制

在美国负责图书馆馆员继续教育的权威机构有很多,如美国图书馆协会、图书馆学与信息学学校协会和许多州图书馆协会等,都对图书馆员的培养给予了特别关注,其典型代表为美国图书馆协会制定了图书情报人员继续教育的教程,在协会内部建立图书馆继续教育信息交流网,开展远程教育,采取多种形式为会员提供继续教育机会。例如,ALA 制定的 ALA 面向 2010 年发展规划中,教育与继续教育是其设立的重要发展目标领域，主要涉及提高图书馆及图书馆工作人员继续教育和学习机会的可获取能力。Keiser Barbie E. 指出，图书馆协会、图书馆联盟和国家图书馆机构应为图书馆员提供专业发展和继续教育的可用资源。Vyas S. D. 指出，印度图书情报学期刊机构通过建立在线创新论坛帮助年轻馆员继续教育。

德国认为应把馆员分为初级、中级、高级，并且每一个级次的馆员都要进行严格的岗前专业培训，要有严格的2～3年培训期，要求高水准全方位，尤其在高校图书馆要注重培养与师生的交流能力，与学院合作的教学科研能力。

从国外这些成熟的馆员培训机制中可以看到馆员机制在图书馆馆员事业生涯发展中的重要性。这是一种吸引优秀人才进入，同时培养杰出工作者的良性循环机制。应该在智慧型的图书馆中得到发展和弘扬。

1. 新馆员培训机制

通过新馆员培训能够建立良好的工作环境，创造一种物理和意识上的安全感并培养新员工的归属感和角色定位，对个人职业发展有极大的影响。

以美国为康奈尔大学图书馆为例：首先，新馆员会收到一封邮件，邮件中链接了专为新馆员准备的培训课件，课件展示了馆长致辞并介绍图书馆的员工信息平台、工作时间、馆藏分布以及各部门的业务范围等。其次，图书馆人力资源部将与主管沟通，确保主管给予了新馆员必要的计算机相关培训。新馆员将会与人力资源人员有一个简短的会见，以了解管理制度、学习机会等。最后，新馆员在就职3个月后，将在人力资源主管的安排下参加学术会议。如果新馆员是管理岗，图书馆人力资源部将评估其管理经验和水平，必要时还会让其参加新主管培训认证项目。与康奈尔大学图书馆不同的是加州大学图书馆更加重视通过新馆员培训带领新员工融入工作环境和熟悉组织文化。而加州大学新馆员培训主要包括针对性的培训会议、一览表、图书馆主要部门和领导单独会见等。一览表提供了新馆员信息、馆员手册、馆员指南、福利登记信息、交通规则等工作与生活的各个方面。图书馆领导要在新馆员入职第一天、第一周、第一月以及第六月持续地做一些工作，努力为新馆员创建一个舒适的工作环境，使其接纳组织文化。

陈斌在《基于职业导师制的新馆员培训模式研究》中提出在新馆员入馆的前两年内试行职业导师培训模式的，以期构建一种有利于图书馆经验传承，促使新馆员更快提高工作能力的机制。在图书馆中富有经验并具备良好专业技能和管理技能的资深技术专家或管理者，与新馆员之间建立支撑性培训关系。这种方式有利于隐性知识的传承，帮助培养新馆员的综合素质。在智慧图书馆环境中这种方式有利于导师与学生教学相长，互帮互助，实现人力资源的最大化利用。

2.进阶式馆员培训机制

馆员培训与学习的方式和途径很多,有专题学习、主题讨论、网络学习等。

(1)专题教育　康奈尔大学图书馆充分利用学校提供的教育援助计划支持馆员继续教育,帮助员工在其专业领域持续发展。其中员工学位课程(Employee Degree Program,EDP)、校外学习和学费资助都非常有助于馆员发展。EDP可以让馆员有机会获得康奈尔大学的本科和研究生学位,但是馆员需要与馆领导商定可以学习的学位课程。校外学习则可以帮助馆员提高工作绩效,鼓励学习学术课程并协助职业生涯和个人发展。另外图书馆还设立了学习基金,为专为馆员开设的课程和研讨会提供支持,以使馆员的技能和知识能满足图书馆发展目标。除了正式的培训课程和研讨会,图书馆学习基金也为非正式的和基层的学习项目提供资助,鼓励员工创造性地去思考学习和分享知识。学习基金的申请有明确的要求而且会公平分配。

(2)主题讨论　康奈尔大学图书馆还有不定期的Take One主题沙龙活动和每年一次的馆员职业发展周活动。截至2014年6月12日,本年度Take One已经开展了18次主题沙龙活动,讨论和分享的主题非常广泛,包括图书馆信息、工作经验交流、工作绩效、学校政策、焦点事件、法律判决等。工作经验交流可大可小,既有给教师的信件分享,也有对学校政策信息的分享,比如3月3日的主题"康奈尔大学开放获取出版基金评审和更新"。法院判决案例也是Take One非常关注的主题,如最近两期的主题"擦除过去"和"图书馆的胜诉"。2014年的馆员职业发展周中,每天都有一个主题培训,共有5个主题,举办了30多场报告,不仅涉及各方面工作还包括馆员职业生涯规划。

(3)网络学习　康奈尔大学图书馆馆员可以获得eCornell在线认证课程类和Shillsoft技能软件类培训。eCornell课程支持学习者使用电子邮件、在线聊天和在线讨论等与同伴、学习者、eCornell导师(领域/内容专家)和学术支持人员(内容专家)互动。Skillsoft包含了获得成功的必备技能,并提供与各种信息技术和业务相关的在线课程、书籍、短视频等。

4.4.3 馆员发展机制

馆员发展工作主要由高校人力资源部按照大学的核心价值和人力资源的原则提供培训项目和学习方案,图书馆则提供适合馆员的学习机会来满足他们的职业发展。从职业生涯管理的角度来看,美国高校图书馆主要为馆员、管理者两个层次提供学习机会,馆员借此获得与工作、生活等相关的知识学习和技能培养。普林斯顿大学图书馆、康奈尔大学图书馆和加州大学伯克利分校图书馆都提供了非常多的管理者发展项目,致力于提高管理者在管理方面的技能(表4-4)。比如普林斯顿大学图书馆管理者就可以通过学习课程重点学习如何发展核心管理技能,包括反馈、沟通、信任、冲突、客户服务、讲技巧和时间管理。康奈尔大学图书馆还为院长推荐人选提供相应的发展计划。加州大学伯克利分校图书馆提供的管理发展项目数量众多,根据管理职位的不同如初级管理者、中级管理者、新领导者、学校中高层管理者等提供不同的发展计划。其中,领导力发展项目是鼓励员工参加的领导力培养项目,这与当前加州大学伯克利分校期望发展高绩效的文化有关,有领导力的员工有助于高绩效文化的建立和发展。

表 4-4　国外大学馆员发展计划表

图书馆名称	馆员发展计划	适用对象	内容简介
普林斯顿大学图书馆	学习解决方案	所有员工,偏重管理者	主要通过核心课程实现。课程内容基于员工所需要的技能开设,包括学习课程和管理发展认证课程(Management Development Certificate Program,MDCP)。MDCP 主要面向管理者、承担行政管理责任或者学术部门管理职责的人,提供一个结构化的、全面的学习体验,涉及有效管理所需的关键技能和能力。
	员工援助计划	所有员工	旨在帮助个人和专业的成长与发展。员工援助计划分为工作与生活研讨会、职工教育援助计划(学费减免)、儿童教育援助计划。
康奈尔大学图书馆	领导力发展计划	管理者和院长推荐的员工等	旨在提高知识基础和管理技能的临时性任务轮流分配项目,也有为被推荐者提供的项目,包括转折点、领导力发展(Harlod D. Craft Leadership Programma,HDCLP)、团队建设与领导变革(Buildiing Teams & Leading Change,BTLC)、促进技能发展(Developing Facilitation Skills, DFS)以及领导康奈尔等,并设置了进阶式培训。
	管理能力发展计划	管理者(主管、项目和团队领导等)	提供多方面帮助,如有效管理业务运营、开发工作程序、评估人力资源需求、管理冲突、支持目标导向的活动等。管理能力发展包括主管发展和管理课程两方面。其中主管发展要明确主管负责创建发挥最佳人力资源的环境,展示主管的知识、技能和能力。主管发展包括了新主管认证和主管发展认证两门认证课程,为主管提供工具以加深对管理的整体认识、对政策和法律的理解等。

续表 4-4

图书馆名称	馆员发展计划	适用对象	内容简介
	员工发展工作坊	所有员工	以认证课程、工作坊与研讨会等形式开展高效能人士的七个习惯、交流认证、客户服务、办公技能、时间管理工作坊、至关重要的对话等方面的学习。
加州大学伯克利分校图书馆	管理者和主管发展计划	管理者和学校中高层管理者等	有关键因素项目、人才管理项目、管理技能评估项目、伯克利催化剂项目、加州大学管理发展项目、领导力发展项目。
	图书馆教师发展计划(IDP)	教师	旨在帮助图书馆教师提高教学技能。IDP 有两个目标:一个是鼓励分享和讨论。鼓励教师分享自己的想法、阅读、视频、讨论、教学实践和其他方面的知识,鼓励教师参加实践社区,与教学同事一起在线互相学习、相互支持,共同努力提高自己的教学实践。第二个是提高教师的形象和增加认可度。
	HR 专业发展计划(PDP)	人力资源	HR PDP 有助于发展人力资源管理技能、知识和方法,并且强调人力资源专业人士要在各专业领域中不断加强伙伴关系,建立服务共享的环境以获得成功。

馆员培训与发展是一项系统工程,需要及时了解馆员需求,根据具体的工作岗位和职业发展来分层次、系统地制订培训计划。我国高校图书馆可以成立馆员培训小组或配备专职的人力资源专员,在职业生涯规划指导下有针对性地为馆员提供相应的职业能力培训,满足馆员职业发展和图书馆组织发展的需要(表 4-5)。王瑞珍还提出根据入职年限划分馆员的职业生涯阶段,根据阶段的特点和发展需求制定相应的能力开发和发展计划的策略。

相比较而言,该计划仍然十分宽泛,缺少具体内容和项目的支撑。我国图书馆仍然要向国外图书馆学习,形成系统体系,代代传承。

表 4-5 不同职业生涯计划表

职业生涯阶段	开发措施	简介
职业生涯早期（入职 5 年内）	导师计划	甄选优秀馆员作为导师，进行职业辅导和咨询。
	伙伴计划	配备小伙伴，解决工作和生活中的难题，较快适应环境。
	入岗动态化管理	轮岗，使其熟悉图书馆业务，发现自己最适合的岗位。
职业生涯中期（入职 5～20 年）	全面培训计划	从正式学习和非正式学习两个方面促进馆员能力提升，满足官员的自我实现需求。
	个人发展计划	个性化的职业生涯规划，设立职业发展工具箱，帮助馆员选择科学的职业发展路径，加强管理能力和学术能力的培养。
	新兴领导计划	提升管理岗位馆员的管理技能和领导素质
职业生涯后期（入职 20 年以上）	参与计划	委以重任，使馆员参与到图书馆组织的管理中，为组织发展建言献策，进一步施展才能。
	教授计划	开拓职业前景，使其担任“职业教授”，传授工作经验，开展与职业相关的培训。
	关爱计划	为退休馆员开展健康服务，提供心理咨询，实现退休前后的平稳过渡。

5 智慧图书馆的资源

图书馆的资源是图书馆一切工作的前提，是图书馆最核心的“产品”，在图书馆工作中处于重要的地位。智慧图书馆离不开智慧图书馆中所存储的资源，包括印本资源、数字资源、多媒体资源、数据资源和开放信息资源在内的众多资源类型，共同构成了智慧图书馆的资源体系。

本章，我们将对智慧图书馆的信息资源进行论述，重点了解智慧图书馆中都有哪些类型的信息资源，它们是如何被图书馆选择和组织的，智慧图书馆资源建设中可能遇到的问题及解决办法。通过本章的研究，便于我们更好地认识智慧图书馆中的信息资源，使其成为构成智慧图书馆体系的完整闭合的一环，也为其他章节的研究奠定基础。

5.1 智慧图书馆中的信息资源的类型

当前智慧图书馆建设中，除了要满足用户通过智慧图书馆获取泛在服务外，还应存储一定量的纸质馆藏。这是因为，智慧图书馆虽然依托智慧化的技术，构建了智慧化的管理和服务系统，从而提供智慧化的服务，但大部分智慧图书馆同时承载着传统图书馆的功能，图书馆具有搜集和保存人类文化遗产的职能，所以智慧图书馆也必须保存一定量的纸质文献。除此以外，智慧图书馆应不遗余力地去开发数字资源、多媒体资源等，这也是智慧图书馆的性质和特点所决定的。智慧图书馆中存储的资源主要有印本资源、数字资源、多媒体资源、数据资源和开放信息资源等。本节将对这几种类型的资源进行详细论述。

5.1.1 印本资源

智慧图书馆中的印本资源主要包括图书、期刊、报纸、工具书、学位论文、会议资料等。其中图书是印本资源的主要组成部分，在馆藏资源中占据了绝大部分体量，也是除数字资源外获得资源建设经费最多的资源类型。期刊的时效性较高，一般期刊出版社会定期出版，学术期刊的学术价值比较高，在学术研究中有极高的地位。报纸比期刊的出版频率高，大部分报纸为一天一期，其信息新颖性高，但大多以新闻性信息为主，也有部分报纸为休闲娱乐类，丰富读者的业余文化生活。工具书是研究学科或领域必不可少的工具类书籍，一般为学校或科研机构的教学科研活动所使用，在图书馆馆藏中使用频率较低，但学术价值很高。大部分高校图书馆具有保存本校学位论文的功能，学位论文具有较高的学术价值，尤其是硕士、博士学位论文，体现了学生研究生阶段的学术研究水平，一般学位论文会花费 1～3 年的时间来完成。会议资料是指在学术交流会议上用于学术讨论、交流的资料和文献的总称，会议资料内容新颖，传递信息比较及时，学术价值比较高。除此以外，一些高校图书馆的印本资源还包括专利文献、标准文献等特种文献，它们也具有较高的收藏和学术价值。

1. 图书

(1)图书的起源发展沿革　“图书”一词最早出现于《史记・萧相国世家》，刘邦攻入咸阳时，“何独先入收秦丞相御史律令图书藏之。沛公为汉王，以何为丞相。… 汉王所以具知天下厄塞，户口多少，强弱之处，民所疾苦者，以何具得秦图书也”。这里的“图书”指的是地图和文书档案，它和我们今天所说的图书是有区别。进一步探求“图书”一词的渊源，可追溯到《周易・上系辞》记载的“河出图、洛出书”这个典故上来，它反映了图画和文字的密切关系。虽然是神话传说，但却说明了这样一个事实：文字起源于图画。图画和文字确实是紧密相连的。古人称各种文字形态为“书体”，写字的方法为“书法”，“书”字还被作为动词，当“写”讲，如“罄竹难书”“奋笔疾书”“大书特书”等。以后，“书”便进一步被引申为一切文字记录。如“书信”“文书”“刑书”“诏书”“盟书”等。随着历史的发展，人们对于图书的认识也在不断地发生变化。到了今天，人们已经不再把一创文字记录都称作“书”了。例如文书、书信、诏书、盟书，虽然都带有“书”字，但已不包括在图书的范围之内。古文记载，其内容多是记事性质的，如甲骨卜辞、青铜器铭文等，都是属于这一类的，其作用主要是为帮助记忆，以便需要时检查参考，其性质相当于后世的档案。以后人们从实践中认识到，这些记录的材料可以改变成总结经验、传授知识的工具。于是便出现了专为传授知识、供人阅读的著作。这样，图书一词便取得了较新而又较窄的意义。到后来，凡不以传播经验、传授知识、供人阅读为目的的文字记录就不算图书了；随着生产力的发展和社会的进步，人们开始有意识地运用文字来宣传思想，传播知识，同时也逐步地形成了一套书籍制度，而处理日常事务的文件又形成了一套文书制度。于是，图书与档案就逐渐被区分开了。

在我国古代，人们曾对图书下过不同的定义。例如：从图书的内容方面出发的就有：“百氏六家，总曰书也”(《尚书・序疏》)。从图书形式上出发的则认为：“著于竹帛谓之书”(《说文解字·序》)。显然,这些定义是时代的产物,是就当时的实际情况而言的,不可能对以后的发展作全面的概括。但上述定义已经正确地揭示了当时书籍的内容和形式特征,并且把“书”看作是一种特指概念,把它与原始的文字记录区别开来。经过了长达数千年的演变,作为图书内容的知识范围扩大了,记述和表达的方法增多了,使用的物质载体和生产制作的方法发生了多次的变化;因而也就产生了图书的各种类型、著作方式、载体、书籍制度以及各种生产方式。所有这些,便促使人们对图书有了较系统而明确的概念。

直到今天,图书仍有广义和狭义之分。在实际生活中,我们常常会知道这样一些有趣的现象:对于“图书馆”和“图书情报工作”等概念来说,“图书”是广义的,泛指各种类型的读物,既包括甲骨文、金石拓片、手抄卷轴,又包括当代出版的书刊、报纸,甚至包括声像资料、缩微胶片(卷)及机读目录等新技术产品;而在图书馆和情报所的实际工作中,人们又要把图书同期刊、报纸、科技报告、技术标准、视听资料、缩微制品等既相提并论,又有所区别。在前者与后者有所区别的时候,图书所包括的范围就大大缩小了,这是狭义的“图书”。

联合国教科文组织对图书的定义是:凡由出版社(商)出版的不包括封面和封底在内49页以上的印刷品,具有特定的书名和著者名,编有国际标准书号,有定价并取得版权保护的出版物称为图书。

图书是以传播知识为目的,用文字或其他信息符号记录于一定形式的材料之上的著作物;图书是人类社会实践的产物,是一种特定的不断发展着的知识传播工具。

(2)构成图书的要素　从竹木简牍到今天的各类图书,不管其形式和内容如何变化,只要认真地加以考察和分析,就可以看出它们都具有这样几个要素:①要有被传播的知识信息;②要有记录知识的文字、图像信号;③要有记载文字、图像信号的物质载体;④图书的生产技术和工艺也是产生图书的基本条件。

(3)图书的类型　图书按学科划分为社会科学和自然科学图书;按文种划分为中文图书和外文图书;按用途划分为普通图书和工具书。

(4)图书的特点　与其他出版物相比,图书的特点为:①内容比较系统,全面,成熟,可靠;②出版周期较长,传递信息速度较慢。

2.期刊

期刊由依法设立的期刊出版单位出版。在我国,期刊出版单位出版期刊,必须经新闻出版总署批准,持有国内统一连续出版物号,领取《期刊出版许可证》。

从广义上来讲,期刊的分类,可以分为非正式期刊和正式期刊两种。非正式期刊是指通过行政部门审核领取“内部报刊准印证”作为行业内部交流的期刊(一般只限行业内交流不公开发行)，但也是合法期刊的一种，一般正式期刊都经历过非正式期刊过程。正式期刊是由国家新闻出版署与国家科委在商定的数额内审批，并编入“国内统一刊号”，办刊申请比较严格，要有一定的办刊实力，正式期刊有独立的办刊方针。

“国内统一刊号”是“国内统一连续出版物号”的简称，即“CN 号”，它是新闻出版行政部门分配给连续出版物的代号。“国际刊号”是“国际标准连续出版物号”的简称，即“ISSN 号”，我国大部分期刊都配有“ISSN 号”。

此外，正像报纸一样，期刊也可以不同的角度分类。有多少个角度就有多少种分类的结果，角度太多则流于烦琐。一般从以下 3 个角度进行分类：

(1)按学科分类　以《中国图书馆图书分类法·期刊分类表》为代表，将期刊分为 5 个基本部类：①马列主义、毛泽东思想；②哲学；③社会科学；④自然科学；⑤综合性刊物。在基本部类中，又分为若干大类，如社会科学分为社会科学总论、政治、军事、经济、文化、科学、教育、体育、语言、文字、文学、艺术、历史、地理。

(2)按内容分类　以《中国大百科全书》新闻出版卷为代表，将期刊分为 4 大类：①一般期刊，强调知识性与趣味性，读者面广，如我国的《人民画报》、《大众电影》，美国的《时代》、《读者文摘》等；②学术期刊，主要刊载学术论文、研究报告、评论等文章，以专业工作者为主要对象；③行业期刊，主要报道各行各业的产品、市场行情、经营管理进展与动态，如中国的《摩托车信息》、《家具》、日本的《办公室设备与产品》等；④检索期刊，如我国的《全国报刊索引》、《全国新书目》，美国的《化学文摘》等。

(3)按学术地位分类　可分为核心期刊和非核心期刊两大类。

3. 报纸

报纸 newspaper(s)是以刊载新闻和时事评论为主的定期向公众发行的印刷出版物。是大众传播的重要载体，具有反映和引导社会舆论的功能。

报纸从诞生到今天已经走过了漫长的历史，公元前 60 年，古罗马政治家恺撒把罗马市以及国家发生的事件书写在白色的木板上，告示市民。这便是世界上最古老的报纸。汉代的邸报是中国最早的报纸。1450 年，欧洲的德国人谷登堡发明了金属活字印刷技术，于是印刷的报纸开始发行。1493 年，罗马发行的报纸上刊登了哥伦布航海的消息。当时的报纸只是在发生引人注目的大事件时才发行。1609 年，德国率先发行定期报纸，虽是周报，但很快波及整个欧洲。世界上第一张日报在 1650 年发行于德国。法国 1631 年才出现报纸，而英国由于当时发生了政治事件，报纸才得以发行。美国的第一张报纸是独立前的 1704 年，由波士顿邮局局长发行的《波士顿通讯》。历史发展到欧洲资产阶级革命时期，报纸已在欧洲各国相继发行,并被越来越多的人们所喜爱和接受。

19 世纪末到 20 世纪初,报纸实现了从“小众”到“大众”的过程,经历了一次较大的“飞跃”。这一时期,报纸的发行量直线上升,由过去的几万份增加到十几万份,几十万份乃至上百万份;读者的范围也不断扩大,由过去的政界,工商界等上层人士到中下层人士。这种由量的积累而产生的质的飞跃,宣告了一个时代——大众传播时代的来临。这一次“飞跃”标志着资本主义的发展达到顶峰。

(1)职能　关于报纸的职能,从不同角度,会得出不同的看法,例如从政党机关报的角度,报纸的职能如毛泽东所说:“报纸的作用和力量,就在它能使党的纲领路线、方针政策、工作任务和工作方法,最迅速最广泛地同群众见面。”法国新闻学者贝尔纳·瓦耶纳关于报纸职能的概括,可以被各方面接受:主要的报道职能,随之而来的辩论职能(即传播观点的职能),附带的娱乐职能。

(2)优点

①可随时阅读,不受时间限制,不会如电视或电台节目般错过指定时间报道的信息。

②互相传阅,读者人数可以是印刷数的几倍;

③即使阅读或理解能力较低的人,亦可相应多耗时间,吸收报章的信息;

④因特网崛起,网上版报纸的传阅力较传统印刷品报章强。

(3)缺点

①受截稿及出版因素影响,不能提供最新资讯以及即时更正信息;

②纸张过多带来携带及传阅的不便;

③图片和文字在电视和电台的影音片段的比较下震撼力和感染力比较低;

④容易沾染油墨污垢。

4. 学位论文

学位制度起源于中世纪的欧洲。1180 年巴黎大学授予第一批神学博士学位。学位论文答辩制度是由德语国家首创的,以后各国(或地区)相继效仿。凡经答辩通过的学位论文,一般都是具有独创性的研究成果,能显示论文作者的专业研究能力。由于各国教育制度规定授予学位的级别不同,学位论文也相应地有学士学位论文、硕士(或副博士)学位论文、博士学位论文之分。其中博士学位论文具有较高的学术价值。20 世纪中后期,世界上每年产生的博士和硕士学位论文约 10 万篇。学位论文除少数在答辩通过后发表或出版外,多数不公开发行,只有一份复本被保存在授予学位的大学的图书馆中以供阅览和复制服务。为充分发挥学位论文的参考作用,一些国家的大学图书馆将其制成缩微胶卷,编成目录、索引,并形成专门的学位论文数据库。也有少数国家对学位论文进行集中管理,如英国学位论文统一存储在不列颠图书馆,不外借,只对外提供原文的缩微胶片;日本的学位论文也由日本国立国会图书馆统一管理。1938 年起美国的大学缩微胶卷公司编辑出版《国际学位论文文摘》月刊,分 A 辑(人文与社会科学)、B 辑(科学与工程),1976 年增加 C 辑(欧洲学位论文,季刊)。该公司 1973 年出版的《学位论文综合索引》报道了 1861—1972 年美国、加拿大和其他一些国家(或地区)的 400 所大学的博士论文 41.7 万篇,可按主题和著者姓名进行检索。

学位论文是指为了获得所修学位,按要求被授予学位的人所撰写的论文。学位论文根据所申请的学位不同,可分为学士论文、硕士论文、博士论文 3 种。

按照研究方法不同,学位论文可分理论型、实验型、描述型 3 类,理论型论文运用的研究方法是理论证明、理论分析、数学推理,用这些研究方法获得科研成果;实验型论文运用实验方法,进行实验研究获得科研成果;描述型论文运用描述、比较、说明方法,对新发现的事物或现象进行研究而获得科研成果。

按照研究领域不同,学位论文又可分人文科学学术论文、自然科学学术与工程技术学术论文两大类,这两类论文的文本结构具有共性,而且均具有长期使用和参考的价值。

(1)博士学位　高等学校和科学研究机构的研究生,或具有研究生毕业同等学力的人才,通过博士学位的课程考试和论文答辩,成绩合格,达到下述学术水平者,授予博士学位。

①在本门学科上掌握坚实宽广的基础理论和系统深入的专门知识;

②有独立从事学科研究工作的能力;

③在科学或专门技术上做出创造性的成果。

(2)硕士学位　高等学校和科学研究机构的研究生,或具有研究生毕业同等学力的人员,通过硕士学位的课程考试和论文答辩,成绩合格,达到下述学术水平者,授予硕士学位。

①在本门学科上掌握坚实的基础理论和系统的专门知识;

②具有从事科学研究工作或独立担负专门技术工作的能力。

(3)学士学位　高等学校本科毕业生,成绩优良,达到下述学术水平者,授予学士学位。

①较好地掌握本门学科的基础理论、专门知识和基本技能;

②具有从事科学研究工作或担负专门技术工作的初步能力。

5. 特种文献

特种文献是指出版发行和获取途径都比较特殊的科技文献,特种文献一般包括会议文献、科技报告、专利文献、学位论文、标准文献、科技档案、政府出版物七大类。特种文献特色鲜明、内容广泛、数量庞大、参考价值高，是非常重要的信息源。

高校图书馆收藏的特种文献一般有会议文献和专利文献。

(1)会议文献　指在学术会议上宣读或交流的论文及其他资料。会议结束后，通常会将这些会议文献结集出版，如会议录，会议论文集，会议论文汇编等。

(2)专利文献　狭义的专利文献是指由专利部门出版的各种专利出版物，如专利说明书、权利要求书；广义的专利文献还包括说明书摘要、专利公报以及各种检索工具书、与专利有关的法律文件等。

5.1.2 数字资源

数字资源是文献信息的表现形式之一，是将计算机技术、通信技术及多媒体技术相互融合而形成的以数字形式发布、存取、利用的信息资源总和。从数据的组织形式上看，有数据库、电子期刊、电子图书、网页信息等多种类型。

按存储介质可分为磁介质和光介质两种类型。其中，磁介质包括软盘、硬盘、磁盘阵列、活动硬盘、优盘、磁带等类型；光介质包括 CD、DVD、LD 等类型。常用的数字资源存储介质为硬盘、磁盘阵列、磁带及 CD、DVD、LD 等。

按数据传播的范围可分为单机、局域网和广域网等方式。单机利用可以是光盘或安装在一台计算机上的数据；局域网内部利用是用户能在机构内部浏览检索数字资源，但在机构的局域网以外的网络环境中不能访问；广域网方式是指用户可以在任何一个拥有 Internet 的地方通过一定的身份认证方式或者不需认证就可以访问数字资源。

从资源提供者来看，可分为商业化的数字资源和非商业化的数字资源。前者包括数据库商、出版商和其他机构以商业化方式提供的各种电子资源，如 Elsevier 公司的 SDOS、EBSCO 公司的 Academic Source Premier、中国期刊网等数据库，图书馆需要支付一定的费用后再提供给一定的读者群，或者读者个人通过读书卡和其他方式购买数据库的使用权。这些数字资源内容丰富、数据量大，是图书馆馆藏资源建设中的重要内容。后者主要指机构自建的特色资源库、开放获取资源、机构典藏和其他免费的网络资源，这些资源或者由图书馆自行建设，或者可以从网络上免费获取。当然，图书馆特色资源库在建成之后也可以以商业化方式进行运作，此时，对其他图书馆而言，也可以称之为商业化数字资源。

1. 数据库

数据库(Database)是按照数据结构来组织、存储和管理数据的仓库，它产生于距今 60 多年前，随着信息技术和市场的发展，特别是 20 世纪 90 年代以后，数据管理不再仅仅是存储和管理数据，而转变成用户所需要的各种数据管理的方式。数据库有很多种类型，从最简单的存储有各种数据的表格到能够进行海量数据存储的大型数据库系统都在各个方面得到了广泛的应用。

在信息化社会，充分有效的管理和利用各类信息资源，是进行科学研究和决策管理的前提条件。数据库技术是管理信息系统、办公自动化系统、决策支持系统等各类信息系统的核心部分，是进行科学研究和决策管理的重要技术手段。

数据库的基本结构分 3 个层次，反映了观察数据库的 3 种不同角度：以内模式为框架所组成的数据库叫作物理数据库；以概念模式为框架所组成的数据库叫概念数据库；以外模式为框架所组成的数据库叫用户数据库。

(1)物理数据层　它是数据库的最内层，是物理存储设备上实际存储的数据的集合。这些数据是原始数据，是用户加工的对象，由内部模式描述的指令操作处理的位串、字符和字组成。

(2)概念数据层　它是数据库的中间一层，是数据库的整体逻辑表示。指出了每个数据的逻辑定义及数据间的逻辑联系，是存储记录的集合。它所涉及的是数据库所有对象的逻辑关系，而不是它们的物理情况，是数据库管理员概念下的数据库。

(3)用户数据层　它是用户所看到和使用的数据库，表示了一个或一些特定用户使用的数据集合，即逻辑记录的集合。

数据库不同层次之间的联系是通过映射进行转换的。

2. 网络数据库

数据库是按一定的结构和规则组织起来的相关数据的集合，通常分为层次式数据库、网络式数据库和关系式数据库 3 种。不同的数据库是按不同的数据结构来联系和组织的。计算机网络的特点是资源共享，数据＋资源共享这两种技术结合在一起即成为在今天广泛应用的网络数据库，也称在线数据库或 Web 数据库。网络数据库的含义是以后台数据库为基础，加上一定的前台程序，通过浏览器完成数据存储、查询等操作的信息集合。网络数据库从使用角度来看，是一种基于浏览器/服务器方式(B/S)的数据库，具有互动性。

网络信息资源是指以电子数据的形式将文字、图像、声音、动画等多种形式的信息存放在光磁等非印刷质的载体中，并通过网络通信、计算机或终端等方式再现出来的信息资源。

网络数据库是信息检索与计算机技术相结合的产物，其主要含义就是信息化的“存取”。现代化信息检索可以追溯到 20 世纪 50 年代，数字式计算机诞生后，人们开始研究将其应用于信息检索，并于 1951 年首次利用计算机进行文摘检索试验，初步证明了它的技术可行性。1953 年建立了单元词检索系统，1954 年 IBM 公司的研究中心和美国海军兵器中心图书馆分别在 IBM-701 机上开发出计算机信息检索系统，它标志着现代信息检索系统的诞生。

20 世纪 60 年代是信息检索开发和实用化时期。一批传统出版商和图书馆如美国国家医学图书馆（NLM）和美国化学文摘（CAS）等开始建立自己的计算机检索系统。其中美国麻省理工学院（MIT）开发的联机检索系统的记录中含有引用文献目录，可以用布尔检索、截词检索、引文检索和书目耦合技术。叙词法也开始在计算机检索系统中应用。

20 世纪 70 年代是计算机信息检索的成熟发展时期。计算机技术在这一时期有了重大进展，如分时计算机、带终端的远程处理系统、廉价的大容量随机存储器（磁盘存储器）、分组交往网等技术的发展推动了计算机检索技术的发展。数据库迅速增长，全文检索开始走向实用化。

20 世纪 80 年代是全面和多元化发展时期。这一时期全文检索开始普及，光盘检索技术出现，自然科学类数据库继续增加，同时社科、经济、人文类数据库也不断增多，个人计算机的出现使得检索更加方便和频繁，计算机检索从较多的存在于科研领域逐渐向人们日常生活的检索转移。1988 年，信息检索界重要标准 Z39.50 协议颁布，使异构数据库之间和不同系统之间的通信可以实现，对信息检索产生了重要影响。

20 世纪 90 年代以后，是互联网检索发展时期。互联网的出现使得网上信息成几何数字增长，同时它又是无序、散乱的信息集合，人们需要一种简单易用的工具来方便地实现检索，从而迅速获取所需的信息。网络搜索技术在这种情况下应运而生，1994 年，以 Lycos、Alta Vista、Infoseek、Excite 为代表的第一代搜索引擎诞生，此时的检索系统响应时间还比较长，1998 年以 Google 为代表的第二代搜索引擎诞生，大大方便了用户的检索行为。2000 年 1 月百度公司成立，它是目前世界上最大的中文搜索引擎，它的出现极大地方便了中文用户利用网络。

按照国际上通用的分类方法，数据库通常划分为以下几种类型：

(1)参考型数据库（reference database） 指引用户到另一信息源以获得原文或其他细节的数据库，又称为指示型数据库，包括书目数据库和指南数据库。

①书目数据库（bibliography database）是指存储某个领域的二次文献（如文摘、题录、目录等）的数据库，又称二次文献数据库或简称文献数据库，如美国化学文摘数据库 CA Search 等。

②指南数据库（referral database）是指存储关于某些机构、人物、出版物、项目、程序、活动等对象的简要描述，指引用户从其他有关信息员获取更详细信息的

数据库,也称指示性数据库,如机构名录数据库,人物传记数据库、产品数据库等。

(2)源数据库(source database) 能直接提供原始资料或数据的自足性数据库,用户可直接获取足够的信息资源。又可以分为:

①数值数据库(numeric database),指专门提供以数值方式呈现的数据库,如各种统计数据库。

②文本-数值数据库(textual-numeric database)能同时提供文本信息和数值信心的数据库,如产品市场报告数据库等。

③全文数据库(full-text database),指存储文献全文的数据库,如期刊全文库。

④术语数据库(terminological bank),存储名词术语信息、词语信息等的数据库,也包括电子辞书。

⑤多媒体数据库,一种把文字、声音、图像、数值等信息存储,并对其进行一体化管理的数据库。

常见的中文网络数据有:中国知识基础设施工程(中国知网,CNKI)、维普期刊资源整合服务平台、万方数据知识服务平台、北大法宝数据库、中国经济信息网等。常用的外文数据库有:科学引文索引(SCI)、工程索引(EI)、Elsevier、Springer、DOAJ、IEEE、PubMed 等。

3. 电子图书

电子图书又称 e-book,是指以数字代码方式将图、文、声、像等信息存储在磁、光、电介质上,通过计算机或类似设备使用,并可复制发行的大众传播体。

电子图书拥有与传统书籍许多相同的特点:包含一定的信息量,比如有一定的文字量、彩页;其编排按照传统书籍的格式以适应读者的阅读习惯;通过被阅读而传递信息等。

但是电子图书作为一种新形式的书籍,又拥有许多与传统书籍不同的或是传统书籍不具备的特点:必须通过电子计算机设备读取并通过屏幕显示出来;具备图文声像结合的优点;可检索;可复制;有更高的性价比;有更大的信息含量;有更多样的发行渠道等。具体如下:

- 方便信息检索。提高资料的利用率;
- 存储介质相较传统书籍而言容量更大,可以容纳更多的信息量;
- 成本更低,相同的容量比较,存储体的价格可以是传统媒体价格的 1/100~1/10 甚至更低;
- 内容更丰富,数字化资料可以包含图文声像等各种资料;
- 增强可读性,可以以更灵活的方式组织信息,方便读者阅读;

- 降低了工作量，在电脑上处理各种资料，可以更方便；
- 更具系统性，将各种资料有机组合，互相参照，能更好地理解资料；
- 新的方式方法、工具手段、形式内容。

除此以外，电子书还具有以下特点：

(1)无纸化　电子书不再依赖于纸张，以磁性储存介质取而代之。得益于磁性介质储存的高性能，一张 700 MB 的光盘可以代替传统的 3 亿字的纸质图书。这大大减少了木材的消耗和空间的占用。

(2)多媒体　电子书一般都不仅仅是纯文字，而添加有许多多媒体元素，诸如图像、声音、影像。在一定程度上丰富了知识的载体。

(3)丰富性　由于互联网快速发展，致使传统知识电子化加快，基本上除了比较专业的古代典籍，大部分传统书籍都搬上了互联网，这使电子图书读者有近乎无限的知识来源。

电子书一般有 2 种含义，一指 e-book，一指专门阅读电子书的掌上阅读器。

电子书的主要格式有 PDF、EXE、CHM、UMD、PDG、JAR、PDB、TXT、BRM 等，大部分移动终端设备均支持这些阅读格式。手机终端常见的电子书格式为 UMD、JAR、TXT 这 3 种。

电子书是一种便携式的手持电子设备，专为阅读图书设计，它有大屏幕的液晶显示器，内置上网芯片，可以从互联网上方便的购买及下载数字化的图书，并且有大容量的内存可以储存大量数字信息，一次可以储存大约 30 本传统图书的信息，特别设计的液晶显示技术可以让人舒适的长时间阅读图书。

4. 电子期刊

电子期刊(Electronic Journal)也称为电子出版物、网上出版物。广义而言，任何以电子形式存在的期刊均可称为电子期刊，涵盖通过联机网络可检索到的期刊和以 CD-ROM 形式发行的期刊。

电子期刊的类型有两种：一种是纸质期刊的电子化，另一种是直接在网络出版的电子期刊。

网络出版的电子期刊从投稿、编辑出版、发行订购、阅读乃至读者意见反馈的全过程都是在网络环境中进行的，任何阶段都不需要用纸，它与传统的印刷型期刊有着本质的区别。电子期刊是以高新技术，包括光盘、网络通信技术为载体，经过信息技术人员加工处理，运用现代技术检索手段，以满足信息需求的出版物。且融入了图像、文字、声音、视频、游戏等相互动态结合来呈现给读者，此外，还有超链接、及时互动等网络元素，在增加了易读性和趣味性的同时又节约了成本。

电子期刊有其优势：

首先，电子期刊是机读杂志，它可以借助计算机惊人的运算速度和海量存储，极大地提高了信息量。

其次，在计算机特有的查询功能的帮助下，它使人们在信息的海洋中快速找寻所需内容成为可能。

再次，电子期刊在内容的表现形式上，是声、图、像并茂，人们不仅可以看到文字、图片，还可以听到各种音效，看到活动的图像。

最后，可以使人们受到多种感官的感受，加上电子期刊中极其方便的电子索引、随机注释，使电子期刊具有信息时代的特征。

5. 网页信息

网页是构成网站的基本元素，是承载各种网站应用的平台。网页是一个包含HTML标签的纯文本文件，它可以存放在世界某个角落的某一台计算机中，是万维网中的一“页”，是超文本标记语言格式（标准通用标记语言的一个应用，文件扩展名为.html或.htm）。网页通常通过图像档提供图画，并且要通过网页浏览器来阅读。

网页上一般包括以下内容：

①文本，文本是网页上最重要的信息载体和交流工具，网页中的主要信息一般都以文本形式为主。

②图像，图像元素在网页中具有提供信息并展示直观形象的作用，又包括静态图像和动态图像；静态图像，在页面中可能是光栅图形或矢量图形，通常为GIF，JPEG、PNG，或矢量格式，如SVG或Flash；动画图像，通常动画为GIF和SVG；

③Flash动画，动画在网页中的作用是有效地吸引访问者更多的注意；

④声音，声音是多媒体和视频网页重要的组成部分；

⑤视频，视频文件的采用是网页效果更加精彩且富有动感；

⑥表格，表格是在网页中用来控制面业信息的布局方式；

⑦导航栏，导航栏在网页中是一组超链接，其连接的目的端是网页中重要的页面；

⑧交互式表单，表单在网页中通常用来联系数据库并接受访问用户在浏览器端输入的数据，利用服务器的数据库为客户端与服务器端提供更多的互动。

网页上所有的发布内容都可称之为网页信息，网页信息是一个巨大的信息源，它的信息质量参差不齐，真假难辨，需要信息使用者去详加筛选。常用的网页信息有各类学习网站、政府部门统计数据、行业报告等。

5.1.3 多媒体资源

在计算机行业里,媒体(medium)有两种含义:其一是指传播信息的载体,如语言、文字、图像、视频、音频等;其二是指存储信息的载体,如 ROM、RAM、磁带、磁盘、光盘等,目前,主要的载体有 CD-ROM、VCD、网页等。多媒体是近几年者出现的新生事物,正在飞速发展和完善之中。

严格来讲,多媒体资源不算是一种资源类型,它是多种媒体的资源的总称。一般包括文本,声音和图像等多种媒体形式。在计算机系统中,多媒体指组合两种或两种以上媒体的一种人机交互式信息交流和传播媒体。使用的媒体包括文字、图片、照片、声音 、动画和影片,以及程式所提供的互动功能。

多媒体是超媒体(Hypermedia)系统中的一个子集,而超媒体系统是使用超链接(Hyperlink)构成的全球信息系统,全球信息系统是因特网上使用 TCP/IP 协议和 UDP/IP 协议的应用系统。二维的多媒体网页使用 HTML、XML 等语言编写,三维的多媒体网页使用 VRML 等语言编写。在 20 世纪中后期,大部分的多媒体作品使用光盘发行,进入 21 世纪后,多媒体产品更多地通过网络发行。

1. 多媒体技术的应用范围

多媒体技术涉及面相当广泛,主要包括:音频技术,音频采样、压缩、合成及处理、语音识别等;视频技术,视频数字化及处理;图像技术,图像处理、图像、图形动态生成;图像压缩技术,图像压缩、动态视频压缩;通信技术,语音、视频、图像的传输;标准化,多媒体标准化。

2. 多媒体技术所涉及的内容

多媒体技术涉及的内容主要包括几方面。① 多媒体数据压缩:多模态转换、压缩编码。②多媒体处理:音频信息处理,如音乐合成、语音识别、文字与语音相互转换;图像处理,虚拟现实。③多媒体数据存储:多媒体数据库;多媒体数据检索,基于内容的图像检索,视频检索;多媒体著作工具,多媒体同步、超媒体和超文本;多媒体通信与分布式多媒体,CSCW、会议系统、VOD 和系统设计;多媒体专用设备技术,多媒体专用芯片技术,多媒体专用输入输出技术;多媒体应用技术,CAI 与远程教学,GIS 与数字地球、多媒体远程监控等。

5.1.4 数据资源

数据(data)是事实或观察的结果,是对客观事物的逻辑归纳,是用于表示客观事物的未经加工的原始素材。数据可以是连续的值,比如声音、图像,称为模拟数据。也可以是离散的，如符号、文字，称为数字数据。在计算机系统中，数据以二进制信息单元 0,1 的形式表示。

信息与数据既有联系，又有区别。数据是信息的表现形式和载体，可以是符号、文字、数字、语音、图像、视频等。而信息是数据的内涵，信息是加载于数据之上的，对数据作具有含义的解释。数据和信息是不可分离的，信息依赖数据来表达，数据则生动具体表达出信息。数据是符号，是物理性的，信息是对数据进行加工处理之后所得到的并对决策产生影响的数据，是逻辑性和观念性的；数据是信息的表现形式，信息是数据有意义的表示。数据是信息的表达、载体，信息是数据的内涵，是形与质的关系。数据本身没有意义，数据只有对实体行为产生影响时才成为信息。

数据的表现形式还不能完全表达其内容，需要经过解释，数据和关于数据的解释是不可分的。例如，93 是一个数据，可以是一个同学某门课的成绩，也可以是某个人的体重，还可以是计算机系 2013 级的学生人数。数据的解释是指对数据含义的说明，数据的含义称为数据的语义，数据与其语义是不可分的。

对数据的分类，可以按性质、表现形式和记录方式 3 种类型划分。

(1)按性质划分

①定位的，如各种坐标数据；

②定性的，如表示事物属性的数据(居民地、河流、道路等)；

③定量的，反映事物数量特征的数据，如长度、面积、体积等几何量或重量、速度等物理量；

④定时的，反映事物时间特性的数据，如年、月、日、时、分、秒等。

(2)按表现形式划分

①数字数据，如各种统计或量测数据。数字数据在某个区间内是离散的值；

②模拟数据，由连续函数组成，是指在某个区间连续变化的物理量，又可以分为图形数据(如点、线、面)、符号数据、文字数据和图像数据等，如声音的大小和温度的变化等。

(3)按记录方式划分　地图、表格、影像、磁带、纸带。按数字化方式分为矢量数据、格网数据等。在地理信息系统中，数据的选择、类型、数量、采集方法、详细程度、可信度等，取决于系统应用目标、功能、结构和数据处理、管理与分析的要求。

数据也分为结构化数据、非结构化数据和半结构化数据。

结构化数据，简单来说就是数据库。结合到典型场景中更容易理解，比如企业 ERP、财务系统；医疗 HIS 数据库；教育一卡通；政府行政审批；其他核心数据库等。这些应用需要哪些存储方案呢？基本包括高速存储应用需求、数据备份需求、数据共享需求以及数据容灾需求。结构化数据即行数据,存储在数据库里,可以用二维表结构来逻辑表达实现的数据。

非结构化数据库是指其字段长度可变,并且每个字段的记录又可以由可重复或不可重复的子字段构成的数据库,用它不仅可以处理结构化数据(如数字、符号等信息)而且更适合处理非结构化数据(全文文本、图像、声音、影视、超媒体等信息)。非结构化 WEB 数据库主要是针对非结构化数据而产生的,与以往流行的关系数据库相比,其最大区别在于它突破了关系数据库结构定义不易改变和数据定长的限制,支持重复字段、子字段以及变长字段并实现了对变长数据和重复字段进行处理和数据项的变长存储管理,在处理连续信息(包括全文信息)和非结构化信息(包括各种多媒体信息)中有着传统关系型数据库所无法比拟的优势。非结构化数据,包括所有格式的办公文档、文本、图片、XML、HTML、各类报表、图像和音频/视频信息等。

而半结构化数据,就是介于完全结构化数据(如关系型数据库、面向对象数据库中的数据)和完全无结构的数据(如声音、图像文件等)之间的数据,HTML 文档就属于半结构化数据。它一般是自描述的,数据的结构和内容混在一起,没有明显的区分。

5.1.5 开放信息资源

开放存取(Open Access,简称 OA)是 20 世纪 90 年代末国际科技界、学术界、出版界、信息传播界为推动科研成果利用因特网自由传播而发展起来的,其初衷是解决当前的"学术期刊出版危机",推动科学信息的广泛传播,促进学术信息的交流与出版,提升科学研究的公共利用程度,保障科学信息的长期保存。

1. 背景

据 Blackwell 期刊价格指数显示,1990—2000 年期间,社会人文科学领域的学术期刊的涨幅高达 185.9%,科技和医学领域的学术期刊的涨幅则分别高达 178.3%和 184.3%。但是,作为学术期刊的主要消费者,图书馆则面临着资金缓慢增长甚至削减的问题。据 ARL(美国研究型图书馆协会)的最新数据统计,2003 年美国研究型图书馆用于购买期刊的费用相对于 1986 年而言虽然增长了 260%,但订阅的期刊总数只比 1986 年增加了 14%。许多图书馆由于资金缺乏,只能取消部分期刊的订购,而出版商为了保证自己的利润,对图书馆购买的期刊则不断提高价格,从而形成了学术期刊价格恶性增长。

电子期刊的出现为解决"学术期刊危机"提供了可能。因为利用计算机和网络技术确实可以使学术期刊出版成本大大降低。首先,制作成本降低。电子期刊管理系统在作者提交论文、编辑审稿、评审专家参与论文评议以及上述三方的沟通上既方便又经济，这就使得电子期刊制作的固定成本比印本期刊要低廉得多。更为重要的是，作为信息产品，制作电子期刊复本的边际成本很低，甚至几乎为零，相对于印本期刊复本的制作成本而言，这是一个巨大的变革。其次，传播成本降低。由于网络版电子期刊已经取代光盘版电子期刊，成为电子期刊的主流，而网络期刊是通过 Internet 传播的，所以，也就没有印本期刊的邮寄成本了，而这也是印本期刊成本的重要组成部分。但是，电子期刊尽管为解决"学术期刊危机"提供了可能，但却被出版商控制。出版商利用电子期刊的低廉成本获取更为巨大的利润，而没有真正服务于学术交流的需要。为了解决"学术期刊危机"问题，构建一个真正服务于科学研究的学术交流体系，开放存取运动(Open Access Movements)于 20 世纪 90 年代末在国际学术界、出版界和图书情报界大规模兴起。正如布达佩斯开放存取先导计划(BOAI)指出，古老传统(研究人员非盈利的信息传播动机)和新兴技术(网络技术带来的出版成本的降低)的融合为研究成果的开放存取提供了发展空间。

2. 内涵

开放存取也翻译为"公开获取"、"开放获取"，是在网络环境下发展起来的一种新的重要学术交流模式。《布达佩斯开放存取计划》(OBOAI)对开放存取的定义是：对于某文献，存在多种不同级别和种类的、范围更广、更容易操作的存取方法，而且对文献的访问存在不同的政策和权限，文献的"开放存取"意味着用户通过公共 Internet 网可以免费阅读、下载、复制、传播、打印和检索作品，或者实现对作品全文的链接，为作品建立索引和将作品作为数据传递给相应软件，或者进行任何其他出于合法目的的使用。上述的各种使用都不受经济、法律和技术的任何限制，除非是网络本身造成的物理障碍，唯一的限制就是，保证作者拥有保护作品完整性的权利，同时在使用作者作品时注明相应的引用信息。开放存取包括两层含义：一是学术信息免费向公众开放，它打破了价格障碍；二是学术信息的可获得性，它打破了使用权限障碍。开放存取的目的是促进学术信息的广泛交流及资源共享，促进利用互联网进行学术交流与出版，提高科学研究成果的产出率，使世界各国的研究人员都能平等、有效地利用人类的科技文化成果。

3. 开放获取资源的两种实现形式

实现学术信息开放存取的主要途径有两种：开放存取期刊和开放存取仓储。目前美国和欧洲国家已经通过开放存取仓储和开放存取期刊两种途径来探索开放存取出版模式。

(1)开放存取期刊(Open Access Journals)　开放存取期刊与传统期刊一样，对提交的论文实施严格的同行评审,从而保证期刊的质量。为读者提供免费访问服务。相对于传统印本期刊而言,开放存取期刊由于以网络电子期刊为主,所以其出版成本和传播成本已经大大降低，主要采用“作者(或机构)付费出版,读者免费使用”的运行模式。其存在和发展为重建以研究人员为中心的学术交流体系发挥了重要作用。另外,开放存取期刊也开始得到传统的文摘索引服务商的认可并成为它们收录的对象。

(2)开放存取仓储(Open Access Repositories)　开放存取仓库不仅存放学术论文,还存放其他各种学术研究资料,包括实验数据和技术报告等。开放存放仓库一般不实施内容方面的实质评审工作,只是要求作者提交的论文基于某一特定标准格式(如 Word 或 PDF),并符合一定的学术规范。开放存取仓库包括基于学科的开放存取仓库和基于机构的开放存取仓库。学科仓储是某些学科所利用的,目的在于研究资料的共享和保存。这些仓储在各自的领域参与的程度很高,目前所涉及的学科领域主要包括古典文学、哲学史、经济学、化学、认知科学、数学和物理学等。国际知名的 arXiv 电子印本文档库是学科仓储的代表。机构仓储是大学创建的知识产品的数字化档案库,提供给校内外的终端用户利用,没有或只有很少的限制。机构可以独立创建,也可以参加到州或地区性联合体之中。世界不少知名大学宣布,可应用开放使用出版模式来发表研究成果。如美国康乃尔大学的 Euclid、加州大学的 e-Scholarship 机构知识库。其中佛罗里达州立大学的 D-Scholar ship 是机构仓储的典型。

4. 开放获取对图书馆信息资源建设的影响

(1)对信息资源建设战略的影响

①信息资源建设环境日益开放和国际化:印本期刊时代,资源的甄选、采集、组织、揭示、服务都以人工方式完成,即使用计算机代替手工实现了流程自动化,上述工作也只能在离线状态下完成,因为印本期刊没有自己的独立网站,无法通过互联网提供开放式服务。普通数据库也如此,数据库提供商需要通过控制购买者的用户数量,来增加库的销量,因此,也不会提供开放式服务。OA 期刊和知识库有自己的网站或网址,通过互联网面向全球用户开放,对使用者数量、身份、国别不设限制,数据是动态的实时更新。不同国家的科研机构、大学同时建设机构知识库、创办 OA 期刊,打破了以往资源建设环境各自为政的封闭状态,突破了地域国别的界限,将资源建设工作置于一个更加开放和国际化的环境中。

②越来越多的学术期刊采用互联网在线方式出版发行:互联网不仅改变了人们的阅读习惯,也造就了不可估量的网络阅读市场。出版商也意识到,与印本期刊

相比,在线期刊可以大幅降低出版成本,缩短出版周期,并赢得更广泛的读者。为此,国外出版巨头经过艰难的博弈后纷纷选择了在线出版。国内学术期刊出版没有像欧美那样形成垄断,OA期刊对印本期刊出版利益的冲击小得多。近年已有越来越多学术期刊建立自己的编辑部网站,推出在线期刊,可免费全文检索下载过刊文章。例如:中国科学院的《应用数学学报》中文版,北京大学的《数学进展》等。国内学术期刊出版政策正由印本向数字化出版转变。

③对图书馆基础设施建设的要求更高:目前,欧美很多大学、科研机构已将知识库作为图书馆一项基础设施来投入和建设,机构知识库的创建、维护和服务已逐渐成为图书馆资源建设的重要内容之一。机构知识库不同于普通数据库,后者虽提供在线服务,但属于封闭式局域网有偿服务。用户数量受数据库销售商严格控制,不可以无限制发展。机构知识库也不同于特色数据库,特色库通常收集了某地区在人文地理、民俗风情、社会传统等领域与众不同的相关文献数据。机构知识库收录的是机构内部产生的科研成果,它不但可以长期保存、积累科研产出,利于统一集中管理,而且可以深度挖掘和揭示机构内部的成果资源,彰显机构整体研究实力和研究水平。

(2)对信息资源馆藏结构的影响　目前,国内图书馆的馆藏结构基本上以印本文献数字化与数据库或印本文献与数据库为主,这实际上是封闭式网络与收费的模式。OA资源则完全不同,采用的是开放式网络与免费的模式。当某种期刊以印本期刊数字化(或数据库)和OA期刊两种不同版本同时作为馆藏出现在检索结果中时,毫无疑问用户更愿意选择后者。随着时间的积累,OA资源的稳定性和连续性日臻成熟,被更多的人所了解和熟悉,利用率将不断上升,而数字化版(或数据库)的利用率会逐渐萎缩。届时,馆藏结构势必做出相应调整,资源建设重心将从印本资源向OA资源转移。

(3)对信息资源共建共享的影响　国内图书馆及信息机构为实现信息资源共享做了大量共建工作,取得了明显成绩,实现了本系统、本地区、共建单位或某一范围IP地址的共享,如CALIS、NSTL等。系统内部人员使用时,可免费浏览、下载、打印,实现了开放获取。外部用户使用时,则需申请、注册、开通账户、预付款等一系列手续,这些用户得到的是不平等的封闭式网络加收费的服务。OA则不是面向某一特定群体开放,它倡导和践行的是不分国界让人类平等获取知识,打破了以往行业、系统等条块分割的壁垒,给图书馆现行服务方式带来了挑战。OA的优势在于:利用互联网传播,速度快受众面广,提高了馆藏可见度。从用户角度考虑,可在任何一个地方和不同形式的终端登录,不受时间和距离的限制,使用方便快捷;无须支付获取费用,节省了时间和经济成本;消除了用户在使用过程中可能发生的侵犯作者相关权利的法律风险。从作者角度考虑，作品一经上线，全球读者即可阅读，扩大了作者及作品的影响力和知名度；作者保留版权而不是移交给出版商。

5.2 智慧图书馆的资源建设策略

高校智慧图书馆的信息资源建设，既包括印本资源建设，也包括数字资源建设，还应包括免费学术资源即开放信息资源的建设。

5.2.1 智慧图书馆印本资源建设

1. 智慧图书馆采访工作的智慧化管理

采访工作由“与读者脱节”走向“强化征询读者意见”。馆藏是图书馆赖以生存发展的物质基础，文献采访作为馆藏建设的第一个步骤，采购水准的高低无疑将直接对图书馆的运作效率的高低产生影响。传统的文献采购倾向于自上而下的采购，直接利用文献的读者常常处于资源建设的最末端的弱势地位。图书馆的服务对象是读者，这是图书馆永恒不变的准则，图书馆释放出其所存在的价值的唯一途径是读者的参与和使用。读者作为图书馆馆藏服务的对象、中心、目的、动力、检验者，图书馆的各项服务都需要体现“以读者为中心”的核心理念，这才能符合智慧图书馆“以人为本，可持续发展”的内在特征及“以人为本、绿色发展、方便读者”的灵魂与精髓。可以看出，为了适应智慧理念的发展，图书馆馆藏资源的采购需更加倾向于开放化、个性化、大众化，而不仅仅局限于少数采访馆员的研究领域和个人观点。理想的情况是，所有读者均可自由地提出个性化的文献采购要求，图书馆也要据此满足读者相应的文献需求，从而真正意义上实现信息获取的人人平等。实现馆藏资源的采购由“局限于少数有权采购文献的人员”走向“读者的每个文献需求的全面开放”，即文献资源的采购对准读者的文献需求，而实现的方式有读者决策采购，图书馆荐购系统等。2012 年 5 月 20 日，南京大学图书馆主页的“智慧图书馆服务”系统正式上线，其中的“BOOK PLUS”中的荐购绿色通道，搭建了一个用户向图书馆传达自己的信息需求的平台。资源采集重点由“图书馆内部采购馆员的决策权”向“读者需求”的倾斜有效排除了相关性低、利用率低的信息，实现读者需求表达渠道的畅通及表达的有效传达将提高采购馆员的工作成效，同时也减轻了采购馆员的工作量，这也有助于将有限的图书馆经费最大限度地满足用户的个性化需求，强化了借阅者与图书管理平台的对话，借阅者与馆藏资源的互联互通。

2. 智慧图书馆馆藏管理的智慧化

RFID管理系统是实现纸质资源智慧化的有效途径，通过对物联技术的运用，对图书馆采编、排架、流通等业务流程进行优化。目前，很多图书馆的在架书籍都配备了独一无二的电子标签。

3. 智慧图书馆馆藏存储的智慧化

纸本文献的远程合作存储。为解决物理空间紧张和图书馆致力于对实体馆藏的维护之间的矛盾，远程存储是个有效减少馆内开架书库实体馆藏的途径。远程合作存储使各分布式的图书馆共同构建异地的、高密度的，可长期保存纸质文献的存储设备，各分馆拥有本馆所存放文献的所有权，也可选择资源共享或转让文献所有权。各分馆的读者都有权力访问本馆远程存储的资源。在智慧化环境中，图书馆首先要明确它的使命和角色，并依此制定馆藏发展策略。比如：有些图书馆致力于提供对近期学术资源的获取，一些馆更多的是承担长期保存低利用率文献资源的职能，但未来的智慧图书馆的趋势是传统的作为保存纸本文献的图书馆正在转变为学习空间、交流中心、创新中心、创客中心，因此，可以推断的是，减少馆内低利用率的纸本文献的空间改造是智慧图书馆的发展趋势之一。

5.2.2 智慧图书馆的数字资源建设

我国高校图书馆所引进的数字资源几乎涵盖了所有的数据库类型，有期刊、报纸、电子图书、学位论文、会议论文、科技报告、法律法规、专利标准、年鉴、参考工具、多媒体资源等多种类型，在多种文献类型中，数字期刊、电子图书、学位论文是引进最多的资源。

1. 高校智慧图书馆数字资源建设存在的问题分析

(1)个别高校图书馆引进数据库数量较少

(2)数据库重复建设较为严重　一方面，数据库自身建设重复。比较中国学术期刊全文数据库和中文科技期刊全文数据库就可知，两个数据库包含的期刊都有8 000多种，中国学术期刊全文数据库主要收录的是社会科学方面的期刊，兼收有部分科技类核心期刊，而中文科技期刊全文数据库主要收录的是科技方面的期刊，兼收有部分社会类核心期刊"两个数据库收录的期刊有大部分都是重复的，但各有侧重点"如果学校是综合性院校，文理科都是重点学科，那么图书馆在购买数据库的时候就要考虑同时购买这两个数据库，势必造成重复购买某部分数据。

另一方面，自建数据库重复建设情况也很严重。例如，在学科导航库建设方面，存在多个高校图书馆同时建设同一学科的情况。上海交通大学、北京航空航天大学、北京工业大学、电子科技大学、清华大学5所图书馆同时建设了材料科学与工程学科的学科导航库。CALIS重点学科网络资源导航库共有54家高校图书馆参与建设，完成了217个重点学科的导航库建设，基本覆盖了我国高校主要重点学科。但有些高校图书馆将CALIS重点学科导航库里的资源复制，建立自己的学科导航库，这样就很浪费人力、物力，重复建设。

(3)数据库建设缺乏统一的标准　数据库建设的标准化、规范化是实现信息资源共建共享和文献信息检索自动化的重要基础和前提之一。数据库建设的标准化主要表现为两个方面：一是数据库管理系统的标准化；二是数据库数据著录的标准化。由于我国缺乏统一的信息资源建设管理机构，各图书馆或数据库开发商，各自为政，各行其是，自由发展，在数据库建设的标准化和规范化方面处于比较混乱的状态，各系统有各自的标准。在数据库管理系统的标准化方面，具体表现在基于数据库管理系统的标引系统、检索系统和操作系统等的多种多样，数据库格式、字段不一；数据的标引、分编、检索点选取没有统一的标准和严格的质量控制，由此造成数据库的兼容性和互操作性差，原始数据处理不完备、不准确、不规范、不统一，从而影响了数据库的共享，限制了数据库作用的发挥。

(4)自建的数据库少，质量也不高　我国高校图书馆自建特色数据库中全文型数据库较少，而且建库工作基本停留扫描在已有的文献上，对文献进行深层次加工的特色数据库也不多，并且有许多高校同时建设同一学科的学科导航库，难免出现重复建设的情况。对于已建成的数据库很多高校使用IP进行限制，仅供本校用户使用，这在一定程度上违背了建设特色数据库的初衷，降低了数据库的利用率。

(5)据库容量较小　我国高校图书馆数字资源建设的范围比较广，虽然各馆均在开发特色馆藏资源，但是数字资源建设的容量不足，大部分数据库的容量较小，且链接的资源较多。数据库的规模与发达国家比较差距甚远，如美国的OCLC拥有300多种语言的书目数据4 000万条，馆藏信息5亿条，而中国学术文献网络出版总库(CNKI)收藏了8 200多种中文学术期刊，2 500多条数据，学科专题数据库才3 000个，学位论文数据库70多万条，相比之下差距甚远。

(6)大部分高校图书馆未实现数字资源整合检索　国内大部分高校图书馆在馆藏数字资源整合方面已经进行了有效的实践，并从简单的链接整合、导航整合向更高层次的跨库检索整合发展，但由于各馆受到技术、资金等方面的制约，资源整合程度水平不一。

2. 高校智慧图书馆数字资源建设的问题解决对策

(1)明确数字资源建设的规划与原则　资源建设规划是进行资源建设的纲领性文件，是对资源建设的目标、任务、方法、步骤等内容的明确规定。数字资源建设工作的首要任务就是制定资源建设规划。数字资源建设规划是数字资源建设工作的宏观指导，为数字资源建设工作提供政策性的标准和规范，为数字资源建设、数字资源服务与共享提供依据。

高校图书馆应该根据学校、图书馆的发展规划，学校学科建设情况，图书馆的购书经费等条件，制定数字资源的建设规划。建设规划应该包括数字资源建设的目标、方针、程序、模式、建设任务、建设重点、时间规划等内容。

数字资源建设应该遵循以下几个原则。

①需求原则。数据库的建设选题要立足用户需求，不能盲目上马，要考虑到教学和科研的实际需要，考虑其实用价值和需求程度。具体说来，一方面要满足读者需求，即数据库建设的最终目的是为更多的读者提供更大的便利，如果没有读者的需求，便失去了建库的意义；另一方面要适应学科的发展要突出重点学科和专业的特色，紧密联系教学和科研的需求，以考虑对教学科研起促进作用，对社会发展和经济建设创造效益为准则。

②特色原则。未来高校图书馆是互联网的重要组成部分，特色是数字资源开发和利用的生命，没有特色就没有竞争优势和发展潜力。因此，特色数据库在内容选择和编排上应具有鲜明的资源特色，如民族特色、地方特色、学科特色等，形成特色优势，满足用户对特色文献信息的需求。要考虑本数据库是否在本行业乃至全国高校范围内具有特色权威性，是否是其他综合型数据库无法替代的。

③标准化与规范化原则。在数字资源建设中，必须遵循一套标准和规范的解决方案，以便实现数字资源的长期存储、相互操作和数据交换，达到分布建设、网络存取、资源共建共享之目的。因此，在技术平台的设计建造以及网络信息服务系统构造等数字化建设中，应始终坚持选择统一、通用标准，协调与规范，以及可兼容的应用性软硬件。

④共建性与共享化原则。网络信息时代，任何单一的高校图书馆都不可能也有必要将所有的信息资源收集齐全，而单纯依靠自身的信息资源、人力资源所开展的信息服务也不能满足读者日益增长的信息需要。在这种环境下，中小型高校图

书馆更应积极参与到全国性、地区性或本系统的共建共享活动中，如数据库的联合购买，特色数据库的合作建设，馆际互借以及开展联机合作编目等。共建与同享可提高图书馆数字化建设的效率与效益。

⑤安全性与可靠性原则。图书馆在数字资源建设时要对大量的数字资源进行加工、存储、传递和管理，并利用网络对众多的终端用户提供各种信息服务，因此系统的安全性十分重要。在建设过程中要选择技术成熟、性能安全可靠的信息存储与网络设备，进行数据自动备份，采用先进的网络管理系统，并利用网络管理系统的监测、诊断、过滤、故障隔离、在线修复等功能确保网络系统的安全性和数据的可靠性。

⑥保护原则。许多历史悠久的高校图书馆保存了珍贵的孤本、善本、古代图片、照片等特藏史料。从保护资源的角度出发，各馆都采取了只藏不借的封闭式保护措施。一般说来，只对个别专业研究人员提供阅览服务。这样一来，大大影响了珍贵特藏史料本身学术价值和研究价值的开发利用。这类特藏史料急待采用数字化技术进行处理，并制作成数据库，提供用户浏览和检索功能。这一举措既有利于保护我国优秀的文化遗产，又有利于对文化遗产的研究、开发与利用。

(2)加大力度引进中外文数据库　中文数据库商出于自身利益的考虑，大部分数据库是大而泛，数据量比较多，购买费用也比较高。高校图书馆在引进中文数据库的时候要综合考虑数据库的使用效果、学科专业建设、重复引进、经费投入等问题，合理引进中文数据库。在经费允许的条件下，根据学科专业建设情况，尽量多引进专业性数据库，满足多学科的教师和学生的科研学习需要。

另一方面，图书馆要在数据库的引进上变被动为主动。目前许多图书馆在引数据库时缺乏主动性，绝大多数仍处在代理商上门推销的被动试用、接受阶段。我们应当通过多种渠道了解全球专业数据库的出版信息，变被动为主动，努力做好图书馆信息资源建设。

(3)加强高校图书馆自建数据库的建设　我国高校图书馆引进的数据库比较多，而自建的数据库比较少，自建特色库的质量也比较低，本身数据库的资源也比较少，基于以上问题，如何加强自建特色数据库的建设，笔者认为应该做好以下几方面的工作。

①集中精力收集具有某种优势的信息资源。收集本校师生论文/著作，建成相应的数据库，在图书馆主页上链接，提供给读者检索，是构建特色数据库的一个可行方法。同时收集相关收录和被引用情况，既能反映出学校科研的水平，又能提升服务层次，更好地显示出本馆数字资源的特色。高校图书馆还可以结合本地地方

特色资源，建设具有浓郁的本地特色的数据库。例如，吉首大学图书馆利用其沈从文先生故乡高校的优势，建立的“沈从文文献资料中心”，湘潭大学图书馆位居伟人故里，利用这些明显的地域特色建立的“毛泽东思想文献信息中心”等都是很好的特色数据库，不仅可以为本校的教学科研提供优质高效的个性化服务，也为地区乃至全国性的图书馆数字资源共享打下了良好的基础。

②对所收集的文献信息进行深加工，形成一批质量较高的二三次文献。文献信息资源的深层次开发是图书馆信息化建设的重要内容。在信息化建设中计算机和应用软件等环境只是信息资源建设的主要技术条件和手段，而信息的组织、储存、加工、整理、规范、开发则是信息资源建设的重要基础性和关键性的工作。它直接关系到信息化建设效益，影响着国民经济的发展和科技的创新，是一件比软件、硬件配置更为重要、更为复杂、更为艰苦和更为持久的系统工程。深层次的文献信息资源的开发不仅是为了充分揭示图书馆的馆藏文献信息资源，更主要的是为了更好地提供利用。要抓好图书馆的信息化建设，促进文献信息资源的深层次开发，必须根据信息量化程度的难易、数据量的大小，统一规范系统数据，制定各专业数据库的建设规划、发展、标准和实施步骤，分工合作、有条不紊、分期分批地进行文献信息资源的全面建设。

③根据重点学科、重点课题，对国内外该研究领域的新观点、新思潮、新动向进行跟踪，提供定性、定量的专题报告和论点汇编，高校图书馆具有文献资源优势，丰富的馆藏特色文献为重点学科、重点课题数据库的建立储备了良好的资源基础。图书馆担负着学科建设的资料存储和资源建设的重要任务。有些高校已经成立某些学科领域的学科文献中心，因此，高校图书馆的重点学科文献相当丰富，文献内容的广泛性、系统性、连续性，有利于重点学科数据库的建设。例如，清华大学的建筑数字图书馆、北京林业大学的林木育种数据库、内蒙古大学的蒙古学特色数据库等建设都与本校的重点优势学科紧密相连。

(4)加强高校联盟，实现资源共建共享　由于经费短缺，再加上数字化资源价格的逐年上涨，使得高校图书馆数字化建设长远规划难以制定和实施。建议要通过立法来确保文献购置费在学校经费中所占的比例，教育部也应明确文献购置费的核定比例，并且加强监督和指导。另外高校之间以及相关的主管部门、厂商、系统商等要加强联盟，共同来想办法解决经费短缺问题。

实现各高校数字化图书馆之间的互连和资源共享，是数字化图书馆发展的必然趋势，也是解决资金短缺的一个重要举措。资源共享的基础是共建，因此要在管理体制和资源配置方式上进行改革，变单一建设为集中建设，变封闭式管理为开放式管理,改变大而全、小而全的思想,避免重复建设,浪费大量的资金和时间。各馆要转变观念,树立全局意识,把自身建设放在资源共建共享的大环境中来考虑,积极参与数字资源的整体化组织与建设,通过紧密协作,统一规划,统一标准,在互惠互利的基础上制定高校数字化资源建设的整体目标。另外要根据各个馆的功能和定位,确定数字资源的订购范围,合理地分配各图书馆数字资源建设规模,尽可能地把各个图书馆的经费投入集中起来进行数字资源的整体规划,形成一个资源共建共享的运行机制,建设"大图书馆"的数字化资源,最终实现数字资源分布式存储和管理、集成化"一站式"检索和利用的格局。

(5)加强数字资源整合检索建设　数字资源整合不能简单地理解为"库集合"和"库链接"。数字资源整合是一种数字资源优化组合的存在状态,是依据一定需要,对各相对独立的资源系统中的数据内容、功能结构及其互动关系进行类聚和重组,重新结合为一个新的有机整体,形成一个效能更好,效率更高的新的数字资源体系。数字资源的整合程度直接关系到其能否被高效吸收及利用。

①基于 OPAC 的信息资源整合。这是一种基于传统书目管理的整合模式,OPAC 系统是高校图书馆众多资源中利用频次较高的,如果能以 OPAC 系统为基础,整合更多的资源和服务将会极大的提高图书馆现在所有信息资源的利用率。现在高校图书馆都拥有自己的馆藏书目公共查询系统(OPAC),有少则几十万,多则几百万的编目数据,以 OPAC 系统为基础平台整合其他文献资源是一种比较容易考虑到的思路,其突出的优点是让读者在不知不觉中跨越馆内资源和书目服务的局限,方便地使用到馆外的或数字化的文献资源,而无须花时间和精力熟悉新的系统和操作方式。常见的做法有两种:一是通过 Z39.50 协议聚合不同的 OPAC 系统,整合生成联合的馆藏书目查询系统,这样的实践已经比较多,主要用于传统书目查询系统之间的整合;二是通过在以 MARC856 字段中记录电子文献的 URL,实现在实体馆藏中揭示并链接全文电子文献的目的。

②基于跨库检索的信息资源整合。某个学科的文献资料可能包含在多种数据库中,尤其是交叉学科,读者要完成某个课题的检索,往往要通过多个数据库进行多次检索,才能将与该课题有关的文献找全。而每个检索系统都有各自的检索界面和检索方式,检索式构造规则、检索算符、检索字段等都不尽相同,这给读者的资源检索造成了相当的困难。如果能在同一个检索平台下,实现多数据库同时检索,将极大方便读者。对异构数据库进行资源整合与统一检索,将大大提高读者对信息资源获取的效率。跨库整合检索可分为两个层次:第一层次是检索界面整合;第二层次是实现数字资源系统间的分布式异构整合检索。

③基于资源导航的信息资源整合。资源导航系统指将信息资源的检索入口整合在一起，建立资源导航库，提供按信息资源名、关键词、资源标识等获取资源的途径。资源导航系统功能主要是帮助读者更加全面了解信息资源，供读者浏览或按一定的特征来检索，并提供该资源的检索入口。资源按其形式类型可以分成书目资源、期刊资源、数据库资源、电子图书资源、电子报纸、会议文集等，可以分别建成相应的导航系统。当前我国高校图书馆以期刊数字导航系统和数据库导航系统为主。为了使资源导航系统达到预期的功能，要确定揭示的内容，信息资源内容揭示的详细程度决定了资源导航系统功能能否充分发挥。每种形式类型的信息资源要揭示的内容是不同的，如建立期刊数字导航系统要揭示的内容包括刊名、关键词、学科分类、语种分类、出版商、ISSN、该刊的 URL、出版商的 URL、全文起始年限、期刊详细介绍等相关信息。资源导航系统一般都有以下几个基本功能：字顺浏览功能、分类浏览功能、关键词检索功能，这 3 个基本功能将帮助读者迅速找到信息资源，并利用超文本链接提供检索入口，对该资源进行全文或目录检索基于超级链接的信息资源整合。利用网络超文本链接特性，可以将文献的有关知识点链接起来，将有关的信息资源链接在一起，形成一个具有内在联系的有机整体，以方便读者利用各类信息资源为目的，这就是链接整合。在链接整合过程中我们应该注意以下几个问题。从读者方便的角度讲，链接点的设置应该越多越方便，但太多容易造成迷航。信息资源的分类一般都要按一定的原则来进行，资源的分类很重要，其分类是否科学、符合读者使用习惯等问题关系到能不能快速得到所要的资源。科学文献之间不是孤立的，而是相互联系、不断延伸的系统。文献的相互引证反映了科学发展的客观规律，体现了科学知识的累积性、连续性和继承性，以及学科之间的交叉、渗透。众多的学术论文通过引用与被引用关系形成复杂的引文网络，如果能在信息资源中利用超链接的特性通过参考引文把所有资源都联系起来，形成一种反映各知识点之间直接和间接关系的知识结构性网络体系，对于学术研究将是非常有价值的。理想的引文链接以参考文献为线索，将所有的信息资源都整合成一个具有知识关系的网络，是一种非常理想的、独特的整合方法。

5.2.3 智慧图书馆的开放信息资源建设

开放获取(Open Access，OA)一直是近年图书馆学界研究的热点问题之一。之所以成为热点，主要原因是由于开放获取的出现让印刷型学术文献从出版媒介、发行渠道以及传播和服务方式都发生了根本改变。近几年，国际上开放获取发展势头迅猛，越来越多的大学、研究院所、学术联盟或科研资助机构发布、强化已有

OA政策，或创建知识库，甚至传统学术期刊出版商也已经陆续向开放获取出版领域转型，抢占OA出版市场，使OA资源数量快速增长。

在5.1.5小节中我们已经论述了开放获取对图书馆信息资源建设的影响，根据这些影响，智慧图书馆的开放信息资源建设策略应做如下改变。

1. 图书馆应根据本馆职责、任务及服务对象的需求，组织专门力量对OA资源进行专门调研

图书馆是外文期刊的主要购买和服务提供者，印本期刊OA化对订阅方式、采购预算、馆藏结构及服务都产生了影响。哪些刊属于金色OA，哪些属于混合式OA，各由哪些出版商出版？哪些OA刊可以长期保存，是否可以替代部分印本期刊？都是摆在图书馆面前的现实问题，亟须组织人力进行专门、深入的研究，为合理布局馆藏结构、优化资源配置、提升预算使用效率提供可靠、可行的参考依据。

2. 在图书馆网站首页开设开放获取专栏，以利于读者或用户清楚识别、使用OA资源

据调查，国内大学、科研单位及图情机构对国内外OA资源的组织有两种方法，一种是在图书馆网站首页上的“数据库导航”、“网络资源”、“电子资源”或类似栏目中对混合排列的OA与非OA资源逐一作简要介绍和地址连接；另一种是在网站首页开设“开放获取”专栏，对OA的概念、发展、知识库、自存档以及每一种OA资源等相关知识集中组织、逐一介绍。从资源利用的角度考虑，似乎后者的组织方式更值得推介，不但起到了宣传、普及OA知识的作用，而且能让使用者更清楚地辨识哪些属于OA资源，在使用方法和形态上与传统文献或数据库有何不同，更有益于OA资源的推广利用。资源建设工作的每一次革新，每一项新技术的应用，最终受益者都应该是用户。

3. 现行编目规则的修订或更换迫在眉睫

2010年6月发布的《资源描述与检索》(RDA)，以国际图联的《书目记录的功能需求》(FRBR)和《规范记录的功能需求》(FRAR)为框架，专门针对数字资源编目同时兼容印本资源书目数据，适用于包括远程访问等各类数字资源的著录，是目前最新的国际化编目规则。与现行国内著录规则相比，“RDA关于数字资源著录的条款更多，规定更具体，内容更丰富”。尽管对RDA是否适用于中文文献著录、使用效果尚不清楚，但以发展眼光看，编目工作的国际化、标准化、统一化是趋势。RDA中文版问世后，图书馆应积极探索用其著录中文文献的可行性。鉴于RDA的灵活性，甚至可以考虑向其制定者英美编目条例修订联合指导委员会(JSC)提

供针对中文文献著录的修改细则。RDA 的应用将有利于国内外馆际之间书目信息交流与共享。

4. OA 资源作为一种优质学术资源，应成为馆藏资源建设的重要组成部分，以推动馆藏资源的广泛共享，提升馆藏利用率和显示度

据调查显示，国内图书馆的馆藏利用率平均在 30％～40％，而这个数据的理想状态应该是 70％～80％。现实与理想差距过大，说明信息在传递过程中遇到了障碍，其中共享方式是重要因素。开放是共享的前提，没有资源的开放，就不可能实现广泛的共享。图书馆应从发展战略、采购预算、馆藏结构、组织揭示、服务提供等资源建设各个环节对 OA 资源予以计划安排。特别是科技管理部门的政策支持是 OA 资源建设快速、健康、可持续发展的重要保证。资源建设的出发点应从两方面入手：一是合理安排预算，用有限经费实现最佳资源配置；二是尽最大努力满足用户研究、教育和学习的需求。因此，图书馆应尽一切可能为用户提供使用上的便利，创造条件使知识交流渠道更加畅通。交流渠道的畅通有助于协同创新。

6　智慧图书馆的服务

服务是图书馆的根本价值所在，图书馆的一切工作都应该围绕服务展开。在智慧图书馆中，智慧化的服务处于中心环节，智慧图书馆的馆员、建筑、技术、资源等都是为了实现为用户服务工作。本章我们将重点探讨智慧图书馆的服务类型都有哪些，它们是怎样的一种服务模式，如何开展这些服务等。对智慧图书馆的服务进行研究，有助于我们从核心价值层面了解和认识智慧图书馆，并为随后章节的研究提供线索。

图书馆的智慧服务是建立在知识服务基础上的，运用创造性智慧对知识进行搜集、组织、分析、整合，形成全新的知识增值产品，支持用户的知识应用和知识创新，并将知识转化为生产力的服务。图书馆智慧服务关注的是通过知识产品的服务给知识用户带来效益，包括经济效益和社会效益，实现知识产品的增值，进而推动社会进步和生产力的发展。

与以文献载体为主提供的图书馆文献服务，以信息传播为主的图书馆信息服务，以知识传播为主的图书馆知识服务相比，图书馆智慧服务是以用户的智慧生成过程为中心，致力于培育用户驾驭知识、运用知识和创新知识的能力，进而实现智慧创造。图书馆知识服务是智慧服务的前提和基础，而图书馆智慧服务是图书馆知识服务的深化和升华，图书馆智慧服务有以下几个基本特征：一是公共性，其服务是面向广大用户、社会群体和全人类的，是一种普惠范围的服务；二是智慧性，图书馆所提供的服务是在文献服务、信息服务、知识服务基础之上的智慧服务，图书馆充分发挥客观知识的拥有者、整合者、启发者的核心作用，帮助用户在知识应用的过程中创新知识、提升智慧；三是资源丰富性，图书馆必须通过物联网、云计算等先进的信息技术，掌握丰富的信息资源，包括纸质资源、数字资源、网络资源等；四是管理集群化，图书馆通过集群化综合服务平台实现知识的共建性整合、集约式显示、便捷性获取、无障碍转换、跨时空传递等；五是服务协同性，包括行业协同、地区协同、国家协同、全球协同等，在系统的顶层设计上整体推进，使资源由分散趋向集约、由异构趋向统一，克服资源在布局上各自为政、分散管理和重复建设的弊端，实现智慧图书馆的管理使命。

根据国内外学者的研究，智慧图书馆的服务模式主要有智慧的基础服务、嵌入式的学科服务、移动图书馆服务3种模式。在本章中，我们将详细讨论这几种服务模式。

6.1 智慧化的基础服务

智慧图书馆的基础服务主要包括流通阅览服务、空间管理服务等。

6.1.1 流通阅览服务

流通阅览工作是最基础的读者服务工作，主要包括图书和期刊等纸质图书的借阅工作等。流通阅览服务中主要涉及智能书架、自助借还服务等。

1. 智能书架

智能书架(smart bookshelf)是一套高性能的在架图书实时管理系统，利用高频ISO/IEC15693 RFID(无线射频技术)实现在架图书单品级物品识别，可完成馆藏图书监控、清点、图书查询定位，错架统计等功能。智能书架系统具有检测速度快、定位准确等特点。可应用于图书、档案、文件管理等领域。智能书架可拥有多个RFID读写天线，可以读取该书架上的书本RFID的信息，然后探测某一本书的是否在读取范围内，如果读取不到这本书的RFID标签，则认为该书已经被拿走，再结合之前的读取信息，可以判断该书本什么时候取走，什么时候被归还。图书馆通过智能书架(IBS)，可以统计出书架上每本书的状态，通过书本使用率分析，可以完成许多以前图书馆不能完成的功能。

(1)智能书架产生的背景　传统图书馆采用条形码技术实现图书管理，图书上架按照《中国图书馆分类法》由馆员完成图书上架任务，数据库中存储的图书位置为类号，图书放置区域最小单位为分类排架号，并没有精确到具体某一节书架，使读者在查找图书上仍花费了大量的时间，而且实际中又无法避免的存在图书放错书架的情况，致使读者从数据库查找到的图书架号并不是实际图书所在的位置，影响读者图书借阅效率。而图书馆馆员的顺架采用原始的人工清点，不仅图书顺架不准确，而且顺架劳动强度也非常大。

智能书架系统实现了书架上文献的实时扫描、记录和更新文献的架位信息，实现了文献的自动识别、快速清点功能，强化文献的流通统计，归还文献的快速定位，有效降低文献的错架率，提高图书管理人员的工作效率，真正意义上利用 RFID 技术实现图书定位管理。智能书架能够实时将每本书定位到层，智能书架的应用使馆员的顺架工作变得轻松，只需要软件系统启动顺架功能即可，甚至可以自动启动顺架功能；对于读者来说，可以实时的定位某本书在哪一架哪一层，充分降低了馆员的工作量，提高管理效率，并能够有效节省读者的借阅效率，使 RFID 应用数字图书馆的优势得以充分发挥。

(2)智能书架的原理　智能书架是指在书架上安装 RFID 设备，书架可以读取架上每一本图书的 RFID 标签，使其达到每层书架上图书进行遍历读取的目的，不仅可以对馆内的图书进行实时清点，还能够对图书进行实时定位。由智能书架、图书馆管理系统组成的智能书架管理系统，能够控制智能书架的工作状态，同时负责识别书架上的图书信息，通过网络通信将识别数据信息上报图书馆管理系统，并保存到系统服务器数据库中。智能书架采用的关键技术主要有天线阵列技术，多路切换技术以及电磁场信号控制技术等，能够实现准确定位，并对每层 RFID 设备的读取范围进行有效控制，以此实现每本书的精确定位。

通过后台软件的控制，可以实时跟踪每本图书的信息。通过 RFID 技术所做的智能书架，不但方便图书上架操作，还能强化图书管理动态控管机制。读者可以在线查询图书与文献的位置及借阅的状态，图书馆馆员可通过系统来查询错置的文献与图书，馆员只需依系统提示，放回正确架位即可，馆员也可随时进行全馆清点，清点不需花人力时间，系统会自动将所清点的资料，做统计分析以便馆员做有效处理。该系统可支持有线或无线 WiFi 通信方式，所有图书馆信息不但可以通过授权的有线网络链接查询，将来也可以通过常掌上电脑(PDA)等无线设备进行链接，也就是说，管理层可以通过 PDA 等无线设备实时查询图书馆图书状态，做到随时、随地查阅。读者也可以用手机来预定图书，系统会告知读者预定书籍位于那个书架哪一层。该准确的定位信息是实时更新的，并不是传统意义上图书馆第一次上架时候书籍的上架信息，因此，可以更准确的指导读者去相应的位置寻找图书。

(3)智能书架的功能

①智能书架系统实现图书实时监控：智能书架系统通过 TCP/IP 方式实现集

群部署，与图书馆管理软件系统需要实时数据通信，并受图书馆管理系统的控制，RFID 模块采集到图书标签信息后，将大量的图书标签信息传送给图书馆管理系统。支持全天 24 小时在线监控。

②智能书架系统实现馆藏图书盘点、定位和快速查询：能够与图书馆自动化系统配合完成图书盘点工作，系统能够生成在架图书列表，并将数据自动提供给图书馆自动化系统，实现与在借图书列表比对后能生成遗失图书列表。系统可以根据遗失列表自动更改单册状态，根据遗失列表在架上盘点时自动报警提示，同时生成在架和错架图书的所在正确位置列表。

系统能够根据设定的条件，定时完成图书的定位工作，建立每本图书与层架的位置关系。读者在开放的公共查询目录（OPAC）操作界面输入检索条件，可快速准确提供图书实时位置信息。

OPAC 查询流程支持：支持两个及以上图书馆系统文献联合查询，可根据题名、作者、主题词、中图法分类号、索书号、丛书名、ISBN 等关键词进行多级文献检索，支持图书位置查询、图书定位和智能路径提示、三维立体图形效果。

③智能书架系统实现多媒体虚拟书架查询和电子资源展示功能：配液晶触摸显示屏，提供多媒体虚拟书架查询和电子资源展示功能。读者通过显示屏可以查询图书的实际位置，馆员可以通过显示屏查询和跟踪图书的在架、错架、上下架情况等。

④智能书架系统实现读者阅读习惯统计分析：智能书架天线采用具有专利技术的隐藏式固定方式，固定件和接线隐藏于书架背板中，外观上无任何固定件和连接线，简单的固定方式，方便安装与后期维护。数据统计分析能力按照一定的图书馆数学模型对读者阅读习惯进行统计分析。

⑤智能书架系统实现与图书馆 RFID 系统无缝集成：图书馆 RFID 系统采用了多个 RFID 系统设备，并集成了图书馆系统、智能书架系统、RFID 应用软件系统以及其他相关系统。搭建 RFID 应用和管理平台，通过平台实现对 RFID 系统的各个终端设备进行管理和监控，实现对各设备和应用系统及时状态的查看，并实现对历史纪录的报表和统计功能。

RFID 扩展应用项目满足图书馆馆藏管理及流通业务的需要，完成新增文献上架、文献架位信息采集、文献利用率统计、文献归架、文献清点、文献盘点、文献下架以及文献架位导航 8 大主要功能。

2. 自助借还服务

指读者不必亲临图书馆，不受图书馆开、闭馆时间的限制，在校园内的一台自助图书馆服务机上就能借书、还书、办理借书证，享受图书馆的预借送书服务。自助图书馆装有书架、还书箱和电脑操作台等，能存放几百本书，采取自助服务方式。

(1)自助借还服务的类型　在自助借还机上可以实现的服务如下。

①自助借书：持证读者可以借自助图书馆书架上的图书，就像在真实图书馆借书一样。

②自助还书：读者在图书馆借的书或在自助图书馆借的书均可以归还到任何一个自助图书馆。

③申办新证：未办证读者可凭二代身份证在自助机上申办新证。

④预借服务：读者通过自助图书馆查询机或图书馆网站查到所需图书，可提出预借请求，图书馆的工作人员将帮读者找到图书，送达读者指定的自助图书馆，通过短信通知读者，读者凭证直接到自助图书馆取书。

⑤查询服务：读者可通过自助图书馆查询机访问图书馆网站，查询图书馆信息和馆藏状况，提出预借请求。

(2)自助借还机的技术　自助借还机采用光、机、电一体化基本模块完成取书、送书操作，加上 RFID 识别技术、身份证识别技术、卡识别技术、互联网传输技术、无线传输技术、数据库检索技术等。

6.1.2　空间管理服务

空间管理服务主要包括门禁管理和自习室/阅览室占座服务。

1. 门禁管理

图书馆门禁管理主要依靠校园一卡通来实现。随着校园的数字化、信息化建设的逐步深入，校园内的各种信息资源整合已经进入全面规划和实施阶段，校园一卡通以结合学校正在进行的统一身份认证、人事、学工等管理信息系统(MIS)和应用系统等建设。通过共同的身份认证机制，实现数据管理的集成与共享，使校园一卡通系统成为校园信息化建设有机的组成部分。通过这样的有机结合，可以避免重复投入，加快建设进度，为系统间的资源共享打下基础。

一卡通有校内消费结算和身份识别两方面的用途，将逐步取代餐饮卡、借书证/卡、上机证、考试证等校内证件。身份识别功能，又称身份管理功能，是指校园卡内储存了持卡人的基本信息，学校各部门的信息系统可以通过校园卡进行身份识别和相关管理。校园卡内记录了持卡人个人身份资料、图书借阅资料、门禁控制信息、计算机房管理信息等内容，可实现如考勤、个人身份认证、图书借阅、语音教室使用、计算机上机操作等各项校内管理功能。

图书馆一般在一楼大厅入口处设置门禁卡，读者刷校园一卡通才能进入，后台依靠门禁管理系统，通过物联网技术，实现读者身份数据的调用。

2. 自习室/阅览室占座服务

一般高校教室资源都非常有限，可供学生读书自习的空间很少，而图书馆有很多阅览室，甚至一些图书馆会专门设置自习室供读者使用。因此，常常会发生图书馆占座现象。图书馆选座系统就是为了解决学习空间不足和占座秩序混乱的问题。

自习室座位管理系统主要为学生提供自习室座位情况信息，学生可以通过网络查询开放的自习室和各自习室的人数。管理员可定时更新各个自习室的剩余座位数信息。

(1)学生查询功能　为了方便学生查找自习室座位等信息，将所有信息按照需要进行分类。这样学生就能很方便地找到自己需要的信息。

(2)学生登记功能　学生可以通过简单的操作，例如刷信息卡等进行自习登记。

(3)添加功能　管理员可以通过填写表格的形式输入开放的自习室等相关信息，系统可以自动避免重复信息。

(4)更新功能　管理员可以对数据库中的信息进行更新。系统能够通过当前开放的自习室提供需要更新的信息，对更新后的信息进行保存，并自动查找是否是重复信息。

(5)删除功能　管理员可以对数据进行删除操作。系统能够通过管理员给出的条件查找出要删除的信息，并提示是否确定删除，如果确定删除，则把相关信息从数据库中删除掉。

(6)管理员查询功能　管理员可以通过条件选择查询所有信息，并进行排序。

(7)统计功能　管理员可以通过此功能对信息进行统计。如统计当天各个自习室自习人数等。

6.2 嵌入式的学科服务

图书馆面向学科的学科馆员服务，在国外已经存在至少有 50 年时间，在我国也已经有 10 余年历史。学科服务的概念则是近些年来才提出的。2003 年张晓林教授提出应探索数字化、知识化服务的新模式——按照科学研究（例如学科、专业或项目）而不再是按照文献工作流程来组织科技信息工作，使信息服务“学科化”（而不是阵地化）。并将这种服务称为“学科化知识服务”，它将成为具体科研活动的有机组成部分，使科技信息人员和组织成为科研群体的知识创造伙伴，逐步地将科技信息工作转移到基于需求、基于用户、基于科研过程、基于知识发现与集成的形态上，塑造一个开放整合、动态定制、协同交互、有机融合各种服务和手段、有机嵌入科学研究环境中的知识服务和知识管理机制。在张晓林教授所提出的学科化知识服务基础上，学科服务（或称学科化服务、学科信息服务）的概念出现，并成为图书馆界的研究热点。

应该说学科服务是一种全新的服务机制，其服务理念与传统的学科馆员服务已大不相同。但二者不能截然分开。学科服务仍然面向学科组织服务，主要以学科馆员为主体开展。从广义上来说，作为新型学科服务的基础，传统的学科馆员服务可以看作早期的学科服务。新型的学科馆员及其学科服务则是传统学科馆员服务的延伸和深化。为了区分研究，有学者将二者分别称为第一代学科馆员和第二代学科馆员。

1. 学科馆员产生的背景

学科馆员制度最早出现于美国，它的产生经历了从早期的区域问题参考馆员，到分馆制下学科馆员的发展的过程。1950 年，内布拉斯加大学图书馆确定了多名学科馆员负责人文、社学、科学和技术以及教育等学科领域，这是学科馆员制度最公开、最正式的建立。截止到 1960 年，大多数美国大学图书馆都设立了学科馆员，并且许多大学馆都按“分馆制”进行了重组，还有一些大学图书馆实行了“准分馆制”。1966 年印第安纳大学图书馆新设立了 10 个学科馆员岗位，负责为教研人员和研究生选取文献资料，提供参考咨询和书目服务，并作为“图书馆与他们所负责的院系之间交流的主要渠道”。随后学科馆员制度开始较为普遍地推开。据美国研究图书馆协会 ARL 的调研，2007 年 ARL 的 63 个研究图书馆中 94%的图书馆都提供了学科服务。

我国学科馆员建设起步较晚，1998 年清华大学图书馆借鉴国外研究型大学的经验率先在国内实行学科馆员制度。随后西安交通大学、北京大学、武汉大学、东南大学、南开大学相继进行了有益的尝试，并取得了一些成功经验。龚主杰 2008 年对我国 105 所“211 工程”高校图书馆的调研，发现只有 21%的图书馆设立了学科馆员，在全部设立学科馆员制度的 22 所高校图书馆中，一共设有学科馆 299 名，平均每所图书馆拥有学科馆员 13.59 名。可见我国图书馆界学科馆员制度的发展并不迅速。

2. 学科馆员的内涵

张晓林教授把学科服务称为学科化服务，最早提出学科化服务的概念。他认为：学科化服务通常采用知识化组织模式（Knowledge Model，简称 K 模式），它以用户为中心，面向服务领域及服务机构，组建一个个灵活的学科单元，将资源采集、加工、重组、开发、利用等工作融于每个学科单元之中，整合传统图书馆职能部门，使信息服务由粗放型管理转向学科化、集约化管理，以方便学科馆员提供更深入、更精细的服务。以上关于学科化服务概念的论述得到了广泛的认可。

3. 学科馆员的职责

DenniS W. Dickinson 认为学科馆员有两大职责，即专业学科联络和参考帮助。在美国图书馆协会（American Library Association）2000 年编制的学科馆员工作指导书中指出：学科馆员的工作就是与图书馆用户一起进行馆藏资源评价以提高用户需求满足率的过程。康涅狄格大学 2001 年将学科馆员的职责描述为：学科馆员是图书馆员队伍中的一分子，他们被任命为图书馆与校内研究单位的主要学术联络人，方便教师、学生与学科馆员的沟通交流，以便更好地获得学科信息指导与帮助。最早在国内推出学科馆员服务的清华大学图书馆中，学科馆员的职责包括：每学期为教师、研究生开办利用图书馆和文献资源的培训讲座；及时向对口院系宣传、通告图书馆新增加的文献资源和服务；负责编写相关学科的读者参考资料和使用指南；负责收集、整理、通告相关学科的网络资源；定期征求对口院系对图书馆资源建设和服务的意见与要求。王晓力将国外高校学科馆员的职责归纳为：图书馆和院系/所之间的联络人（liaison）、学科信息资源服务（information resources services）、学科信息素养教育（information literacy education）、馆藏资源建设（collection management）、参考咨询服务（reference and consultation services）。

尽管对图书馆学科馆员的职责描述各不相同，但从总体上可以将其主要职责概括为以下几个方面：一是学科联络与沟通。即在图书馆与院系间发挥桥梁与纽带作用，搜集院系对于图书馆建设方面的意见和建议，向学科用户推介图书馆的资源与服务。二是文献资源建设。与学科用户广泛联系，参与学科的纸本资源和电子资源建设。三是开展信息素养教育，为用户开设文献检索课程和开展信息素质讲座。四是咨询服务,帮助用户解答信息利用的相关问题。五是个性化信息服务,为教学、科研提供科技查新、文献检索、定题服务以及其他深入的个性化服务。

4. 学科馆员的服务模式与宣传推广

费业昆提出基于专业网站和个性化信息服务的学科馆员服务模式。建议由学科馆员负责建设专业信息服务中心,将专业信息资源导航、专业化网络检索工具、图书馆资源、专业论坛、专业研究动态、专题文献、专业咨询等集成起来服务用户。同时为用户提供新书通报、定题服务、新闻服务,以及个性化界面与其他服务,形成用户个人图书馆提供个性化信息服务。李夕琳论述了面向专家、课题组的个性化信息服务模式。认为根据用户学科背景、需求及信息素质等特点,学科馆员应提供专门的、针对性的个性化服务,并将个性化服务与其他服务集成起来,形成图书馆个性化信息资源系统。张永彬提出建立学科馆员专业化与馆藏专业化相结合的服务模式,设置专业学科阅览室,由学科馆员负责提供服务,实行学科文献"采编流阅一体化"的管理模式。

中科院学科馆员的服务方式多种多样,有面谈、走访、电话咨询、网上咨询、虚拟信息平台等不同方式。还通过业务名片、宣传品、馆长推荐信、学科馆员网页、学科服务站、小礼品等多种工具与手段,进行学科馆员服务的宣传推广。清华大学图书馆学科馆员通过走访、午餐会、邮件联系、学科服务网页,以及利用讲座、宣传月活动资料、图书馆主页、图书馆宣传品、海报、馆刊、RSS(聚合内容)以及学校电视台、校刊、学校网站、学生网站等校内各种媒体宣传推广学科资源与服务。中国人民大学图书馆学科馆员主要通过走访联系对口院系、电话与 E-mail 联系、图书馆网站、图书馆宣传资料,参加对口院系的学术会议,向对口院系提供专题用户培训和收录引用检索,以及利用与科研处等职能部门联络的机会,对学科服务和学科信息资源进行宣传推广。可见各馆学科馆员努力通过多种渠道和方式进行学科资源和学科服务的推广,常见的宣传渠道主要有图书馆的网站、各种宣传品和小纪念品,学校的各种媒体,并抓住面谈、走访、电话以及参加院系及职能部门的会议等各种机会进行宣传推广。

5. 嵌入用户的学科服务

1993 年 Tom Daveaport 和 Larry Prusak 在《公司资料库的产生》一文中对图书馆员提出了"走出图书馆,走向各行业,主动获知信息需求者和信息拥有者,并帮助他们相互联系"等 8 条建议。同年,Michel Bauwens 发表文章介绍了自己作为图书馆员在图书馆之外通过网络服务用户的经历。此后,不少图书馆员采纳了 Tom Daveaport 和 Larry Prusak 的建议,嵌入式(embedded)渐渐被用来描述这种新的服务模式和新型岗位。David shumake对嵌入式馆员的工作内容、组织环境、宣传推广与用户关系以及成功因素进行了问卷调查和研究。他认为嵌入式学科馆员主要从事以下几个方面的工作：为解决研究问题提供深度研究与分析；为用户群搜集最新信息，主动提供信息通报；搜集和管理团队知识；获取和组织团队内外的信息，建立团队的虚拟工作空间以及相关工具。他把图书馆嵌入式服务方式分为3种：物理嵌入(physical embedding)、组织嵌入(organizational embedding)和虚拟嵌入(virtual embedding)。其中物理嵌入是指从图书馆建筑转移至用户的物理空间中提供服务；组织嵌入是指服务经费由用户方提供，甚至由用户方直接进行管理的嵌入式服务方式；虚拟嵌入则指在用户的虚拟空间中提供的针对性服务。廖敏秀、蒋知义认为学科馆员应该成为嵌入式馆员，从事嵌入式咨询服务、嵌入式教学服务和嵌入式科研服务。韩丽认为参考馆员和学科馆员都可以成嵌入式馆员。嵌入式馆员的服务将为用户营造一个良好的学习环境和优良的工作环境，并将在用户日常生活中发挥积极主动的作用。Amy York 介绍了 Middle Tennessee State University 的嵌入式学科馆员项目，学科馆员作为教师的合作者和助教，参与网上教学和讨论，为学生的研究及相关作业提供帮助，收到了很好的效果。美国维克森林大学(Wake Forest University)的嵌入式馆员 Susan 曾作为2007年社会学系夏季课程小组的一员跟随小组成员完成为期2周的社会调研，沿途帮助和指导学生处理信息技术问题，包括：建立 Blog，上传照片并维护在线互动课程网站等。除了嵌入用户的物理空间外，不少图书馆也进行了嵌入用户虚拟空间的尝试。国家科学图书馆设计了桌面式信息服务系统，将科技文献服务即时嵌入到用户的工作流程之中。乐小虬介绍了这种嵌入式桌面信息服务的基本思想及系统设计、实现方法。郭文丽、张晓林论述了新近研发的一种嵌入式数字图书馆工具条的设计与实现。该工具条嵌入IE浏览器，可针对科技人员的信息检索特点提供个性化的服务。胡小菁认为互联网时代需要将图书馆服务嵌入用户环境，以吸引用户更多利用图书馆；论述了将图书馆服务嵌入用户环境的方式，重点论述了浏览器工具条的类型和功能。金颖、张文彦论述了欧美手机图书馆先导计划，指出欧美国家越来越多的图书馆正利用手持移动设备来提供新的服务，将图书馆的服务融入用户的日常生活中；并将手机图书馆的服务方式分为4种：手机图书馆网站、移动馆藏与手机版书目检索系统、手机图书馆参考咨询服务，以及手机图书馆参观指引服务。

6.3 移动图书馆

移动技术的进步，使得社会公众真正实现了任何时间、任何地点接入移动通信网络的愿望。移动上网普遍发生于生活的各个场景，逐渐发展成为社会公众的一种常态生活方式。以图书馆为例：社会公众已经逐渐习惯于利用候车、排队、吃饭等零散的“碎片”时间查询图书馆馆藏资源、个人借阅信息；休息之前，通过 WAP 网站阅读电子书、欣赏移动图书馆所提供的高品质音乐、视频等文化资源正在成为公众放松身心、娱乐自我、缓解工作压力的一种重要途径。功能强大、种类繁多的移动服务已经将用户与移动通信网络紧密、无缝地捆绑在一起——移动技术的进步不但深刻地改变了用户利用网络的方式，而且正在潜移默化地影响着用户的传统生活。

作为保障信息公平与知识权利的公益性社会机构，图书馆能否抓住移动技术发展所创造的机遇，创新服务模式，拓展服务功能，向全社会提供普遍均等、超越时空限制的知识服务，就成为其当前所面临的最紧迫的理论与实践课题。本文通过对我国移动图书馆服务模式发展的现状进行深入考察，力图把握其发展轨迹、基本现状、存在的问题与影响因素，进而为我国移动图书馆的健康发展提供可资借鉴的理论依据。

移动图书馆服务模式，是指伴随着无线网络通信技术的进步，图书馆所采取的不同类型的移动服务实现方式。

6.3.1 移动图书馆服务模式比较分析

目前，图书馆学界普遍认为移动图书馆存在着短信、WAP 网站与客户端应用等 3 种服务模式。这 3 种服务模式的差异主要体现在实现方式方面（网络接入技术与移动终端），并在时间、功能、层次等诸多方面呈现出从低到高、逐次递增的变化趋势。理论界的综合研究结果表明，网络接入技术与移动终端、利用素养与技能仍然是影响用户获得普遍均等服务的主要障碍。

本文结合当前移动图书馆服务模式的特点与现状，选取了移动通信网络、移动终端、成本、利用素养与技能共 4 个具体指标作为比较依据，对 3 种服务模式进行细致的比较研究，以期发现其在践行为广大社会公众提供普遍均等服务方面的局限与不足。

1. 短信服务模式

短信服务模式是三者中历史最为悠久、使用范围最广、利用门槛最低的服务方式。具体而言：①移动通信网络，其对网络接入技术环境（如移动通信网络的类型、带宽、速率等因素）都没有太高的要求。无论是传统的 2G、3G，还是最新的 4G 网络，只要有移动通信网络覆盖的地方，都是短信服务模式能够发挥作用的范围。②移动终端，作为与语音服务相并列的基础服务，短信服务不要求用户连接移动互联网与实施软件应用，因此手机等移动终端无须太高的软硬件配置，几乎每个社会成员的手机都能符合要求。③成本，短信服务利用的成本非常低，收、发短信只需1角钱，“套餐”方式则价格更为低廉。如此优惠的价格使得普通社会公众也能够负担得起接入与使用短信服务的成本。正因为短信服务模式所具备的上述特点与低廉的价格，因此其也最具有亲民性，成为当前使用群体最为广泛的服务模式。④利用技能与利用素养，短信服务模式对用户的利用技能与素养要求较低。众所周知，利用移动互联网要求用户具备基本的信息素养与技能素养。

短信服务作为手机的基本功能，其操作简单、方便，只要用户具备基本的文化基础，哪怕不是很熟悉信息技术也能够很快掌握其应用方法。但是，正因为其进入“门槛”低，使得其只能以文本方式完成借阅信息通知、新闻发布等基本功能。随着时代的发展，其服务手段与功能已逐渐难以满足日益变化的用户需求。

2. WAP网站服务模式

WAP网站服务模式是一种窄带方式传输数据的服务方式，也是目前移动网民利用互联网与移动图书馆的主要方式。具体而言：①移动通信网络，与短信服务模式相比，WAP网站服务模式要求较高的网络接入环境，最好是带宽、速率、吞吐率等各方面性能都较好的第三代移动通信网络。②移动终端，WAP网站服务模式是通过手机访问专用和通用网站的形式来提供信息服务的，因此用户所持的移动终端必须是具备上网功能的智能手机，且应配置浏览器、QQ等网络应用程序。③成本，WAP网站服务模式利用成本较高，网络接入方式的变化也产生了较高的上网流量，以KB为计量单位的计费方式使得绝大多数移动网民选择包月这一较为实惠的套餐消费方式。④利用技能与利用素养，对于普通的学生和接触互联网较早的网民来说，通过移动通信网络、以移动终端为平台利用移动互联网，就如同使用固定电脑接入互联网一样简单与正常。但对于那些没有接受过长期的利用技能培训、信息素养与文化水平较低且不熟悉移动图书馆网站设计界面、不习惯通过烦琐的手机操作接入移动互联网的普通社会公众来说，WAP网站服务模式无疑又增加了他们的利用难度。

3. 客户端应用服务模式

客户端应用是移动图书馆、数字图书馆与移动终端应用紧密融合的产物。在客户端应用服务模式下，移动用户无须考虑服务是谁开发的，由谁提供的，并采用何种方式访问；避免了重复、烦琐地输入网址的操作负担；扩展性强、内容丰富、功能强大等移动客户端应用特点为用户带来了前所未有的网络体验，因此代表了当前移动图书馆技术最为先进、功能最为强大的一种服务模式。具体而言：①移动通信网络，与前两种服务模式相比，客户端应用服务模式要求极高的网络接入环境最好是带宽、速率、吞吐率各方面性能都较好且支持多媒体、超媒体应用的4G或最新一代的移动通信网络。②移动终端，在其丰富的软件应用背后，是更高的进入门槛(高配置的移动终端，高性能的处理器与操作系统以适应客户端应用对应用处理与网络流量的需求)。③成本，高端的网络应用(多媒体、超媒体)形成了高负荷的网络流量并产生了高额的上网费用，普通社会公众难以负担接入移动通信网络、购买与维护移动终端设备、使用移动图书馆服务的高额成本。④利用技能与利用素养，在该种服务模式下，接入与使用包括图书馆在内的移动互联网资源只需鼠标点击应用图标即可实现。其最大程度地迎合了对计算机软件、硬件，尤其对移动网络环境比较熟悉的资深网民的操作习惯与需要。因此，深得他们的喜爱。然而，对于广大接触互联网较晚的社会公众来说，接入与使用移动互联网意味着他们又必须要在学会利用互联网操作的基础上，重新掌握每一种客户端应用的界面与操作习惯，从而人为地加重了他们的利用负担。

6.3.2 移动图书馆的服务模式

1.移动图书馆服务模式设计的出发点

(1)注意服务群体的差异性　目前，社会公众在接入与使用移动通信网络的硬件条件方面(尤其在移动通信网络与移动终端的占有与使用上)存在着巨大差异，这种差异客观上形成了3种基本的用户群体，并由此决定了他们所能利用的服务模式。第一种是使用普通的GSM服务网络与最普通的、只能完成语音与短信功能的手机的用户群体。并且，这部分用户还占据全部社会成员相当大的比重。来自中国互联网信息中心的统计数字显示，目前依然有不少手机网民使用2G、2.5G等网络的网络接入方式。硬件基础条件的限制使得他们只能利用第一种服务模式即短信服务模式。第二种用户群体拥有较高性能的智能手机，他们多为在校学生或使用互联网较早的人群，对移动互联网具有深厚的兴趣与较强烈的需求，习惯利用WAP服务模式访问图书馆资源。第三种用户群体是紧跟移动通信技术发展潮流的移动网民。他们一般都具有较高的文化程度、收入水平、较长时间的移动网龄，拥有IPAD、苹果等高端移动终端，雄厚的物质基础使得他们尤其喜欢通过客户端应用模式接入移动图书馆。对于他们来说，坐上高速车(移动终端)、跑在高速路(3G、4G高速网络)、玩特色(使用个性化、丰富的移动图书馆应用程序)已经成为他们利用图书馆的首选方式。服务群体的鲜明差异性及其利用图书馆服务模式的属性特点，是移动图书馆设计与优化其服务模式的出发点与重要依据。

(2)努力创造“移动服务机遇”　社会公众对移动通信技术理解与掌握的差距，

形成了事实上的利用素养与技能鸿沟，这种鸿沟不但影响了公众对移动信息与知识的获取利用，而且妨碍了他们从中获取利益、参与社会生活、开展创造活动的权利与机会，形成了新一代的移动弱势群体。因此，消除公众利用移动服务的素养与技能障碍，努力创造"移动服务机遇"，减少知识贫困和社会分化、社会排斥现象，维护弱势群体利用信息与知识的权利，就成为移动图书馆服务模式设计的重要战略。在此方面，美国总统克林顿的做法值得图书馆学习，他曾在国情咨文中提及并构建了如下目标：①专业技术平民化，让计算机、互联网以及高速网络等先进技术进入普通民众家庭。②技能培训规范化，让训练有素的专业技术人员深入基层，为民众提供正确、规范的技术培训和教育。③网络内容实用化，针对用户的客观需求来编纂、设计和提供网络服务内容以及各种应用软件，让所有美国人都能利用新技术最大限度地发挥自身潜力。

2. 移动图书馆服务模式框架

针对服务群体的上述特点，图书馆移动服务模式设计应该从用户第一的角度，广泛兼顾社会各层次服务对象的需求与基础条件，尽量简化社会公众接入与使用移动通信网络的门槛，消除他们利用移动服务的素养与技能障碍，并有针对性地设计富有层次感、服务手段多样、服务质量稳定、极具普适性与惠民性的服务模式。

本文针对移动互联网环境设计全新意义上的移动图书馆服务模式，即通过非网络的常规服务与网络服务相结合的方式为社会公众提供移动信息服务。用户不仅能够通过电话、短信等基础服务实现馆藏信息查询、预约、续借、用户借阅信息查询、用户管理等图书馆传统服务功能，还能够通过 WAP 网站、客户端应用提供位置定位、二维码、流媒体等深层次服务。移动信息服务系统主要包含非网络的常规服务平台、短信平台与 WAP 网站服务平台、客户端应用服务平台 4 大功能模块，通过常规服务与网络服务方式相结合，基本能够满足各类图书馆服务对象的需求。移动图书馆服务模式具体架构如图 6-1 所示。

(1)非网络的常规服务模式　图书馆可以在以下方面大力开展卓有成效的"移动扶贫"工作：①创建社区分馆技术服务中心，向买不起电脑、移动终端的人提供电脑硬件和移动信息技术的操作技能培训。②免费或以其他方式提供移动终端设备与网络接入环境。图书馆以低廉的价格或免费向民众提供电脑硬件和移动终端设备，在图书馆内大力营造免费的 WiFi 和 WLAN 环境，力图在实体馆覆盖的小环境内，率先实行移动信息"扶贫"。③图书馆向民众积极开展移动信息技术、移动图书馆服务内容培训。可以通过举办讲座、发放宣传单、手册、课件光盘的形式，增强社会公众的移动信息意识，提高他们的移动素养与利用技能，逐步消除他们对移动图书馆服务的畏惧感与排斥感，增强可接触感与亲近感。通过非网络的常规服务，

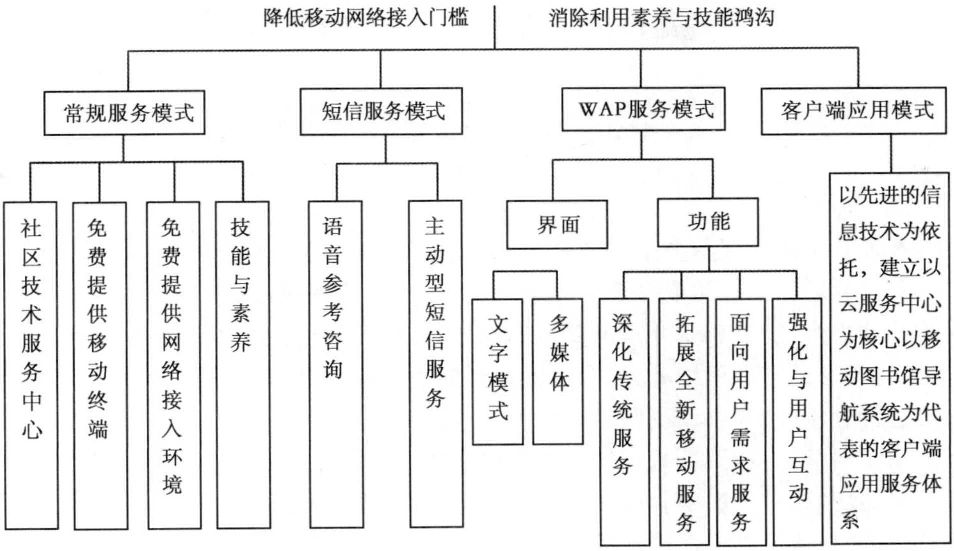

图 6-1　移动图书馆服务模式框架图

让没有电脑和终端设备、不具备利用技能的社会公众也能够利用移动图书馆信息服务。

(2)短信服务模式　短信服务模式的先天不足与一成不变严重影响了其服务功能与服务效果，使得其在数字时代逐渐淡出了移动图书馆主流服务的视野。实际上，对于那些不具备接入移动互联网条件的广大社会公众来说，短信服务模式仍是他们在移动时代利用图书馆服务的有效手段与渠道。图书馆应深入挖掘短信服务模式的潜能，对更多的图书馆传统服务功能进行重组与改造，使其延伸到短信与电话语音服务上，让短信与语音服务承载更多、更丰富的动态内容与功能，从而使图书馆的移动服务更具有主动性、广泛性与亲近性。

7 智慧图书馆的技术

智能化是现代通信技术、计算机网络技术、行业技术、智能控制技术综合而成，并在某一领域灵活运用而体现出的表现形态。“智能化”具有以下 3 个特点：一是具有感知能力，能够感知外部世界和获取外部世界信息能力，这是智能化的前提条件；二是具有记忆和思维能力，能将感知到的外部信息及输入信息，利用已有的程序等进行分析、计算、比较、联想、决策；三是具有学习能力和自适应能力，能作用与反作用于环境，不断更新系统使自己能够适应环境的变化；四是具有决策能力，对环境自适应后，对环境的刺激能迅速做出反应，形成决策信息返回给用户。智能化概念、智能化系统逐渐渗透、应用到各行各业以及我们生活中的方方面面，图书馆应抓住这一机遇，实现图书馆的智能化是未来图书馆的发展方向，我们称之为智慧图书馆。

就目前图书馆的建设和发展来说，图书馆的智能化体现在图书馆管理系统、图书馆建筑、数字资源及印本资源的自动化和网络化、用户信息服务的自动化等几个方面，图书馆在物联网技术、云技术、网络通信技术等先进技术的应用中，逐步探索智慧图书馆的发展路径。

7.1 物联网技术

7.1.1 物联网的概念和特点

中国物联网校企联盟将物联网的定义为当下几乎所有技术与计算机、互联网技术的结合，实现物体与物体之间：环境以及状态信息实时的共享以及智能化的收集、传递、处理、执行。广义上说，当下涉及信息技术的应用，都可以纳入物联网的范畴[56]。

国际电信联盟（ITU）发布的 ITU 互联网报告，对物联网做了如下定义：通过二维码识读设备、射频识别（RFID）装置、红外感应器、全球定位系统和激光扫描器等信息传感设备，按约定的协议，把任何物品与互联网相连接，进行信息交换和通信，以实现智能化识别、定位、跟踪、监控和管理的一种网络。

综上所述,物联网有两个关键点,一是通过相关设备将物品和物联网连接起来,二是将物品的信息输入到互联网中实行相关管理。物联网其实就是一种物与物交换自身信息前提下的网络模式。智慧图书馆利用物联网技术,就是通过手机、电脑、射频识别装置、红外感应器、全球定位系统、扫描器等感知设备,实现对印本资源、数字资源、图书馆运行设备以及用户信息服务等信息的深度感知、采集和处理[57]。

7.1.2 物联网的关键技术

1. 互联网技术

互联网技术是在计算机技术基础上建立的一种信息技术,由传感技术、通信技术和计算机技术 3 大部分组成。网络是图书馆一切资源的载体,它不仅是信息存储的媒介也是信息传输的通道,在图书馆智能化过程中担当着重要角色。

传感器技术是计算机应用中的主要技术,计算机需要传感器将物品信息中的模拟信号转换成数字信号才能处理。传感器是一种检测转换装置,可从光、电、声、力、运动、温度、湿度、震动等信号来感知信息,然后将感知到的信息按照一定的工作原理变换成为电信号或其他所需形式的信息,从而为物联网的实现提供最原始的信息。传感器是实现物联网应用、服务的基础,如果没有传感器感知和处理信息,一切智能控制都无法实现[58]。在图书馆应用中主要是感知 RFID 标签,用于读者借还书服务、门禁服务等;也有感知用户移动手持设备的,只要用户带移动设备到图书馆附近,就可以向用户推送新书预告、过期书预警信息、个性化文献推介信息等。

2. RFID 技术简介

(1)RFID 概念及特点　RFID 的全称为 Radio Frequency Identification,又称无线射频识别,是一种通信技术,可通过射频信号自动识别目标对象,快速进行物品追踪和数据交换。标签、阅读器、天线组成一个基本的 RFID 系统,标签用以标识目标对象,由耦合原件及芯片组成;阅读器用以读取或写入标签信息;天线用来在标签和阅读器间传递射频信号[59];在使用 RFID 系统的图书馆,凭借 RFID 标签及相关设备识别特定目标并读写相关数据,RFID 技术在运行的时候并不需要直接和书籍接触,一定距离内也能够正常的运作。这样的技术在智慧图书馆的构建当中主要使用其两个分支,一种是高频无线射频识别技术,另一种是超高频无线射频识别技术,不管是在国内市场还是在国外市场,这两种技术都是有着相当的受用群体[60]。

对于图书馆来说，这种技术主要替代了传统图书馆的扫描仪和条形码。RFID具有以下几个特点：①它的存储容量极大，一次可以读取多个标签，这使得读者可以一次性借还多本图书；②RFID 标签使用寿命长，防水、防磁、耐高温，并且 RFID 标签的内容可以修改，可以反复利用[61]；③RFID 标签能够实现图书定位，这一功能主要应用于读者寻找图书，防止图书被盗等。

(2)RFID 技术在图书馆中的应用　北美一些图书馆较早地提出利用 RFID 技术实现图书的自动借还，1999 年洛克菲勒大学图书馆率先安装了 RFID 系统，2002 年新加坡国家图书馆在世界上首次采用 RFID 技术的图书管理系统[62]。近几年，很多国家的图书馆采用了 RFID 系统，在国内 2006 年 7 月正式对外开放的深圳市图书馆新馆就是国内第一家全面采用 RFID 系统的图书馆，从流通设备、门禁系统、典藏设备到文献的采编、加工、流通、典藏和读者、书架的管理和维护，并借助移动归架书车确保文献和书架号一一对应，从而实现读者自助借还书、文献典藏和书籍归位的工作。据调查，全国百家以上的各类图书馆应用了 RFID 系统，现以西华师范大学图书馆的 RFID 系统为例，介绍一下 RFID 系统主要包括的部分。

第一，射频标签。标签由耦合元件及芯片组成，每个标签具有唯一的电子编码，射频标签一般会安贴在每本书和书架的每一层的层标里，用以标识目标书籍。这些标签可以设计成自带电源的有源标签或不带电源的无源标签。射频标签的作用是记录书籍和层标的信息，以便用于书籍内容信息和位置信息读取。同时通过标签，可以统计分析用户利用文献情况和阅读喜好，从而为用户提供更好的咨询及推介等智能化服务。

第二，将书籍内的射频标签的内容录入的子系统。这个子系统包括一个标签注册的硬件模块和一个标签转换软件。在需要对书籍内的射频标签进行注册或者注销等操作的时候，需要将书籍放在标签注册的硬件模块上，在计算机的软件上进行图书注册或者注销的操作。

第三，用于存储 RFID 信息的数据库及其所安装的服务器。

第四，由于 RFID 系统必须和图书馆原有的金盘数据库进行同步。所以有一个用于两个数据库之间同步的 SIP2 接口及其所在的服务器。这个 SIP2 接口非常重要，是 RFID 系统能够正常运行的前提之一。

第五，自助借还书机。自助借还书机通过对书籍内射频标签的信息读取和写入来实现读者的自助借还书的操作。

第六，门禁监测系统。RFID 标签与门禁检测系统的红外线感应相连，以此来监测读者是否将未完成借阅操作的图书带出图书馆。

第七，盘点机。这些盘点机是图书馆的馆员用于对书籍的上架、下架、层位倒架的操作。

在以上 7 个部分中，自助借还书机、门禁监测系统以及盘点机都通过网络和存储 RFID 信息的数据库所在服务器相连接，以此发挥其功能。对于应用 RFID 技术的图书馆来说，一方面实现了图书借阅的自动化，读者可自行使用自动借还书机进行借还书操作，加快了图书的流通速率，便捷了读者的借还书途径。另一方面，阅览室的流通台不需要太多人工，极大地节省了人力资源，减轻了图书馆员的工作压力，同时剩余人力可用于延长开馆时间。

3. M2M 技术[63]

M2M(machine to machine)技术实际上就是机器对机器的通信技术。其工作原理即在两台机器上分别嵌入一个"会说话"的 M2M 硬件，通过通信网络(有线或无线)平台，实现机器之间的"对话"。M2M 技术涉及一系列关键技术，包括系统架构、终端管理平台技术、专用芯片技术、模块与终端技术等，也是所有增强机器设备通信和网络能力的技术的总称。M2M 技术重点在于机器对机器的无线通信，主要有机器对机器、机器对移动电话(如用户远程监视)、移动电话对机器(如用户远程控制)等形式。中国电信历时 5 年，在 2012 年初开通了其第一个 M2M 平台，该平台包含了 10 余项国家专利技术，实现了中国电信现有网络在物联网业务中从管道向智能管道的跨越，标志着我国成功利用 M2M 技术的开始。

M2M 的市场潜力绝不仅限于通信业。由于 M2M 整合了无线通信和信息技术，可用于双向通信，如远距离收集信息、设置参数和发送指令，因此 M2M 技术应用在了多个领域如安全监测、自动售货机、货物跟踪等[64]。M2M 技术的出现使网络中的连接体除了自然人、计算机、IT 设备外，还加入了众多的 IT 机器和设备，M2M 技术中最主要的就是远距离连接技术，其近距离连接技术主要有 802.11b/g、BlueTooth、Zigbee、RFID 和 UWB。此外，还有一些其他技术，如 XML 和 Corba，以及基于 GPS、无线终端和网络的位置服务技术。M2M 技术可以为智慧图书馆的发展提供技术基础，尤其可以使相关设备增加远程通信能力，其与 RFID 系统相结合，可应用于安全门禁、自动还书、馆藏自动清点、远距离安全检测等日常工作。

物联网技术的出现给图书馆的发展注入了新的活力，利用物联网技术构建智慧图书馆是未来图书馆的发展趋势，同时面临更多的挑战，涉及系统、设备、网络、人员、服务的创新，需要图书馆与设备供应商、网络公司、软件开发商共同合作开发，也需要各图书馆之间、协会之间的互相沟通与学习，相信随着物联网技术的不断精进和推广，图书馆全面步入智能化的时代为时不远。

7.2 云计算技术

7.2.1 云计算技术的定义

云技术是指可以在广域网或局域网将硬件、软件、网络等系列资源整合起来，对数据进行计算、储存、处理和共享的一种托管技术，它其中包括网络技术、信息技术、整合技术、管理平台技术、应用技术等，这些技术组成资源池按需所用，灵活便利。云计算技术是云技术的重要支撑，这里重点就云计算技术的概念、关键技术点、在图书馆中的应用做一个具体介绍。

根据《智慧城市辞典》[65]和《信息安全辞典》[66]的定义，云计算是一种超大规模、虚拟化、易扩展、按需提供、低成本的网络服务交付和使用模式。它是网格计算、分布式计算、并行计算、网络存储等信息技术的综合、融合和提升，云计算服务商通过网络把多个计算实体整合成具有更强大计算能力的基础架构。根据维基百科的定义，云计算是一种计算方式，通过互联网将资源"以服务"的形式提供给用户，而用户不需要了解、知晓或者控制支持这些服务的技术基础架构("云")。

整合来说，云计算是网格计算、分布式计算、并行计算、网络存储等多种计算机技术和网络技术发展、融合的产物。以互联网网络为载体把多个成本较低的计算实体整合成为强大的计算能力系统，并借助 IaaS、PaaS、SaaS、MSP 等先进的商业模式把这种强大的计算能力分布到用户终端[67]。

7.2.2 云计算中的主要技术

云计算这种超级大规模的计算方式有多个特殊的技术，如虚拟化技术、分布式海量数据存储技术、海量数据管理技术、编程方式、云计算平台管理技术等(表7-1)，这里主要对上述的 5 种技术做主要介绍[68]。

表 7-1 云计算中的技术

技术类型	具体技术
设备架设	数据中心节能、节点互联技术
改善服务技术	可用性技术、容错性技术
资源管理技术	数据存储技术、数据管理技术
任务管理技术	数据切分技术、任务调度技术、编程模型
其他相关技术	负载均衡技术、并行计算技术、虚拟机技术、系统监控技术

1. 虚拟化技术

虚拟化技术将计算机原件运行在虚拟的基础上，它可以扩充硬件的容量，优化软件的重新配置过程，支持更广范畴的操作系统，同时相对减轻了软件虚拟机的相关费用。通过虚拟化技术可以实现软件设施和硬件平台的分离，能将单一资源划分成多个虚拟资源的裂分模式，还包括将多个资源整合组成一个虚拟资源的聚合模式。虚拟化技术根据对象可分网络虚拟化、计算虚拟化、存储虚拟化等，计算虚拟化又分为应用级虚拟化、桌面虚拟化、系统级虚拟化。虚拟化技术的应用方面包括 CPU、操作系统、服务器等多个方面，是提高服务效率的最佳解决方案。

2. 分布式海量数据存储

大量的云端服务器组成了云计算系统，这些云端服务器被用户分配给大量的小用户使用，分布式存储的方式存储数据成为云计算系统采用的重要方式，用冗余存储的方式（集群计算、数据冗余和分布式存储）保证数据的可靠性。通过冗余的存储方式实现任务分解和集群，使用低配设备代替超级计算机的性能来确保降低成本，这种方式保证分布式数据的高可用、高可靠和经济性，即为同一份数据存储多个副本。云计算系统中流行使用的数据存储系统是 Google 的 GFS 和 Hadoop 团队开发的 GFS(Google File System)的开源实现 HDFS。

3. 海量数据管理技术

云计算需要处理、分析分布的、海量的数据，因此，数据管理技术必须能够高效地管理大量的数据。云计算系统中的超大规模数据管理技术主要是 Google 的 BigTable 数据管理技术和 Hadoop 团队开发的开源数据管理模块 HBase。

但目前数据管理技术也面临新的问题，第一，云数据存储管理形式有别于传统的 RDBMS 数据管理方式，如何精准地在超大规模、分布式数据中找到指定的数据；第二，如何确保在大量分布式数据的安全和高效访问；第三，由于管理形式的不同，传统的 SQL 数据库接口和云管理系统的无法兼容，研究也应关注为云数据管理提供 RDBMS 和 SQL 的接口，如基于 Hadoap 子项目 HBase 和 Hive 等。

4. 编程方式

云计算应用了分布式的计算模式，必然需要有配套的分布式的编程模式。云计算采用了由 Google 公司发布的 C++、Python、java、编程模型即分布式并行编程模型 Map-Reduce，这种模型简化了设计理念具有高效的并行运算能力和并行任务调度性，可并行运算大于 1 TB 的单位量。因为该编程模型的严格特点，使得在云计算环境下用户只需要自行编写 Map 函数和 Reduce 函数即可进行并行计算。Map-Reduce 模式的过程就是先用 Map 程序将数据分割成不同板块定义各节点分块数据的处理方法，达到分布式计算的目的，然后通过 Reduce 程序整合各节点结果的保存方法及最终结果的输出方法。

5. 云计算平台管理技术

云计算资源规模庞大，服务器数量众多并分布在不同的地点，又同时应用于多个领域，如何有效地运行这些服务器，保证整个云系统不间断地提供服务，是该领域需要解决的一大难题。

云计算系统的平台管理技术能够使大量的服务器协同工作，方便地进行分布式计算和任务分配，快速发现和恢复系统故障，通过自动化、智能化的手段实现大规模系统的可靠运营。

7.2.3 云计算技术在图书馆中的应用

云计算系统的应用给图书馆的未来发展带来冲击的同时带来了机遇。云计算为图书馆资源的长期保存、资源的有效利用、资源的合作共享等提供了强大的支撑，这为今后图书馆的飞速发展注入了新的活力。图书馆利用云计算进行技术和服务改革主要体现在以下几个方面[69]：

1. 资源存储方面

在云环境中，云中心可以通过任务分配策略将数万甚至上百万普通计算机整合起来，从而为图书馆数字资源的存储提供了海量的存储空间，这种超大规模的分布式计算机群可以容纳无限大的数据，并且其支持随时更新和增加数据，可满足数据量的增长需求。另一方面云计算系统有可匹配的超强计算能力，当用户提交检索、计算请求时，云计算中心利用高速网络同可用的计算机资源进行链接，运用各种不同的方法为用户提供尽可能完善的搜索结果。

图书馆利用云计算系统这两方面的优势可以实现价值最大化。一方面所有的存储服务都在“云”上运行，各类资源随时获取、按需付费，图书馆只需花较少的费用就可享用云计算系统中的海量存储空间及高性能响应服务，同时不用担心服务器瘫痪和软件升级等问题；另一方面存储及检索服务的软硬件设施和服务都由云计算服务商提供，可省去图书馆设备购买、软件升级、维护等的人力和物力，可大大降低图书馆的运行成本。

云计算系统的强大存储功能及响应速度，使图书馆纷纷加入应用该技术的应用行列。美国国会图书馆 NOIIPP 项目(关注多种形式的数字资源)和 DuraCloud (提供存储和获取服务)联手发起利用云技术进行数字内容永久存取的试验计划。

2. 资源整合方面

通过云计算平台，图书馆不仅可以实现对数字资源的存取，还可以完成数字资源的信息组织和加工。利用这一平台用户可以根据统一标准对数字资源进行组织、描述和关联，从而为用户一站式检索服务、信息资源导航、馆际互借、信息资源共享等奠定基础。

3. 资源保障和共享

云计算系统可以调动数以万计的计算机上的信息资源，将不同地域的信息资源整合在一个资源池中，只要用户提交检索请求，可在这个海量的资源池中搜索资源满足用户的信息需求。这样的一个过程可以屏蔽信息资源格式的多样性，做到在云端存储图书馆资源，同时云端也支持信息资源的无障碍传输，消除了信息孤岛，全世界范围内的图书馆都可将本馆资源存储在“云”中，而其合作馆可以通过云计算技术快速获得所需资源。用户可随时随地使用全世界各地图书馆内的资源，这样就真正保证了数字资源的全面共享，大大提高了图书馆资源的利用率。

4. 用户服务方面

云计算系统随时待命为用户服务，其也可以全程跟踪用户的信息行为。云计算改变了目前各个图书馆数据库分布式访问的问题，将这些异构数据整合起来，为用户提供统一的资源检索入口，实现一站式检索服务。系统同时自动跟踪用户的检索行为和需求，可通过 RSS 技术跟踪指定的期刊、网站、出版社、研究机构的最新动态，另外通过分析用户的信息行为可以为其提供更精准的智能服务。

总而言之，各类型图书馆将云计算技术得到有效应用，可建立全国或区域性质的共享“云端”，真正实现资源的长期保存和合作共享，促进图书馆服务模式的全面改革。计算机云计算技术的日趋成熟，定将促进图书馆朝着智能化方向有序、健康地发展。

7.3 资源整合技术

物联网环境下实现了人与人、文献与文献、文献与人之间的相互连接，为智慧图书馆的数据采集、数据分析工作提供了极大地便利，面对海量增长的文献信息、用户服务信息，如何快速有效地帮助用户从智能化搜索系统中获取信息资源，并进行综合分析、推理、判断是智慧图书馆面临的一大难题。Google、Baidu 这样的搜索引擎，其提供的一站式便捷知识服务体系给图书馆检索系统提供了借鉴，各类型图书馆也已注意到了一站式知识发现服务所展现出的竞争优势，已通过应用 Summon、Primo、World Cat Local 与 Encore 等知识发现系统来提供知识与资源发现服务，而这些系统实现的技术基础就是资源、数据的语义索引与数据关联、数据挖掘。在现有的结构化数据环境下，关联数据、语义化、本体等技术的发展，为全面高效的知识发现与获取、组织与整合、开发与利用提供了便利[70]。

关联数据是建立数据之间关联的一种规范。一方面，基于关联数据的智慧图书馆和传统的数字图书馆不同，传统数字图书馆的数字资源是以超链接的形式展示的，每个资源之间没有智能关联，孤立存在；另一方面，用户检索完成，呈现的检索结果不会根据用户的知识背景、检索习惯、兴趣爱好等进行智能排序和推介。

解决上述问题，找到一种数据语义化的表示方式，通过对传统数字资源的语义化处理，实现资源之间的智能关联。关联数据结合数据挖掘技术，可以根据用户的借阅、检索等海量日志信息挖掘分析用户的浏览习惯、兴趣爱好等个性化信息，同时根据用户提交的个人信息，为用户提供更加智能化和个性化的检索结果和推荐服务[71]。此外，大数据时代许多数据信息结合了位置信息，位置信息可以从活动轨迹上体现用户的意图、行为模式等，图书馆及数据库商也抓住了这一趋势，在检索系统中引入了位置信息。如 OPAC 系统中引入全球定位信息，结合数据挖掘技术分析用户的位置信息，从而为用户提供智能化的 OPAC 服务。

在利用关联数据、语义化、本体等技术进行资源整合的过程中，出现了两种现象。有的图书馆认为将图书馆系统作为一整个产品套件更有效率，他们更愿意投资于一个统一全面的系统而不是多个孤立系统，除非技术部门在 API 的应用上有足够信心可以使数据获取更有效率。但有的图书馆仍将其图书馆管理系统和资源发现系统分开布置，他们认为资源整合强调的是互操作能力，图书馆不希望在自己的图书馆服务平台上加入第三方发现系统去整合资源，他们更愿意利用其他的方式将资源进行整合。下面我们就根据调查介绍几个独立的一站式检索系统和可嵌入图书馆管理系统的应用。

7.3.1 Summon 网络级发现服务系统

Summon 检索系统是全球第一个网络级发现服务系统，2009 年 1 月在 ALA 大会上正式宣布问世，2009 年 7 月开始商业化上市，目前知名用户包括：北京大学、密歇根大学、哥伦比亚大学、休斯顿大学、悉尼大学等。Summon 检索系统遵循 Google 及其他网上开放式解决方案的设计理念，根据每个图书馆的馆藏进行个性化定制，利用一个简单的检索框迅速发现图书馆里可信赖的资源，无论资源类型和馆藏位置。Summon 网络级资源与发现服务具有以下特点[72]：

(1)Summon 完全以软件即服务模式(SAAS)为用户提供服务　每隔两到四

个星期 Summon 就会有新功能或改良功能推出，Summon 用户可以自动获得并使用最先进的技术和最新服务版本。通过开放式 API，Summon 服务能够与图书馆任何现有系统（例如应用课件和下一代目录）无缝集成。

（2）Summon 的发现与获取服务均基于 web2.0 标准构造　检索过程会检索与图书馆的资源有关的信息，从而使检索结果与馆藏资料保持一致。同时它会以互联网检索速度返回按相关度排序的检索结果，并通过 Open URL 链接器直接链接至全文。

（3）Summon 的架构与平台　Summon 网络级发现服务完全基于成熟开放的系统体系结构，支持包括但不限于如下标准和协议 OpenURL、XML、OAI、RSS、SOAP、SRU/SRW、CSS，支持图书馆各种类型数据所需要的各种体系结构。单一模式，不掺杂联邦检索；统一框架下的整合索引 Unified Index，是全部基于元数据和全文数据的仓储；因此 Summon 具有高可用性，高可靠性，高速结果返回，支持图书馆联盟的可扩展性。同时具有集成扩展性，能够与其他应用软件系统（如用户认证、移动图书馆等软件系统）实现集成。

（4）Summon 具有丰富的资源　Summon 网络级发现服务的统一索引中包含 10 亿多条数据记录、100 多种不同资源类型的数据，Summon 学术搜索中的资源主要来自图书馆馆藏目录、电子期刊数据库、电子书数据库、图书馆数字特藏资源、开放获取资源等，包括图书、期刊、电子书、学术期刊文章、学位论文、书评、多媒体资源、报纸文章等多种类型。所有的资源类型都被映射到 Summon 统一的结构框架下，从而实现同步平等地发现和揭示。Summon 支持图书馆将新增类型的数字资源收割和导入发现系统，对其索引的数字资源和类型没有限制。随着各个图书馆资源的不断增长和变化，Summon 服务所覆盖的内容也将不断增长。

Summon 互联网级探索发现服务是一种可以提供图书馆的馆藏资源、订购电子资源以及开放获取资源和其他馆外资源、图书馆的特藏资源等全部类型的中外文资源的统一发现与获取服务，为读者提供集成的、单一入口的资源发现与获取服务用户环境。用户只需一个检索框、一个结果显示屏、一种方式，即可获得图书馆提供的最佳资源。其简单的检索方式、丰富的资源类型得到用户的青睐。

7.3.2　World Cat Local

World Cat Local 是 OCLC 于 2008 年推出的一站式发现与传递服务，是 Worldcat.org 的本地搜索和服务解决方案，是印本资源和电子资源的一站式解决方案，通过检索可以将本地、区域和全球的相关资源呈现给读者。World Cat Local 具有以下特点[73]：

1. 一站式检索和结果分析功能

类似Google、百度的单一搜索框，一站式检索即可囊括本馆及成员馆所有印版资源及电子资源，同时还可整合其他授权的电子资源、搜索引擎、图书网站等多种类型资源。

对检索结果进行优化处理。World Cat Local提供分面细化浏览功能，World Cat Local从著者、格式、年代、内容、使用对象、语种、主题等方面提供子类目供用户选择来实现搜索结果的最优化。每条检索出的书目记录中有作者和主题标目链接，使得用户还可进行相关条目的浏览和下载。同时，World Cat Local还提供多种排序方式，如相关性、地理位置、著者、题名、日期等。

2. 与本地服务兼容，无缝链接

World Cat Local可与现有的图书馆系统兼容，如流通、本地数据库、馆际互借等，为用户提供简单、便捷的检索、获取服务。用户只需在World Cat Local中进行相关检索，检索结果会将本地可获取资源排在前面，然后是区域、全球资源。对于电子资源来说，World Cat Local支持OpenURL协议，借助图书馆的World Cat Link Manager或SFX等链接管理工具，可直接从检索记录中链接到馆内购买的数据库资源，并进行全文下载；对于印本资源来说，用户不需知道图书馆的流通流程，只需检索就可看到纸本书的流通信息，进行相关借阅。

3. 用户个性化服务功能

用户可在World Cat Local中建立个人账户，成立个人图书馆，创建书单、评论、建立标签、RSS订阅、保存历史检索等。同时用户也可以通过手机登移动设备访问，从而进行检索、预约借书、查看和下载电子资源、评论等[74]。

World Cat Local服务对图书馆界意义深远[75]，至今，World Cat Local服务的用户已覆盖几千家图书馆。

7.3.3 伊利诺伊大学图书馆Libguides系统

有的图书馆依据自身的技术优势开发了符合本馆特性的独立整合系统。伊利诺伊大学图书馆Libguides是美国Springshare公司在2007年基于Web2.0技术推出的专业学科知识服务与共享平台。利用Libguides，图书馆员可以实现对资源和服务的一体化设计，将图书馆的各种资源和服务通过“指南”的形式组织起来，读者可以通过电脑、平板阅读器、手机方便地浏览。Libguides有以下特点：

（1）SaaS服务模式　LibGuides的营运模式是基于云计算的软件营运服务模式SaaS（Software-as-a-service），即“软件即服务”，所以，最终用户不需要在服务器硬件、网络安全和软件升级维护等方面负担任何的费用与人力成本。

(2)学科导航 LibGuides是专门为图书馆员打造的内容管理(CMS)系统,且融合了大量的Web2.0元素与技术,支持指南模板和与内容的分享与复用,方便了学科指南的建立[76]。

伊利诺伊大学图书馆的学科资源导航由图书馆馆员建立,目的为学校的教、学、研提供学科指南。它分为主题与馆员检索两类,可以通过找学科馆员、浏览最新指南、使用询问馆员聊天服务、浏览流行排序标签等,为用户提供标签、排序、评价、反馈等功能。按学科分成63子类,读者可以按栏目、精选、热门、最新浏览指南等浏览,同时在学科资源导航主页中整合了图书馆的服务,在快速帮助组件中,按用户问题类型分类导航各类咨询问题,如图书馆介绍、图书馆常见问题、流通问题、智能研究者研讨会、可贷技术(在图书馆媒体空间提供给老师、学生尝试新兴技术的机会,进行多媒体硬件和软件的信息技术培训,培养其创造、传播、使用、鉴定和数字媒体的能力)、数据库、期刊链接、问题汇报、购买建议。馆员在平台里可以共享其他馆员的资源,实现多人共享学科资源。

(3)整合功能 Libguilds可以整合馆藏目录检索、跨库检索、Google检索等各类检索系统;可支持链接、博客、视频、RSS、Feeds等各种动态的内容;提供了支持MSN、IM等多种即时通信软件的嵌入功能[77]。

7.3.4 图书馆系统整合

另一个图书馆资源整合的大趋势是实施自动化基础设施的共享。未来图书馆在运行独立的自动化系统时更要考虑集中共享其资源及发现系统。2013年美国启动了几个关键项目,包括伊利诺斯州中心地区图书馆系统(Illinois Heartland Library System,集成了4个独立体系的大系统);Orbis Cascade Alliance是一个集成了37个高校图书馆服务系统的共享图书馆服务平台。此类项目在一定程度上会影响图书馆未来的发展轨迹。在国际上此番浪潮更强劲,丹麦集成学校、公共图书馆资源的国家系统正在实施,挪威面向高校图书馆的BIBSYS项目正在计划中,爱尔兰2014年发布了公共图书馆的共享系统。

丹麦的图书馆自动化系统汇集了88个市(基本覆盖丹麦90%的人口)的学校、公共图书馆,为其提供共享平台。以服务为导向的图书馆自动化系统与丹麦图书馆的专业需求一致,功能包括采集资源和相关事务性工作,比如图书流通、资源检索等。该系统集成了物理资源和数字资源。尽管该系统集中部署,每个城市的自动化系统也会根据本地需要有个性化定制,这就对系统资源的集成提出了挑战[78]。

7.3.5 大数据——更准确了解用户需求

在各馆开发独立的整合检索系统的同时，也应注意一个大数据趋势，图书馆整合检索系统囊括了馆里的流通信息、信息组织内容、用户浏览记录等数据，这里的数据无不反映了图书馆的运行情况、用户行为等信息，如何将系统中的记录数据进行统计分析，从海量的数据中总结用户的行为特征、信息需求，进而为用户提供个性化的学科服务、知识服务等；另外，通过馆舍监控信息、数字图书馆用户使用日志等去研究图书馆系统的运行情况，为未来的图书馆运营、决策提供依据，这都是图书馆面临的大难题。

针对这个情况，Serials Solutions 发布 Intota 评估体系，Intota 是以数据导向而设计的图书馆服务平台，扩展了数字资源、网络发现的产品和服务，其创建的目的是获取图书馆馆藏资源(包括纸本资源)，节约图书馆自动化管理成本。另外 Intota 评估系统基于图书馆大数据，使用图书馆系统多方面的操作数据和指标，为馆藏发展提供决策支持[79]。

从 2009 至今，华东师范大学图书馆每年都会以白皮书的形式推出关于读者借阅印本资源的统计分析。该报告希望通过了解馆藏文献的利用情况，为图书馆馆藏发展、藏书布局、流通借阅规划设置、服务人员配置提供参考，能够为读者提供更好的服务，更好地满足读者的需求。同时，也希望利用数据分析学校读者的阅读喜好，为读者的阅读选择及学校相关工作提供有价值的参考。

2015 年始华东师范大学图书馆已经把数据分析技术应用到系统资源的个性化推荐服务中，实现了个性化资源推送服务。接下来，图书馆方面还会在数据服务方面开展工作。目前，正在与学校相关部门合作，在数字资源利用方面准备基于访问日志实现对数字资源利用进行深度分析，总的目标是要多维度捕捉用户行为的变化，把握用户需求使服务更加具有针对性[80]。

资源、数据的大整合数字图书馆发展的重大趋势，是走向图书馆智能化的重要一步。将图书馆中不同类型资源纳入统一开放平台，在国内各图书馆已流行化，但是都各自为政，没有建立全国及区域化大型的整合系统，这个是中国图书馆界需要考虑的问题。随着整合标准规范体系的建立和推行以及更多的实践和研究，相信未来将无国界获取资源。

7.4 移动图书馆技术

随着移动互联网技术的不断进步，人们生活、工作的方式更加多元化，用户对图书馆的要求和期望也越来越多,越来越高。尤其是移动智能设备的发展,用户要求图书馆提供的服务更加专业、经济和有针对性,其中一点希望在任何时间、任何地点实现馆藏资源的快速查询。目前,各大高校图书馆、公共图书馆等均发布了移动图书馆,其中高校图书馆大多以超星移动图书馆为模板开发了特色移动图书馆。移动图书馆可以使读者在任何地点实现快速查询功能,它可以具有PC机客户端的大部分功能,比如查询资源,阅读全文、修改账户密码等功能,同时还拥有独有的提示书籍阅读期限到期等提醒功能。

目前的移动图书馆的成功主要依靠的技术包括云存储、分布式处理、无线射频技术、近场通信技术、二维码技术、增强现实技术等。这里介绍一下移动图书馆需要解决的关键技术[81]。

首先是资源揭示技术,这种技术主流的主要有:基于APP的解决方案和基于WAP的解决方案。APP的解决方案起源于苹果公司,用户只要在移动设备上安装喜欢的APP应用程序,就能通过该程序与后台服务器实现信息交互,起到信息揭示的作用。WAP技术在目前移动图书馆应用中比较普及,保持了用户在互联网环境下检索、浏览、下载的习惯,易于构建、易于应用。

其次是移动阅读技术,为了解决用户在移动客户端上读取网页、文献的难题。第一文档转换技术,北京书生公司推出了针对各种电子资源的移动授权解决方案,其核心技术就是非结构化文档库技术和文档转换标记语言技术(UOML)。通过UOML文档转化器,用户就可以在移动终端看到文字、图像形式呈现的网页和文献资源。第二资源整合技术,这种技术主要应用于图书馆的“资源门户”中,目前主要采用的是元数据收割、关联数据、本体等信息组织技术,与开放链接、资源导航、个性化服务、用户认证和权限管理等功能组成了移动图书馆的数字资源整合系统。第三是移动中间件技术,该技术主要解决互操作问题,中间件是一组连接软件组件和应用的计算机软件,通常用于支持分布式应用程序并简化其复杂度。

最后,移动图书馆的运行离不开大数据,这里就需要应用到云存储等技术。另外,现在的移动图书馆可以基于移动设备的感知技术实现相关的功能,例如GPRS定位感知用户物理位置,二维码扫描技术便捷了用户的下载使用。

这里以超星移动图书馆为例,介绍一下相关技术及产品功能。超星公司采用Java2平台企业版(J2EE)架构,通过在图书馆网络内设置自身的代理服务器获得电子资源的IP授权,依托“超星百链”后台知识库作为统一资源检索平台的元数据基础,建立移动图书馆系统。该系统的核心模块包含用户认证子系统、代理子系统、页面转换子系统和资源探测分析子系统。

(1)与OPAC系统的集成,实现纸质馆藏文献的移动检索与自助服务。

(2)与数字图书馆门户集成,实现电子资源的一站式检索与全文移动阅读。系统应用元数据整合技术,主要应用元数据收割、存储、管理的方案对馆内外的中外文图书、期刊、报纸、学位论文、标准、专利等各类文献进行了全面整合,在移动终端上实现了资源的一站式搜索、导航和全文获取服务。

(3)与全国共享云服务体系集成,实现馆外资源联合检索与文献传递服务。

(4)构建读者信息交流互动平台,实现公告信息发布与读者个性化服务定制。

(5)集成 RSS 订阅功能,有效地为用户提供个性化信息服务。

移动图书馆是图书馆融入移动互联网时代的契机,是实现智慧图书馆的必经道路,移动图书馆的精细化、人性化,需要加入更多的智能化元素(例如照相、扫描功能)。移动图书馆将最终走向云服务和联盟化,才能保证其稳定性、有效性和安全性。

图书馆用户接触和理解信息化社会越加深刻,他们获取信息的途径不断增多,用户服务意识的不断增强,要求图书馆提供更加多样化、个性化的产品和服务,去满足他们科研和学习的需求。因此,图书馆如果不重视服务质量和信息的高效性,很可能会丧失部分用户,依托物联网技术、云计算技术、资源整合技术、移动图书馆系统等技术的智慧图书馆是未来图书馆的发展方向。

8　智慧图书馆的建筑

智慧图书馆的定义尚未正式形成，可以用智慧图书馆的特性来概括之，即利用现代信息技术让图书馆服务变得方便、快捷且能被感知的图书馆。作为智慧图书馆建筑也应该拥有智慧图书馆的特性，并且其建筑也应该具有智慧性，也应该是智能建筑。根据国家标准《智能建筑设计标准》(GB 50314—2015)，对智能建筑的定义为“以建筑物为平台，基于对各类智能化信息的综合应用，集架构、系统、应用、管理及优化组合为一体，具有感知、传输、记忆、推理、判断和决策的综合智慧能力，形成以人、建筑、环境互为协调的整合体，为人们提供安全、高效、便利及可持续发展功能环境的建筑。”

建筑主体设计是一项十分复杂烦琐的工程，通常需要考量的因素很多。本章主要讨论智慧图书馆建筑的智慧性，因此章节内容主要围绕建筑主体的节能、空间布局、智能系统建设 3 个方面。

8.1　智慧图书馆建筑节能设计

节能研究十分重要，节约能源同时在后期的投入使用过程中节约经费。

建筑节能是指在建筑物的规划、设计、新建(改建、扩建)、改造和使用过料和产品，可提高保温隔热性能和采暖供热、空调制冷制热系统效率，可加强建筑物用能系统的运行管理。建筑选址、建筑结构以及建筑材料等各方面都是影响建筑能效的关键因素。

8.1.1　建筑选址

建筑的选址直接影响了建筑节能的效果，同时对使用者的舒适性以及建筑的性能也有着重要的影响。建筑物所处位置的地形地貌如是否位于平地或坡地、山谷或山脊、江河或湖泊旁边，将直接影响建筑室内外的热环境和采暖制冷能耗的大小。

选择合适的馆址，对于图书馆各方面的工作关系极大。好的馆址能促进图书馆功能的发挥，长期使用；不好的馆址可能造成长期使用不便，留有后患，甚至有无法使用的可能。

图书馆选址一般原则为位置适中、方便读者。图书馆宜建在地势较高、通风良好的地方，有利于馆藏资源的保存。图书馆建筑周围可种植不同种类的绿色植物，以达到吸收噪声，调节温度和湿度的作用。

一般来说，公共图书馆建筑应与周围景观融为一体，同时又为周围景观锦上添花。例如广东省立中山图书馆，充分利用现有资源和条件，同时拓展强化原有的生态绿化空间，实现图书馆内主要空间都可以享受到清新的绿化景观；同时还考虑到了广州的气候特征，建筑物与环境、朝向相适应；馆址的选择还满足了生态循环要求及节能观念，最大限度节约能源；此外，馆址的选择充分体现了尊重城市整体规划与周边环境及建筑物的良好契合。总之，该馆的选址对其悠久的历史、丰富的人文资源和多处文物保护单位进行合理而有效的保护和利用，讲图书馆建设成具有浓郁人文特色和文化底蕴，同时体现岭南建筑风格和时代风貌的文化基地。

图书馆在选址时应优先考虑周边的环境，要远离喧闹嘈杂的公共场所、污染严重的厂矿企业。绿色植被系统的引入，除了处于节能等考虑之外，也是在追求一种与自然保持接近和谐共生的阅读生活。绿色植被系统不但具有令人愉悦的视觉效果，而且给使用者带来舒适温馨的感觉，有助于帮助人们在紧张的状态下得到适当放松，这是难以利用某种技术指标加以衡量的纯心理因素。因此，我国很多公共图书馆都选址在绿色植被丰富的区域。例如我国国家图书馆，选址紧邻紫竹院公园，并在建筑内部庭院中运用水池、叠台、花木、瘦石等方法再现自然，体现现代图书馆古朴大方的书院特色，突出“馆中有园，园中有馆”的环境主题，并且在馆址的东南角保留 2 棵 400 多年树龄的珍贵银杏树，用以象征中华文化的深厚底蕴。

图书馆建筑的选址，除了要注意与自然融合为完美和谐的统一体，使广大读者置身其中有尊严感、温馨感、归属感和人情味外，作为城市标志性建筑的图书馆，还必须位于绝大多数读者期望的地方，特别是公共图书馆，这样才会产生最大的社会效益，并带来一定的经济效益。至于中心地带所引起的噪声问题和建筑物今后扩建的预留土地问题，完全可以通过建筑设计和今后图书馆“网络化”的发展来解决。人们普遍希望图书馆能够建在人口比较密集、接近服务对象、交通方便、无空气污染的中心地带，这样才能更好、更方便地为读者服务。例如，河北省唐山市大地震后新建的图书馆的选址，它处在唐山市市区中心，西邻市委、市政府，东面与凤凰山公园隔路相望，南面、北面都是居民生活小区，正门位于南北向的文化路，是唐山市的科技、文化一条街，庭院内置以花草树木，一年四季常绿，三季有花，大门两侧是临街的科技文化长廊，更增添了图书馆的文化气氛。需要注意的是，图书馆建筑选址更应坚持因地制宜的原则，尤其是公共图书馆，要充分考虑所在地文化背景传统、城市建筑风格及周围环境，决不能脱离当地当前的实际情况而强调选址的某一方面，或照搬其他城市的做法，这都是不可取的。还有一个值得关注的问题，即现在公共图书馆建筑在选址规划中经常碰到馆址的选择与城市的发展规划之间的矛盾问题。目前我国各城市建设规划都是10～20年的中长期规划，如果按照城市规划在新区选择图书馆建筑馆址的话，图书馆的建成时期很可能与当地城市建设规划建成期不同步，进而造成读者到馆不方便、会出现读者流量少，图书馆的功能、作用不能完全充分发挥的局面。国际图联就公共图书馆的选址曾做过如下规定："中等城市的中心图书馆，应设在城市的中心区，小城市的公共图书馆则应建在人流量较大的街上。"这是中小型城市公共图书馆建筑选址应该注意的问题，应优先考虑能吸引读者和方便用户，便于尽快、尽早地发挥多种功能和综合服务作用。

高校图书馆建筑的选址范围不像公共图书馆选址范围宽广，它被限定在固定的校园范围内。高校图书馆的服务的主要对象是教师与学生，方便读者是图书馆工作的原则，因此，高校图书馆的选址除了考虑建筑节能的效果之外，也要围绕这一原则，地点要在全校的活动中心，方便读者出入，既要与教学、科研场所接近，又不能远离学生宿舍和教职工生活区，以方便全校师生读者前来借阅图书。

图书馆周围环境，一方面要洁净、安全，防止噪声干扰，避开由于化学等实验而带来的浓烈气味；另一方面要留有发展的余地和绿化场地。发展余地要预留在水平、垂直向的发展可能性，一般要考虑到20～25年的发展需要；绿化场地要进行绿化设计，可在馆舍外面或内院、天井等处，除栽种树木、设置花坛外，还可布置水室、假山、石凳等，费用不多，却能使读者感到爽心悦目，起到改善阅览环境的作用。再一方面，建筑方位在我国来说，总以朝南方向为宜。总而言之，大学建造新图书馆，从选择馆址上就要为师生创造一个安静、舒适、整洁、美观的学习和研究环境，使他们能够集中精力，安心学习、备课和进行科学研究。例如，河北科技大学新校区，占地面积约2 300亩，基本呈正方形布局，从学校最初规划时就将科大新馆定位于新校区的核心区域，面朝时间广场和校园正门及校园主车行道，南侧是教学楼，北侧是公共教学楼和天佑园，西侧是学生宿舍群。新馆建筑呈对称式布局，建筑的主轴线与校园中轴线相重合，成为河北科技大学标志性建筑，能够满足来自不同方向人流的需要，节约读者时间，突出了图书馆的使用功能。新馆周围有开阔的视野、绿地、树木、花卉、石雕、湖水等，具备充分的自然采光和通风条件，保证空气质量和足够的绿化面积，为读者提供广阔的户外活动场地，有利于读者身心健康愉悦。

由于高校图书馆每年补充的藏书量为几万册到几十万册，师生人数年年不断增加，业务范围也不断扩大，随着科技的发展，现代化的设备也在日益增多，如果不考虑发展的需要，会留有后患，例如上海师范大学1953年修建的图书馆，后面进行过两次扩建，但仍然不够使用，由于当时已经没有更多的空地进行扩建，只能另选馆址重建，这样分散了图书馆的人力、物力和藏书，造成了不必要的浪费，读者也由于需要查阅不同性质的文献资料奔跑两地，浪费时间，降低了效率，同时也会对图书馆有抱怨的情绪。因此高校图书馆的选址一般考虑 20～25 年的发展需要是很有必要的。

8.1.2 建筑结构

合理设计建筑形体如建筑整体体量和建筑朝向等可以充分利用建筑室外微环境来改善建筑室内微环境，一般主要通过建筑各部件的结构构造设计和建筑内部空间的合理分隔设计得以实现。

根据我国的气象特征，我国处在北半球，夏季多刮偏南风，图书馆应尽量采用南北朝向开窗，从而使室内空气对流加强，促进自然通风，不必过于依赖空调。

由于现代建筑通常使用的多为中间转轴开启式窗户，其自然通风面积就受到很大的限制，而不得不依靠空调系统或机械换风系统，来维持室内的温度和湿度。为此，宜采用内平开和内倒开两用开启式的活动窗户，从而增加活动窗户的开启面积，用以解决中间转轴开启式窗户，开启后通风面积过小的问题。在设计封闭式窗户与活动式窗户数量时，在保证建筑规范的前提下，尽量多设置可开启的活动式窗户，以增加自然通风的面积，相对减少对空调系统或机械换风系统的依赖。另外，在目前流行的“大进深”模式的建筑中，可适当引进中庭和天井的设计，以增加建筑内部的自然通风，同时也满足了人们亲近自然的需求。

现行的《公共建筑节能设计标准》(GB 50189—2015)对我国公共建筑节能设计进行了总体的规定。图书馆属于甲类公共建筑，因此在图书馆结构设计中应参考该标准进行设计。

其中建筑围护结构组成部件的设计对建筑能耗、环境性能、室内空气质量与用户所处的视觉和热舒适环境有根本的影响。

围护结构分透明和不透明两部分：不透明围护结构有墙、屋顶和楼板等；透明围护结构有窗户、天窗和阳台门等。

根据在建筑物中的位置，围护结构分为外围护结构和内围护结构。

内围护结构如隔墙、楼板和内门窗等，起分隔室内空间作用，应具有隔声、隔视线以及某些特殊要求的性能。围护结构通常是指外墙和屋顶等外围护结构。

外围护结构包括外墙、屋顶、侧窗、外门等，用以抵御风雨、温度变化、太阳辐射等，应具有保温、隔热、隔声、防水、防潮、耐火、耐久等性能。

因此，在满足使用功能前提下，合理确定图书馆形状，严格控制体形系数。

以湖北省图书馆新馆为例，新馆总建筑面积10万余平方米，其造型以“楚天鹤舞、智海翔云”立意，属大体量、结构复杂的高层建筑；结构形式是以钢筋混凝土框架结构为主的混合框架结构，采用不同类型的结构转换和楼盖形式，工程主体结构形式以钢筋混凝土框架结构为主，局部大跨度、大空间处采用钢结构和钢骨混凝土结构的混合框架结构。框架梁采用宽扁梁截面形式，东、西中庭屋盖为实腹式H型钢梁结构；中部中庭钢结构屋盖呈斜平面椭圆状，南高北低布置。对柱网上密下疏的部位，设置大梁和桁架等转换构件对其进行转换。结构主要特点为结构转换多、楼板开洞大、阶梯状退层结构、结构跨度大、节点类型多。

地下部分为车库、设备用房和密集书库；地上部分为阅览、报告厅、展览厅、藏书、办公等用房，层1设有一个600人大空间报告厅；建筑中部由西至东共设置3个中庭，由层1贯通至屋顶。南立面凹入式主入口门庭处开口长度最大为56.7米，内收进深24米，高度约为28米；西南角因在层1、2抽柱，形成上部大悬臂结构；东西立面从下至上由北向南呈阶梯形退台。

结合不同区域的使用功能、楼面使用荷载要求和不同的结构类型，采用了多种楼盖形式：现浇厚板、普通现浇梁板楼盖、GR模壳钢筋混凝土双向密肋楼盖、钢筋桁架楼层板组合楼盖。报告厅设在层1，高度跨2层空间，上部为8.1米×8.1米的小柱网结构。为实现报告厅的大空间效果，上部7个结构柱不能直接落在基础上，而需要对7个结构柱进行结构转换。结构转换运用了抬轿的原理，沿纵横向分别设置转换梁形成空间的结构转换体系。转换梁均采用钢骨混凝土梁，支承转换梁的柱采用钢骨混凝土柱。双向密肋楼盖提供了较大的楼面刚度，有利于主、次转换梁共同协调工作。

新馆工程在设计开始全面贯彻节能设计的理念和原则，通过使用雨水回用技术、太阳能技术、绿化微喷灌技术、地源热泵技术及各种节能产品和材料的运用等使得全关综合节能效果达到较为优秀的水平。

理论上，在其他条件相同的情况下，体形系数越大，其单位建筑热散失面积就越大，能耗越大。体形系数每增加0.01，耗热能指标约增加2.5%。通常，降低体形系数的方法有：图书馆外形设计宜简洁、完整，要尽量避免复杂轮廓线及外形凹凸过多，尽可能地减少外表面积。门窗的设计不合理导致的高耗能也占有很大比例。公共建筑合适的窗墙比不应大于0.7或小于0.4，可见光的投射比不应小于0.4，合理布置开窗位置，通过控制开窗面积，能有效降低能耗。

广州大学图书馆的中庭是一个典型的大面积采用玻璃的例子，由于该图书馆是在《公共建筑节能设计标准》实施前竣工的，南、北朝向开窗比为0.85，超过现行不应大于0.7的标准，并且中庭采用了大面积的白玻璃，热传导系数过高，屋顶为全玻璃屋顶,夏季过量太阳辐射入内形成了明显的温室效应,这就导致了中庭空调负荷大,热舒适性差等问题。

8.1.3 建筑材料

在合理的建筑结构设计的基础上,在设备材料等方面采用高新技术,可以更好地减少能源消耗,提高能源的使用率,例如采用新型的保温材料包敷供暖管道,以减少热量的损失。

对建筑能耗、环境性能、室内空气质量与用户所处的视觉和热舒适环境有根本的影响建筑围护结构来说,能量损失主要来自外墙、门窗、屋顶3部分。开发高效、经济的保温、隔热材料和切实可行的构造技术,以提高围护结构的保温、隔热性能和密闭性能。

就墙体节能而言,传统的用重质单一材料增加墙体厚度来达到保温的做法已不能适应节能和环保的要求,而复合墙体越来越成为墙体的主流。复合墙体一般用块体材料或钢筋混凝土作为承重结构,与保温隔热材料复合,或在框架结构中用薄壁材料加以保温、隔热材料作为墙体。建筑用保温、隔热材料主要有岩棉、矿渣棉、玻璃棉、聚苯乙烯泡沫、膨胀珍珠岩、膨胀蛭石、加气混凝土及胶粉聚苯颗粒浆料发泡水泥保温板等。这些材料的生产、制作都需要采用特殊的工艺、特殊的设备,而不是传统技术所能及的。值得一提的是胶粉聚苯颗粒浆料,它是将胶粉料和聚苯颗粒轻骨料加水搅拌成浆料,抹于墙体外表面,形成无空腔保温层。聚苯颗粒骨料是采用回收的废聚苯板经粉碎制成,而胶粉料掺有大量的粉煤灰,这是一种废物利用、节能环保的材料。墙体的复合技术有内附保温层、外附保温层和夹心保温层3种。中国采用夹心保温作法的较多;在欧洲各国,大多采用外附发泡聚苯板的做法,在德国,外保温建筑占建筑总量的80%,而其中70%均采用泡沫聚苯板。

门窗具有采光、通风和围护的作用,还在建筑艺术处理上起着很重要的作用。然而门窗又是最容易造成能量损失的部位。为了增大采光通风面积或表现现代建筑的性格特征,建筑物的门窗面积越来越大,更有全玻璃的幕墙建筑。这就对外维护结构的节能提出了更高的要求。

对门窗的节能处理主要是改善材料的保温隔热性能和提高门窗的密闭性能。从门窗材料来看,近些年出现了铝合金断热型材、铝木复合型材、钢塑整体挤出型材、塑木复合型材以及UPVC塑料型材等一些技术含量较高的节能产品。

其中使用较广的是UPVC塑料型材,它所使用的原料是高分子材料——硬质聚氯乙烯。它不仅生产过程中能耗少、无污染,而且材料导热系数小,多腔体结构密封性好,因而保温隔热性能好。UPVC塑料门窗在欧洲各国已经采用多年,在德国塑料门窗已经占了50%。

20世纪90年代以后，塑料门窗用量不断增大，正逐渐取代钢、铝合金等能耗大的材料。为了解决大面积玻璃造成能量损失过大的问题，人们运用了高新技术，将普通玻璃加工成中空玻璃，镀贴膜玻璃(包括反射玻璃、吸热玻璃)，高强度LOW-E防火玻璃(高强度低辐射镀膜防火玻璃)，采用磁控真空溅射方法镀制含金属银层的玻璃以及最特别的智能玻璃。智能玻璃能感知外界光的变化并做出反应，它有两类，一类是光致变色玻璃，在光照射时，玻璃会感光变暗，光线不易透过；停止光照射时，玻璃复明，光线可以透过。在太阳光强烈时，可以阻隔太阳辐射热；天阴时，玻璃变亮，太阳光又能进入室内。另一类是电致变色玻璃，在两片玻璃上镀有导电膜及变色物质，通过调节电压，促使变色物质变色，调整射入的太阳光(但因其生产成本高，还不能实际使用)，这些玻璃都有很好的节能效果。

屋顶的保温、隔热是围护结构节能的重点之一。在寒冷的地区屋顶设保温层，以阻止室内热量散失；在炎热的地区屋顶设置隔热降温层以阻止太阳的辐射热传至室内；而在冬冷夏热地区(黄河至长江流域)，建筑节能则要冬、夏兼顾。保温常用的技术措施是在屋顶防水层下设置导热系数小的轻质材料用作保温，如膨胀珍珠岩、玻璃棉等(此为正铺法)；也可在屋面防水层以上设置聚苯乙烯泡沫(此为倒铺法)。在英国有另外一种保温层做法是，采用回收废纸制成纸纤维，这种纸纤维生产能耗极小，保温性能优良，纸纤维经过硼砂阻燃处理，也能防火。施工时，先将屋顶的钉层夹层，再将纸纤维喷吹入内，形成保温层。屋顶隔热降温的方法有：架空通风、屋顶蓄水或定时喷水、屋顶绿化等。以上做法都能不同程度地满足屋顶节能的要求，但最受推崇的是利用智能技术、生态技术来实现建筑节能的愿望，如太阳能集热屋顶和可控制的通风屋顶等。

“申纽丽”外墙施工在宁夏大学图书综合实验楼的工程实践中取得了良好的效果。“申纽丽”外保温系统由模塑膨胀聚苯乙烯泡沫塑料阻燃保温板、外墙外保温系统专用黏结剂、耐碱玻璃纤维网格布、保护涂层和辅助材料等组成。整个系统外覆盖装饰性涂料，通常为厚塑性涂层。其专用黏结剂与外饰涂层均为纯丙烯酸系列产品，具有优异的耐候性与耐碱性，是外墙外保温系统稳定性的根本保证。其阻燃保温板和网格布均是通过粘贴方式，或用金属件、螺钉或其他装置(如特殊金属件、插件、连接件等)固定于墙面。该施工方法的优点是：适用范围广、保温效果明显，保护主体结构，有利于改善室内环境，扩大室内的使用空间，便于丰富外立面。宁夏大学图书综合实验楼自2009年投入营运以来，保温板与墙体黏结牢固，外墙表面瓷砖未发现任何裂纹和脱落，室内的保温和隔热效果明显。在夏天室外温度37摄氏度以上时，房间内气温明显偏低，有阴凉感，降低了空调的使用频率，可节电40%左右。冬季该系统避免了冷桥的产生，大大减少了室内热能通过外墙损失，使用空调可节电50%左右。

8.2 智慧图书馆建筑空间分布

建筑空间，它是人们人为的为了满足人们生产或生活的需要，运用各种建筑要素与形式所构成的内部空间与外部空间的统称。建筑空间的设计的好坏是评价一个建筑作品的好坏的基础，如果一栋建筑作品的内部空间很吸引人，很令人振奋，那么，人的行为活动，思想思维，都将受到巨大的影响，如果一个建筑内部空间很美观，而其室内的装饰很懒，那么该空间的美好性就算被破坏了，但是很明显，装饰只是装饰，它可以改变，而设计好的空间则是固定的，因此，一个好的空间设计为一个建筑所必不可少的。

在我国，由于智能建筑的理念契合了可持续发展的生态和谐发展理念，所以我国智能建筑主要更多凸显出的是智能建筑的节能环保性、实用性、先进性以及可持续升级发展等特点，和其他国家的智能建筑相比，我国更加注重智能建筑的节能减排，更加追求的是智能建筑的高效和低碳。

1.智慧图书馆建筑空间的设计

对于常见的智能建筑空间分布的设计来说，主要的存在形式表现为以下几个方面：

(1)决策空间　对于决策空间的设计，需要遵循相应的设计标准，其中包括家具、面积、办公设施以及照明设备等。对这些方面进行设计，主要是将较为良好的工作环境以及信息环境、辅助决策支持手段和提供给相应的决策者。打造更为合理的空间布局。

(2)会议空间　在现代智能建筑的室内空间分布的设计中，对会议空间进行设计是较为重要的环节。增加智能化的通信手段对于办公效率至关重要。可以通过对通信的网络空间展开合理的使用是的不同地域的人员进行会议交流，可以使得与会人员通过声音或者影像的方式来举行会议。会议空间通常选择比较安静的位置，具体来说，可以将会议空间的位置设置到较高的楼层。会议空间的面积大小，要根据参与会议人员的数量来决定，同时还要考虑到会议设备存放空间或者摄像的范围等因素，需要注意的是，会议室的背面最好不要出现窗户，要利用遮光设备对强光进行阻挡，同时要安置一定的隔音或者吸声、防止回声的设备，这样可以保证在开会期间不受外界的干扰，提高会议的质量。

(3)休息接待空间　在智能建筑中的休息接待空间要进行合理科学的布置，要预留出谈话和站桌的空间，在休息接待室可以进行一些小型的会议，可以方便员工之间的交流。

（4）办公空间　建筑平面布置合理、采光设计良好，具有安全、健康、便利等特点，配备先进的信息环境，自动化办公条件。

此外，智能建筑内部空间还包括有发电机室以及电脑机房、空调主机室、电池室、空气调节室、管道间、简报室、不断电设备电源设备室等部分，其功能跟其相关专业有着较为密切的联系。

智能建筑空间设计理念要求图书馆的建筑设计必须充分考虑图书馆各种功能空间的组织与布局关系，合理制定空间面积，正确处理空间使用的主次关系，以达到空间面积利用的最大效率。

2.智慧图书馆建筑空间的分布区域

结合以上理念，智慧图书馆建筑空间分布可以分为以下几个区域。

（1）共享服务大厅　共享服务大厅是图书馆重要的引导和服务空间。读者通过门禁系统进入大厅，大厅内设有咨询服务、证件管理、总借还书处、公共查询、新书展示、自助借还系统及各种导向标记等，如果条件具备（包括面积、硬件设施等），还可把工具书阅览、数字阅览都设在大厅，形成传统印刷空间环境和现代数字空间环境的有效整合与布局，为读者自由、高效地利用资源提供最大的方便。共享大厅可成为图书馆的管理核心，使图书馆的一系列服务尽可能在大厅中完成。有的图书馆共享大厅利用率不高，是因为设计与布局只注重空间的规模，而忽视了功能性、灵活性和综合性，从而不能满足读者的多种需求。

（2）普通借阅区和研究区　这是图书馆最主要的部分也是读者利用率最高的场所。根据读者的需求和文献载体及文种不同可分为：中文图书阅览室、报刊阅览室、外文图书阅览室等，这些阅览室空间宽敞，并容藏、借、阅、管为一体，阅览室内还提供咨询、电子文献查询、随书光盘、复印、打印等服务，读者在阅览室就可享受到“一站式”服务。这些读者流量较大的阅览室一般都设在图书馆的一二楼；为了满足不同读者的需求，在大阅览室内一般都设有研究区。研究区有着不同于一般阅览室的含义，它能够为读者提供个人或研究小组和集体讨论需要的独立空间，图书馆可在研究室内提供电脑和网络信息点等服务。

（3）特藏和名人捐赠区　图书馆的珍贵藏书如古籍、民国文献、名人赠书和手稿等，都应特殊保管。这些特藏区需要独立的空间，并要具备防火、防盗、恒湿恒温的条件。除了书库外，在阅览室内还应设置一些展柜、橱窗，可挑选展出一些珍贵的文献供读者欣赏。

（4）多媒体阅览和数字阅览区　多媒体阅览和数字阅览既可采用单独设区管

理也可采用分区管理的模式。单独管理可把多媒体阅览、数字资源阅览、音乐欣赏、影视鉴赏、光盘刻录等服务放在一个空间，集中管理；也可以将数字阅览分设在每个阅览室里，为避免数字阅览的噪声，应尽量用软隔断（如矮书架、沙发、花架）将纸质阅览和数字阅览相对隔开，也可围设在阅览室内的柱子旁。总之，数字阅览应尽量与纸本阅览静区分开，以避免噪声对读者的影响。

（5）公共活动服务区　是指图书馆为学术和社会活动服务提供的一个动态空间。一般由报告厅、接待室、会议室、培训室、书吧、展厅等组成。公共活动服务区的出现，不仅是对传统图书馆功能布局模式的突破，也是社会进步的表现和社会发展的需要。它为读者和社会活动提供了便利条件，形成了图书馆以文献服务为主并兼顾学术和其他社会活动的新的空间布局模式。为避免公共场所的人流和噪声影响到图书馆的读者，所以，一般公共活动区，既要和图书馆相连，又要有自己独立的空间和独立的出入口，一般设在图书馆的底层或一角，既要方便管理又不影响图书馆的正常使用。

（6）基藏书库区　虽然现代图书馆已实行开架阅览服务，但图书馆的藏书不可能全部放在阅览室供读者使用，特别是大中型图书馆，如果把馆藏图书全部放在阅览室里，不仅造成空间的浪费，也会给读者找书带来极大的不便。因此，目前图书馆大多还在采用“三线藏书”的方式，以供不同读者的需求。所以，图书馆的基藏书库空间对绝大多数图书馆来说是不可缺少的。为节省空间，现在书库一般都以密集型书库为主。基藏书库的空间可自成一区，考虑到地面的荷载，一般设在图书馆的底层，但要靠近电梯，方便与读者区的联系。另外，也可在基藏书库里设一些阅览座位，方便读者使用。

（7）办公区　办公区分行政办公和馆员业务办公，区域相对独立和稳定。办公区对空间的容量要求比读者区要小得多。在模数式图书馆设计中，办公室通常是用大开间分隔而成的，行政办公用房需求相对稳定；馆员办公用房将会根据图书馆业务的拓展而产生新的使用需求。所以，固定不变的馆员办公用房已不能适应变化发展的需求。因此，图书馆对业务发展要有前瞻性，适当放宽业务办公用房，如果增加新的业务，可用软隔断隔出新的空间，以便使用。同时，还应考虑馆员办公用房要以业务流程线路的顺畅和管理的方便性为原则，并相对接近读者。

（8）技术设备区　随着现代化的发展，图书馆计算机、网络等现代技术被广泛应用，图书馆的技术设备空间也成为必不可少的用房区域。主机房、配电房、空调机房、监控室等一般都设在图书馆的底层一角。因技术设备的管线与技术要求复杂，所以技术设备用房不但要独立一体，也要相对固定。为避免其噪声、振动带来的干扰，技术设备用房还应尽量远离读者阅览区域和办公区域。另外，大楼每层的交换机房也应设在走廊的一角，既要方便检修，也要尽量减少对读者的影响。

智慧图书馆建筑的空间分布特别强调了现代化图书馆建筑在使用上的灵活性，不仅满足当前图书馆功能使用的需要，同时又能充分考虑图书馆未来发展的需求。因为图书馆建筑面积不可能无限制的扩大，因此在设计上要考虑在不改变建筑结构的情况下实现功能上灵活调度的最大化。图书馆的这种功能灵活性，形成图书馆建筑设计的新理念。近年来，模数式设计已成为国内图书馆建筑设计的主流，表现为通透、开阔的大开间设计，实现了藏、借、阅、咨询一体化布局，改变了图书馆功能分割、建筑格局固定不便的模式。随着建筑材料和建筑设计的进步，今后图书馆在功能使用上将会获得更大的灵活性。其次，高效率也是现代图书馆设计中不可忽视的一面，要以遵循提高效率，节约读者和工作人员的时间为设计原则。合理设计读者、书籍和馆员的 3 条流线，既要使之联系方便，又要避免流线相互冲突和交叉。内部工作流线要便捷明确，注重实用，提高建筑面积的使用率。

目前，我国图书馆空间结构多数采用国外“三同一大”设计模式，即同一柱网、同一层高、同一荷载、大开间。其设计优势在于大空间，将图书馆的馆藏、咨询、阅览、借还几种功能一体化，但是这也意味着任一地方的照明、采暖，都要按照最高要求设计，造成极大浪费。这就需要设计者突破现有模式，改进结构设计。

例如广州图书馆新馆的建筑构思是美丽的书籍，以“之”字形布局的 3 个空间中，南楼 8 层高 40 米，长约 130 米，宽约 10 米左右。北塔 10 层高 50 米，长约 135 米，宽为 35 米左右。南楼与北楼 7 层以下是两幢独立的建筑物，南北两楼在 8 层的东面相互连接，中间部分通过万铰和连杆对接合拢而成，实现了整体结构的稳定和安全，西面的区域开放而形成一个“V”字形的平面，形成复杂而新颖的建筑结构。北楼的空间在中间位置东西两侧分别掏空为采光带，使北楼建筑体中增加了不少自然采光。首层设计约 2 000 平方米的入口大堂和中庭，40 米通高的共享中庭形式，不仅能够增加室内空间的采光，更能够构建一个流畅的交通空间和视觉空间，体现现代图书馆的气魄与空间魅力。

新馆建设围绕着创新的服务理念和五大功能，在功能设计和布局中设立大众服务区、专题服务区、对象服务区、交流服务区四大功能分区。其中大众服务区主要提供报刊、普通音像资料外借、文学图书、考试专题图书和综合图书，主要提供传统的图书借阅服务。专题服务区主要提供本土文化、都市文化和多元文化，其中本土文化包括广州人文馆、《广州大典》与广州历史文化研究基地、家谱查询中心和广州非物质文化遗产常设展览，营造多元文化服务界面与环境氛围，建立多元文化服务支撑体系；都市文化包括休闲生活馆、创意设计馆和影音鉴赏区、广州国际纪录片节展示服务中心，倡导现代都市文化。对象服务区主要提供视障人士服务区、亲子绘本阅读馆、儿童玩具图书馆、南方(分级阅读)悦读馆、信息技能学习区和阅读体验区。交流服务区主要提供学术报告厅、展览厅和专家多人交流室,举办“羊城学堂”公益讲座项目。通过以上分区设置,可以保证新馆业务的正常开展。

在智慧图书馆建筑的室内布局设计上,应充分体现社会文明和人文关怀。首先,注重休闲空间的设计与利用,预设共享大厅、园艺区等休闲场所,利用过厅、楼梯厅或走廊一角,避开人流路线作适当陈设安排,为读者提供休息场所,并辅以艺术雕塑及文化装饰等,形成“人在园中,园在馆内”的氛围,为读者提供方便、舒适、优美的环境。其次,尽可能利用自然环境,坚持以自然采光和自然通风为主,既提高读者使用的舒适度,又降低了日常运行费用。基于实际情况有些阅览室进深过大,考虑局部用人工照明和机械通风加以补充,力求实现光线充足,通风流畅,读者视线不受干扰。再次,对无障碍设计予以充分考虑,具体包括在图书馆入口处设置轮椅坡道、盲道、扶手、防护栏杆、盲文标志、音响信号等设施,在各楼层内设置残障者专用卫生设施等。另外,图书馆设计除了强调考虑读者的意愿和需求外,对员工在工作和生活中的实际问题也予以充分考虑,如设置专门的员工休息室和清洁卫生间等。

广州图书馆新馆在设计无障碍服务设施之初,图书馆专门上门征求残联主席对新馆在无障碍方面的规范和要求,标准盲道可保证盲人方便准确进入视障人士服务区进行阅读,在为视障人士服务中,提供盲人读屏软件,电梯上设置了方便轮椅读者按钮装置,在书架布局上增加书架之间的行距到 1.15 米,使乘坐轮椅车的读者可以方便地进入书架中选取所需要的图书。在新馆建设完成后,图书馆邀请残联主席再次到新馆体验和提出整改意见。2014 年 4 月美国最重要的残疾人法案——残疾人教育法案的撰写者特意来检查新馆为残疾人提供服务的软硬件,得到较为满意的结果。

图书馆内的交通流线是否通畅,直接关系到图书馆的使用效率。图书馆内道路应简明直接、标识明确,正常情况下人流通行顺畅,紧急情况下要保证人流疏散安全。交通组织要合理、畅通、方便;人车货分流清晰,以便于日常使用和管理。在图书馆建筑功能组织中,人流交通组织也是极其重要的一环,应动态地考虑图书馆的发展变化,为新的运行机制留有余地。现代图书馆的设计,往往更注重大开间、全开放、“藏、借、阅、咨”一体化的服务与管理模式,这就使阅览区变得越来越大;同时,为了调节呆板的阅览环境,创造活跃的阅览氛围,圆形、S 形等颇具艺术性、时代感的异型书架,得到了越来越广泛的使用,这些都加大了读者查找文献的难度。因此,就需细化设计好图书馆的内部布局和交通流线。可以根据本校读者的使用规律,有针对性地安排馆藏布局和服务布局,对于圆形、S 形等不易精确排架的异型书架，宜放置新书或休闲类图书，以降低对其精确排架的要求；对于大开间阅览区，宜进行精确的排架并做出明晰的标识，或借助智能图书馆的 RFID 技术，精确确定图书的收藏位置，使读者能方便直接地找到自己所需要的资料。建筑布局要求功能齐全、动静分区，遵循物流、馆员人流和读者活动流相对分离的原则。预设读者流向和流量，藏书、读者、工作人员三大流线设计顺畅便捷，内部功能要达到适用性、方便性、灵活性、科学性、安全性的要求。各建筑物之间要有风雨走廊连接，便于人流物流交通。尽量不采用高层建筑，以避免集中大人流垂直交通对电梯的依赖。书刊的物流线路上，在没有垂直升降电梯的地方应保持同一平面，以免运书车辆通行困难。在电梯设计时，宜考虑设置一部货梯，以供运输一些超长、超宽的家具设备等。

河北科技大学图书馆新馆建筑设计秉承了读者第一、服务至上的现代化图书馆办馆理念，集文化、教育、科学为一体，在功能布局上着眼于学校长期发展和现代化图书馆发展趋势，实现传统馆藏与数字馆藏并存，从功能出发进行设计，包括图书馆业务、服务及管理等，特别是对新馆的藏书用房、业务用房、行政用房、技术用房、附属设施用房以及公共服务区和馆内各子系统的布局与规划，力求在平面布置中做好功能分区和人流疏导，合理安排采编、收藏、外借、阅览之间的运行路线，使读者、图书、工作人员 3 条流线协调畅通，尽量避免相互干扰造成混乱。对于藏、阅合一的空间，功能经常发生调整变化的空间，采用“三同”的做法，即层高均大于 5 米，柱间距均大于 7.5 米。至于功能相对稳定的空间，如办公、会议室、内部业务用房，则按实际使用要求确定其柱例尺寸和层高，按结构荷载规范中的规定选用荷载。

除此之外，针对书库使用的实际需求，又提出了“一高一低”原则，一高即层距高，其使用高度大于 5 米，一低即书架低，高度小于 1.3 米且分隔不多于 4 层。考虑新馆除了具有文献信息职能外，还具有展览、演讲、学术交流、教育培训等功能，采取模数式图书馆结构能够更好地按功能需求进行合理分区，在多层次上满足数字化图书馆的实体要求。同时，塑造开放式图书馆，强调多种空间的穿插与组合，拓宽库与室的概念。即一方面淡化书库的概念，将现在的开架借阅发展为开放式的借阅合一，采用全开架服务，将各个学科分别集中起来形成相对独立的藏阅单元，充分发挥其高效、便捷的优越性，利于读者及工作人员查书、上架、提书、运书、还书等，形成“人在书中，书在人旁”的新格局；另一方面淡化室的概念，引入并建立区的概念，在区的划分上应有大、中、小之分，建议大区 1 000～1 700 平方米，中区约 700 平方米左右，其余作为小区。总体上，科大新馆设计时考虑尽可能多地为读者创造方便舒适的阅览环境，提高文献资料的利用率，力求做到空间开敞、资料开架、网络开通、管理开明、全方位开放。

同时，图书馆是一个人员密集的场所，紧急情况下的人员疏散问题，也是交通流线设计时必须考虑的，特别是阅览室、书库、报告厅等人员最密集处，疏散大门前消防前室的设计往往被忽略了，从而增加了疏散压力，限制了救援的空间。因此，在设计交通流线时，应该有意识地为疏散重点部位，留出足够的空间。

8.3 智慧图书馆建筑智能系统

建筑智能化是采用计算机技术对建筑物内的设备进行自动控制，对信息资源进行管理，为用户提供信息服务，它是建筑技术适应现代社会信息化要求的结晶。

图书馆建筑智能化是指综合采用电子信息技术、计算机技术和现代通信技术，对图书馆建筑内的机电设备进行自动监控，优化工作参数，对信息资源实施科学管理，为读者提供优质、高效的信息服务。

图书馆建筑的智能化，不仅方便了对大楼建筑的管理，提高了工作效率，降低了公共能耗，而且还方便了广大读者能更好地享受图书馆所提供的多元化的公共文化服务。所以图书馆智能化已成为现代化图书馆发展的必然趋势。

智能化是社会发展的必然趋势，它应用于图书馆，体现了图书馆功能的转化。现代计算机技术、现代控制技术、现代通信技术和CRT图形显示技术即4C技术在建筑平台上的应用，使智能化建筑具有监控、控制、管理及信息传输与信息处理等能力。相比于一般的智能化建筑，图书馆智能化建筑的系统结构更为复杂，在《智能建筑设计标准》(GB 50314—2015)中，对图书馆建筑智能化系统中要求图书馆信息化应用系统的配置应满足图书馆业务运行和物业管理的信息化应用需求；信息网络系统应满足图书阅览和借阅的需求，业务工作区、阅览室、公众服务区应设置信息端口，公共区域应配置公用电话和无障碍专用的公用电话。图书馆应设置借阅信息查询终端和无障碍信息查询终端；会议系统应满足文化交流的需求，且具有国际交流活动需求的会议室或报告厅宜配置同声传译系统；建筑设备管理系统应满足图书储藏库的通风、除尘过滤、温湿度等环境参数的监控要求；安全技术防范系统应按图书馆的阅览、藏书、管理办公等划分不同防护区域，并应确定不同技术防范等级。

智慧图书馆建筑智能系统一般可分为综合布线系统、信息发布系统、多媒体会议系统、公共广播系统、视频监控及报警系统、门禁一卡通系统以及楼宇自控系统等几方面。

8.3.1 综合布线系统

综合布线系统包括楼宇自动化(BA)、消防自动化(FA)、安保自动化(SA)、通信自动化(CA)和办公自动化(OA),也就是所说的5A智能化建筑。这一系统是图书馆建筑智能化的基础。为了实现物尽其用和经济性、实用性最大化,智能化图书馆建筑的综合布线系统应当采用先进配套设施,按照各类信息的传送要求使用多种传送媒介,以形成高速的信息通道和集成化的管理网络。

综合布线系统应满足建筑物内语音、数据、图像和多媒体等信息传输的需求;应根据建筑物的业务性质、使用功能、管理维护、环境安全条件和使用需求等,进行系统布局、设备配置和缆线设计;应遵循集约化建设的原则,并应统一规划、兼顾差异、路由便捷、维护方便;应适应智能化系统的数字化技术发展和网络化融合趋向,并应成为建筑内整合各智能化系统信息传递的通道:应根据缆线敷设方式和安全保密的要求,选择满足相应安全等级的信息缆线;应根据缆线敷设方式和防火的要求,选择相应阻燃及耐火等级的缆线;应配置相应的信息安全管理保障技术措施;应具有灵活性、适应性、可扩展性和可管理性。

图书馆智能建筑内数据传输主干应采用多模主干光缆,按照传输速率万兆或以上进行设计,并结合智能化其他子系统的需要,对数据传输线路进行统一规划。数据终端信息点按图书馆馆员工作站、信息发布、书目查询、自助办证、自助借还书、电子阅览等设备摆放位置进行有线覆盖;会议室、开放式阅览区、公共活动区等采用无线方式覆盖,并充分预留有线信息点点位。普通信息面板的标高遵循相关施工规范,对部分具有特殊使用情况的应按照图书馆专用家具的使用工艺的需求进行配置。

8.3.2 信息发布系统

信息发布系统应具有公共业务信息的接入、采集、分类和汇总的数据资源库,并在建筑公共区域向公众提供信息告示、标识导引及信息查询等多媒体信息发布功能。宜由信息播控中心、传输网络、信息发布显示屏或信息标识牌、信息导引设施或查询终端等组成,并应根据应用需要进行设备的配置及组合。并应根据建筑物的管理需要,布置信息发布显示屏或信息导引标识屏、信息查询终端等,并应根据公共区域空间环境条件,选择信息显示屏和信息查询终端的技术规格、几何形态及安装方式。播控中心宜设置专用的服务器和控制器,并宜配置信号采集和制作设备及相配套的应用软件,软件应支持多通道显示、多画面显示、多列表播放和支持多种格式的图像、视频、文件显示,并应支持同时控制多台显示端设备。

图书馆信息发布系统可采用不同类型的显示终端，如全彩LED屏、双基色LED屏、标准或嵌入式LCD屏、触摸屏等，可布置在总服务台、中庭、会议室、报告厅、阅览区服务台和公共活动区，发布会标、图书馆馆藏介绍、阅览区导览图、最新书籍信息和预览区借阅规则等。这套系统能够将这些不同类型的显示终端有效集成起来实现远程集中控制，并能对所集成的显示终端进行内部指令控制。通过网络远程控制，接合显示终端控制器控制软件对显示终端的显示内容、节目、字幕播放进行控制和管理，对显示终端的IP进行管理，能够对不同显示终端进行分组，并具备供电控制和自动校时功能。

8.3.3 多媒体会议系统

多媒体会议系统应按使用和管理等需求对会议场所进行分类，并分别按会议（报告）厅、多功能会议室和普通会议室等类别组合配置相应的功能。会议系统的功能一般包括音频扩声、图像信息显示、多媒体信号处理、会议讨论、会议信息录播、会议设施集中控制、会议信息发布等功能。会议（报告）厅宜根据使用功能，配置舞台机械及场景控制及其他相关配套功能等。其中具有远程视频信息交互功能需求的会议场所，应配置视频会议系统终端（含内置多点控制单元）。当系统具有集中控制播放信息和集成运行交互功能要求时，宜采取会议设备集约化控制方式，对设备运行状况进行信息化交互式管理。会议系统应适应多媒体技术的发展，并应采用能满足视频图像清晰度要求的投射及显示技术和满足音频声场效果要求的传声及播放技术。宜采用网络化互联、多媒体场效互动及设备综合控制等信息集成化管理工作模式，并宜采用数字化系统技术和设备。宜拓展会议系统相应智能化应用功能。

图书馆多媒体会议系统将各种会议系统及相关设备，如会议发言单元、扩声单元、视频显示单元、中控单元等有机地集成在一起，形成一个完整的系统，实现会议进行过程中只需要一名操作人员即可控制整个会议系统，通过计算机网络调用数据库中的各类数据和图像等信息，从而给与会者以声图并茂德视觉和听觉效果，营造出更好的会议氛围。

（1）数字会议系统图书馆数字会议系统采用先进的手拉手数字化连接方式，在传输过程中信号的质量和幅度都不会衰减，让每一个与会代表都可以听到稳定、纯正的声音，充分保证语言的清晰度和较大的语音动态范围。会场一般配备有线话筒和无线话筒，有线话筒的主席单元具有优先功能，当按下主席单元上的优先按钮时，就可关闭或静音正在使用中的代表单元，从而实现主席单元的人对会场的控制。而与有线话筒配套的电子铭牌设备，一方面可以显示发言人的姓名和职务，另一方面可通过主席单元实现会议表决功能。

(2)移动式数字会议系统在图书馆里公共区举办活动时,因地点不固定,需要配置移动式数字会议系统,该系统一般配备无线话筒和大功率有源音箱,满足活动现场的扩声要求。

(3)同声传译会议系统同声传译会议系统是图书馆实现高级别国际会议同步翻译不可缺少的系统单元,该系统可以保证演讲者在发言的同时,内容被同步传送到同声传议室的翻译单元,翻译人员即时将所听到的内容同声翻译成指定的目标语言,并通过独立的信道传送回会场。与会者头戴具有红外接收功能的耳机,通过手持接收器进行频道选择,可以随意选择自己能听懂的语言频道,满足会场多语种与会者收听会议的需要。

(4)远程视频会议系统图书馆远程视频会议系统多用于共享工程中心主会场与分会场之间的会议交流,系统终端通过网络接入 MCU(多点控制单元),将主会场会议现场的影像、声音等多媒体资料经压缩传输到网络,一个或多个不同地方的分会场再通过传输线路及多媒体设备,将声音、影像等多媒体资料进行还原,保证了主会场现场会议的实时传送,解决跨地域会场的沟通难题。

8.3.4 公共广播系统

公共广播系统应包括业务广播、背景广播和紧急广播,业务广播应根据工作业务及建筑物业管理的需要,按业务区域设置音源信号,分区控制呼叫及设定播放程序。业务广播宜播发的信息包括通知、新闻、信息、语音文件、寻呼、报时等。背景广播应向建筑内各功能区播送渲染环境气氛的音频信号。背景广播宜播发的信息包括背景音乐和背景音响等。紧急广播应满足应急管理的要求,紧急广播应播发的信息为依据相应安全区域划分规定的专用应急广播信令。紧急广播应优先于业务广播、背景广播。公共广播系统应适应数字化处理技术、网络化播控方式的应用发展,宜配置标准时间校正功能。声场效果应满足使用要求及声学指标的要求,宜拓展公共广播系统相应智能化应用功能。

优美、舒适的音乐会给人们的精神上带来快感,既可放松紧张的心情又可消除疲劳。公共区域背景音乐可以创造舒适、和谐的气氛。随着人们文化素质的提高和思想意识的不断提更新,人们对周围环境提出更高要求,背景音乐已经广泛应用于现代化智能建筑中。图书馆公共广播系统是在建筑消防分区的基础上,将背景音乐扩声装置均匀覆盖到建筑室内外,并按绿化广场、报告厅、读者餐厅、阅览区、公共活动区、办公区等区域功能的不同设置独立的分区广播。公共广播机房设置于监控控制中心,平时向图书馆建筑室内公共场所及室外绿化广场提供开、闭路多音源信号节目，用于通知、背景音乐、温馨提示等。同时该套系统与紧急广播系统合二为一，遇有突发事故（如火灾）发生时，设置于监控中心的总寻呼话筒能够强行切入，实现全区域内的紧急广播功能。在部分服务台如少儿阅览区服务台还可根据需要，设置单独的寻呼话筒，用于该单独分区里的广播寻人、活动通知等。

8.3.5 视频监控及报警系统

随着现代技术在图书馆的应用，图书馆服务方式也发生了重大改变，对图书馆管理提出了更高的要求。为满足图书馆开放式、多样化的服务要求，进一步强化图书馆的安全保障，视频监控及报警系统作为重要的辅助管理手段，已成为图书馆智能建筑建设的重要组成部分。除了在建筑传统位置如电梯轿箱、楼道前室、建筑出入口、公共区域布设监控设备点外，为了适应图书馆馆藏从传统闭架调阅到大空间开放阅览方式的转变，可在各类书架之间的通道处适当增设监控点，减少由于书架过高或过于密集而产生的阅览区域监控盲区现象，有效保护了藏书。同时，监控设备可与其他报警设备进行联动，如在阅览区服务台设置监控设备点位并辅以手动报警装置，一旦发生突发事件，服务台工作人员能够触发隐藏在服务台下方的报警按钮，监控中心能够第一时间调用对应位置的监控探头获取警情，并及时调动安保人员赶往事故现场。由于现代化建筑的室外多为开放式设计，室外周边安全防御逐步缩小为建筑外围防御，室外立杆上的监控探头需要与在建筑外墙一周均匀分布的三鉴探测器进行联动布防。特别是在晚上，一旦有不法人员闯入，联动系统将第一时间发出警报音，并且在电子地图上相应的位置进行闪动，监控中心能够调用最近的监控探头获取视频，并通知安保人员迅速出警。

8.3.6 门禁一卡通系统

门禁一卡通系统作为图书馆建筑智能化系统中的一部分，集自动识别技术和现代安全管理措施为一体，涉及电子、机械、光学、计算机技术、通信技术、生物技术等诸多新技术，迈向高度集成化，体现了现代智能化管理的要求。在图书馆实现一卡通系统，将图书自助借还设备、停车场设备、门禁设备、电梯楼层控制设备、巡更设备、餐厅消费设备等进行系统集成，以 IC 卡扇区可读写技术为核心，统一财经软件系统为后台，充分发挥智能化产品的科学性与先进性。让读者手持借书证，就能在馆内各种图书自助借还设备上无障碍使用，在餐厅进行自主充值消费，在停车场进行停车刷卡计时缴费；让工作人员手持工作证，按部门职能或工作范围分配相应的门禁权限，可在餐厅灵活结算公务消费，在停车场智能识别员工车辆，从而达到提升图书馆整体服务水平，降低服务成本的最终目的。

8.3.7 楼宇自控系统

楼宇自控系统对整个图书馆智能建筑的所有公用机电设备,包括建筑的中央空调系统、给排水系统、供配电系统、照明系统、电梯系统,进行集中监测和远程控制来提高建筑的管理水平,降低设备故障率,减少维护及营运成本。楼宇自控系统有三级组成:中央控制站、现场控制站、现场检测、执行单元。系统运用集中管理、分散控制方式,采用共享总线型的拓扑结构,通信网络采用统一的通信协议,对多个供应商不同系统间的集成采用国际通用的成熟标准。该系统通过对暖通空调、照明等系统运行的优化控制,达到环境舒适感,高效节能的目的;通过对各机电设备运行、安全状态灯自动监测、控制,实现对各机电设备进行集中统筹的、科学有序的、综合协调的智能管理;系统为大楼合理的能源管理、设备管理、设备维护提供有效的工具和数据,为减员增效、实现科学管理创造条件;通过对空气参数的监测、自动调节,从而为新馆提供良好的空气质量和舒适的环境,并满足图书馆及馆藏的特殊要求。图书馆内部除菌消毒设备尤为重要,这不仅避免了读者进入图书馆、翻阅借还图书时容易出现的细菌病毒交叉传播,同时也保障了馆员在日常工作中的健康问题,例如呼吸道感染、皮肤过敏等。笔者认为这一点可以借鉴目前一些幼儿园所采用的紫外线消毒设施,在闭馆的时间段里对馆内场所设备、馆藏文献进行杀菌消毒。

智能化是图书馆建筑发展的生命力,是现代图书馆建筑发展中的一大变革,它不但扩展了传统图书馆的功能,更提高了图书馆信息化的服务水平,使任何群体、任何个人都能与人类知识宝库近在咫尺,随时随地从中受益,有效实现了公众信息的传播。伴随着图书馆现代化、智能化的进程,图书馆建筑的智能化也成了当今公共图书馆建设的新内容,但值得特别关注的是,在接下来的发展之路上,智能建筑终将融入智慧城市建设,这也将成为是智能建筑的“梦”。

9 智慧图书馆应用案例

智慧图书馆是复合图书馆的一种高级形态，她在空间环境、硬件设施、资源建设方面应用了物联网、云计算、大数据、无线移动通信等信息技术和智能化设备，实现了人(馆员、读者)、文献、设备、建筑之间的互联，并对感知到的数据进行处理分析，通过开展自助、智能、全开放式读者服务，使馆藏文献资源和馆舍资源发挥最大效用，读者服务效率与满意度达到最高，充分发挥出图书馆为教学、科研服务的支撑作用[82]。各大图书馆的物理建设和服务都朝着智能化的方向发展，下面就图书馆的建设案例做一具体阐述。

9.1 物理空间中的智能化

图书馆是一个用于学习、写作、科研和创造性的物理空间，由于图书馆的物理空间有限，如何将其发挥最大效用，确保高质量的环境，成为图书馆建设的一大难题。随着读者需求变化，实体图书馆服务模式要不断创新，图书馆作为场所的功能更加凸显，空间作为一种资源逐渐成为读者新的需求。智慧图书馆基于物联网、移动服务、大数据等技术，让读者随时、随地、随心享受到图书馆资源的便利性，享受到图书馆阅读环境的人性化，享受阅读的快乐。

9.1.1 河北北方学院 24 小时智能图书馆

河北北方学院 24 小时智能图书馆是图书馆先进管理理念与现代科学技术相结合的产物。以自动化管理系统为依托，以自助图书馆管理系统为重点，通过调整馆藏布局、完善服务功能、优化服务流程，实现资源管理智能化，服务方式便捷化，读者服务自助化。其 24 小时智能图书馆包括以下特点：

(1)是一个读者可以全面感知、个性互动以及立体互联、灵敏便捷、节能低碳、无线泛在的图书馆。

(2)智慧图书馆安全监控设备根据环境需要进行隐藏式设计，营造人性化的阅读环境，与图书馆的环境完全匹配。

(3)安全门禁能够在 10 毫秒以内读取到图书借阅情况信息并通过移动门自动

开闭来进行读者借阅管理，所借图书在不修改 EAS(电子商品防盗系统) 防盗位的状态下电子标签只读不写。从而简化工作流程，提升操作效率及其准确率，有效地提高智慧图书馆的安全性。

(4)智能电子标签 UHF RFID 设计成专用于书籍的标签，隐蔽性好，和磁条一样粘贴在两页书之间，并且不受原先贴在书中的磁条干扰，保证足够的识别效率和足够长的使用寿命。防盗性能和磁条相当但比传统磁条更薄更短。

(5)标签只储存条码号和分拣类别号(便于分拣)；校园一卡通只储存读者条码号，确保隐私性。此方案最大优势是可以保证识别系统能在最短的时间(5～20 毫秒)内对没借出或夹带的书本警报，从而确保智能图书馆安全。

(6)在图书上保留原有条形码，既可以作为标签 ID 的备份，又可以通过智能手机识别条码进行借阅书籍。

智慧图书馆的读者服务工作实现了全开放、诚信、自助、24 小时无中断的优质服务。智慧图书馆的使用率随着读者的逐渐熟悉而日益提高，据年底读者入馆人数统计显示，2014 年图书馆入馆人次从 2013 年的 725 624 人增加到 88 4047 人，增幅达 21.8%，数据表明读者对于自助图书馆的接受程度和使用频率总体令人满意，图书馆服务效果与服务质量大幅度提升，未来智慧图书馆可将自助图书馆作为重点项目实施。

24 小时智能图书馆的发展方向为充分利用各种新技术，实现多种信息互联、互通从而在图书馆管理中将图书借阅、座位预约、安全监控等操作进行智能化管理形成智慧图书馆。

9.1.2 深圳市盐田区图书馆[83]

2016 年国内首个实体智慧图书馆日前在深圳市盐田区启用。走进图书馆，整体以蓝色为基调的海洋主题充满现代感。近 20 米高的空间中，圆形天顶采用透光软膜印制星空图案，墙面以竖向线条隐约浮现海浪曲线，其中光柱如同流星从穹顶坠落，地面互动投射出流动的海底世界，让人感觉置身于浩瀚的海洋，仰望广博无际的知识星空。

智慧图书馆主要由智能书架系统、传感网系统、智慧坐席系统组成。读者可通过智能书架快捷地浏览到所找书目的简介，还能方便地查找到书的具体位置；而馆员通过智能书架能实现图书的自动盘点功能，轻松找出错架的书本，提高了图书馆理员的工作效率。

馆中通过布设 Zigbee 传感网，实现了智能楼宇管理，能感知人流量与特殊读者的定位，实现固定资产的实时监控与防盗，自动调节环境温湿度，读者离开会自动关灯达到节能效果等。馆内设置的智慧坐席则集成了互动触摸设备和感应器，读者入座后可根据喜好调节坐位舒适度。系统后台能针对每个读者的阅读喜好，实现对读者的个性化、专门化服务。图书馆服务总台区域还设有机器人"贝贝"，可通过人工智能技术，为读者提供馆情咨询、服务咨询、活动介绍、业务指引等全天候自动服务。

智慧墙服务区(图书馆智慧平台的研究与示范)由45块液晶屏拼接而成，可提供信息展播、资源浏览、读者互动等功能。读者可通过上部分的"展示墙"浏览到各类信息以及实时观看报告厅转播的重要会议；下部分的"互动墙"则由9块多触点互动屏组成，读者可9人同时查询不同信息，还可实现线上线下互动功能。

值得一提的是，馆中自主研发的全国首个海洋文献联合目录库，整合了国内700多家图书馆的海洋馆藏信息，汇集了50万条海洋目录信息等，可为读者提供一站式的海洋信息检索、阅读、利用服务等。

盐田区图书馆不仅硬件充满智慧，还将智能服务通过软件延伸至每位读者。图书馆研发了各类APP，包括移动服务APP—Touch无限和激活。Touch无限是面向读者的移动服务APP，读者可以随时、随地通过手机APP与图书馆实现互联互通。激活是面向图书馆员的移动管理APP，实现图书馆的移动式业务管理和服务，管理员可以远程实时监控图书馆的运行状况。图书馆移动门户是移动社区APP，读者可以通过此APP参与图书馆的资源建设，并可与周边的读者进行互动、分享，使读者成为图书馆移动服务社区的主人。

9.1.3 信息共享空间(IC)

1. 印第安纳大学布卢明顿分校(IUB)图书馆信息空间共享服务(IC)概况

IC空间可以说是各高校及专业图书馆的标配，就各馆IC的硬件设施及所提供的服务，都朝着智能化的方向发展，是实现全面智慧图书馆不可或缺的一部分。印第安纳大学布卢明顿分校(IUB)图书馆IC空间的服务种类多样化且较完备，IC服务最为典型，这里对他的IC空间做一具体介绍。IC可以称之为研究室，主要为群体用户或个人研究者提供技术支撑和科研帮助，在这里用户可以集体讨论、学习或完成某项课题；技术支撑主要包括软硬件设施的高配置和智能化，科研帮助主要是文献资源的丰富性、培训服务的多元化。

IC提供的服务项目、软硬件设施如表9-1所示。

表 9-1 印第安纳大学布卢明顿分校图书馆 IC 服务内容

服务项目	服务内容
文献资源	①数字资源检索及培训服务。②图书馆流通外借服务，同时提供笔记本电脑外借服务。③图书馆的参考咨询服务。④信息素质教育与培训服务。⑤技术支持服务(由学生技术助理完成)。⑥IT 培训与教育服务。⑦学校信息技术服务中心提供的服务，主要包括修改密码、恢复文件、账户管理和配置无线上网、安装配置软件以及查杀病毒等帮助服务。⑧助残技术中心提供的服务。⑨校园其他部门提供的服务，包括写作培训服务、心理咨询服务等。
软、硬件设施	IC 的计算机设施分为群体工作站、多媒体工作站和打印设施 3 部分。其中： ①群体工作站：配备有 47 台高配置计算机，它们设置大屏幕显示器，可以同时供 2～4 名学生一起讨论协作； ②多媒体工作站：由 24 台计算机工作站组成，配备了扫描仪、麦克风、各种媒体阅读器、CD、DVD 刻录机等。学生可以利用这些设施进行数字视频的制作、模拟声频和数字音频的转换、编辑模拟、数字媒体文件、扫描文本和图等工作； ③打印：设施包括 9 台黑白激光打印机、3 台彩色激光打印机、2 台大型绘图仪和 2 台小型喷墨绘图仪。

2. IUB 图书馆 IC 特色服务

IUB 的 IC 是众多高校 IC 的缩影。他与传统意义上的图书馆有着很多不同，其服务内容、服务方式、配套设施都凸显了智慧图书馆的特征。

首先是不断变化的服务内容和服务方式。从表 9-1 中我们可以看出，在服务内容上，IC 这种服务模式整合了图书馆传统的流通阅览服务、信息检索服务、参考咨询服务和信息素养教育。他首先保留了传统图书馆为用户提供海量信息的功能，IC 服务区拥有 2 个图书馆书库文献供学生使用。它的参考咨询服务的主要任务是：为师生的专项课题或者个人感兴趣的研究提供咨询；负责资料搜集；负责为用户提供图书馆书库的所有印本或电子型书刊查询；互联网的有效利用以及校园网络支持服务。

同时，它也为用户提供传统图书馆所不具备的服务内容。首先是现代技术保障。学生技术中心为所有的工作台提供 IC 硬件和 180 台软件设备。总共有 330 个工作台，其中 263 个在 1 号 IC 服务区，68 个在 2 号 IC 服务区。所有工作台都保持着 3 年一次的设备更新。其次是相配套的技术服务。由相配套的技术中心“通过设计形式多样的项目对无技术能力的学生提供帮助”和“通过一对一的参考咨询方式使学生获得相关的技术能力。”而技术中心的 IT 专家的服务形式更为广泛。包括敞开式参考咨询：密码重置、文件格式化、学生计算机维修等；延伸参考咨询：关于无线网络的个人计算机配置、软件配置、个人计算机病毒以及 spy warePad ware 扫描等。第三是现代技术支撑下的帮助服务。为用户提供文字处理、spreadsheets 等软件系统；类似于 photo shop、find cut pro 的多媒体设备；印制旗帜、告示和 artwork 等彩绘；对用户的计算机和软件进行维修。多媒体工作室：总共有 24 个多媒体工作室，每个工作室内配备有扫描仪、麦克风、各种视听设备，CD 和 DVD。师生身处其中可以享受最现代、最智能化的服务。内容包括：VHS 视频、微型 DV 盘等数字化视频；可以直接获取录音录像带；可编辑的视频及相关内容；数字化音频和视频录像的传输；图像及文本扫描。这样的 IC 服务，其服务功能不仅完全超出了传统图书馆的服务范围，其提供的智能化设备更有效地支撑了用户的科研和学习工作，可在有限的空间中获取资源、整理分析数据直至研究成果的发布。

图书馆软硬件设施和文献资源的智能化和多元化，在用户的整个科研周期中发挥着重大作用。比如教授工作室，主要满足学院、系和教授的需求而设置的，它将图书馆与学校的课程学习和课题研究项目相结合，不仅为学院提供教学教研平台，而且在 IC 服务区有的教授工作室里，配备有设施完善的个人工作间，申请者在工作室可利用其中高配置设备完成整个科研周期中的信息采集、信息组织、信息分析、研究成果发布工作。

另外，智慧图书馆的建设不只体现在软硬件设施和文献资源上，其高素质的服务队伍是传统图书馆所无法比拟的。IUB 的 IC 服务将用户的需求和期望纳入到一个整体中，使参考咨询馆员、IT 技术咨询人员、甚至教师伴随用户周围，帮助用户完成信息的识别与检索、分析与处理、集成与综合等一系列工作。如在 1 号 IC 服务区提供了许多 IC 服务台，保障图书馆参考咨询服务和技术支持。图书馆员、技术人员和 ICUS 的图书馆学生以及信息科学的研究生雇员在总数为 168 小时的周工作日中提供 101 小时的参考咨询服务。在 IC 工作台，具有较高水平的大学生雇员每天 24 小时为 180 余台电脑工作台软件设备提供服务。总有一名优秀的学生轮流负责管理，有 1～4 名技术参考员，他们一年中要处理超过 37 000 件内部事务。技术参考咨询员的雇佣十分严格，主要依据他们对于用户的服务经验和接受培训时的学习为标准来使用的。位于 1 号 IC 服务区进出口服务台旁的是图书馆流通服务台和 IT 技术支持中心咨询台。由来自于学生和相应院系的大学生雇员提供每周121小时的流通服务。来自于UITS支持中心的全职和兼职学生雇员，负责为学生、教师及其他职员提供IT记账和修理个人电脑、laptops等服务，但此项属于付费服务。该中心每周服务时间为92小时。在2号IC服务区咨询台主要提供每周开放117小时的指导性帮助和技术支持。ICUS的研究生雇员每周有58小时服务台咨询服务并且负责从书库查找书籍、回答一些具有指导性的问题，完成开闭架书库的相关服务。2号IC服务台有STC的大学生雇员负责全天候开放，提供68个混合工作间的软件支持和为他们的laptop提供无线网络服务。这里的用户必须保持安静并遵守IC服务的相关政策。

最后，在管理上，IC服务更体现出智慧图书馆的现代性和包容性，那就是部门之间的协同与合作。图书馆与计算机中心、学生技术中心、技术支持中心学校、院系、远程学习中心等学校的其他部门连为一体，互相支撑，共同合作，为用户提供IT技术支持、专业教育等多样化的信息服务。IC服务区内的工作台由学校(UITS)和图书馆协作管理。图书馆和学校组成2个委员会来负责监督IC服务的持续发展和日常工作。IC服务的政府组（行政组）由图书馆和学校管理人员构成。IC服务的行动组由图书馆和负责每天操作的IT管理人员组成。值得注意的是，在IC服务区的人员，IC制订了工作人员的培训计划，以确保与IC的服务相关的工作人员都理解服务模式并且拥有将信息传递给所有用户的能力，及时地满足用户的信息需求，解答用户提出的问题。

从该校的IC空间和基础设施和服务可以看出，IC的实质是用户在同一平台上获取信息资源、获得信息帮助、提高信息素养并顺利进行学术研究交流的信息服务模式。在传统与现代的融合中，IC建设需要接受智慧图书馆的发展潮流，在软硬件设施、文献资源服务、技术支持、人员配备上体现现代科技的优越性，支持和强化用户的学习和科研活动。用户在智慧图书馆中IC空间，可以享受"一站式"服务，在智能化设备、专业人员的帮助下，采集、处理、存储、分析信息资源，完成科研生产和知识管理的全过程。可以说，未来IC的发展更能体现智慧图书馆带给用户的便利性，更能体现服务模式向"一站式"的转化。[84]

智慧图书馆基于物联网、移动服务、大数据等技术，各大图书馆都在建立有自我特色的智能化图书馆，让读者随时、随地、随心享受到图书馆资源的便利性。在不久的将来，各项技术日趋成熟，新的技术不断出现，定将促进智慧图书馆朝着高、精、尖发展。

9.2 虚拟空间的智能化

虚拟空间的扩展将图书馆服务空间再扩大、服务再延伸，智慧图书馆如何向虚拟服务模式转型，让图书馆的在线环境由用户定制，成为图书馆内外用户访问、研究、上网和学习的中心，也成为智慧图书馆需要解决的难题。虚拟空间的构建使用户可在任何时间、任何地点，登录图书馆网站，进行数字资源的检索阅读，同时为了不断满足用户的检索需求，各类型图书馆纷纷尝试一站式浏览与跨库检索、资源整合与集成、知识元链接等技术，发布了远程访问、资源整合渠道，满足用户需求。下面就虚拟空间的建设、资源整合渠道进行相关介绍。

9.2.1 促进科学研究的工具——VIVO

2010 年，康奈尔大学图书馆（CUL）针对各学院研究生在本专业馆借书情况进行的一项调查显示，跨学科馆藏使用不断增加。当今科学的一个重要发展趋势就是学科交叉渗透，重大研究项目越来越离不开跨界合作。而大学传统的院系行政结构使得教师对其他学科或其他机构的研究者缺乏了解。VIVO 是一个基于开源语义和本体结构的 Web 发现工具，其主要用途是创建虚拟学术互动社区，帮助研究者和管理者寻找潜在科研合作伙伴。VIVO 由 CUL 和康奈尔大学计算机专家于 2003 年发起，最初仅针对生命科学学科，目的是促进校内学术交流，揭示跨校区跨学科的研究者信息，它从学校和院系的管理系统中抓取信息，包括项目、基金、课程、出版物、学术活动、实验室与研究条件等，并提供个人网上创建、更新简历的便利服务。在康奈尔大学支持下，VIVO 逐步扩展到覆盖所有学科。2009 年，VIVO 获得美国国家卫生研究院（NIH）的 1 200 万美元资助，以康奈尔大学、弗洛里达大学、印第安纳大学、华盛顿大学等 7 所学校联手的方式迅速将其发展为一个全美跨学科科学家网络：VIVO Web[85]。2010 年美国农业部开始使用 VIVO，全球其他机构也可通过安装 VIVO 软件和提交数据，加入 VIVO Web。

9.2.2 资源发现渠道

面对分散的，媒介、获取途径、利用方式等各不相同的海量信息，如何有效地整合实体资源和数字资源、改善用户的搜索和阅读体验，才是图书馆体现其价值、保持其吸引力的关键所在，许多用户开始使用各种工具和方法在图书馆以外完成搜索。智慧图书馆要确保读者能够方便有效地发现和访问有关图书馆资源，突破各种信息屏障，构建连接实体资源和数字资源的各种服务，才是其保持活力的有效途径。为了强化检索服务效果，各体系图书馆纷纷做出了努力，支持用户采用新的技术和工作方法进行实体资源和数字资源的获取，提升读者对所需资源的访问能力。

1. 快速找寻图书 StackMap Assessment

用户在书库中寻找图书需要经过一个烦琐的过程。第一，在借阅系统中找到图书的条目；第二，记住此图书的位置信息和编目号码；第三，用户需要找到书库的电子地图或者实体地图去找到所需图书。LOL 通过整合书库 3D 影像映射到找书的环境（discovery environments），从而精简了这一过程。

2. 远程访问图书馆数字资源

高校图书馆、专业图书馆的数字资源具有开放性和专用性，即所有数字资源可为广大用户使用，由于高校图书馆和专业图书馆的用户存在地域分散、多校区的情况，如何实现网络互连实现内网图书馆数字资源的共享，成为智慧图书馆需要解决的问题之一。高校图书馆、专业图书馆大多使用 VPN、易瑞远程访问系统或自主开发的远程访问程序，帮助用户在图书馆外获取图书馆数字资源。

（1）虚拟专用网络（Virtual Private Network，VPN） VPN 属于远程访问技术，简单地说就是利用公用网络架设专用网络，进行加密通信。目前，较多的高校图书馆通过 VPN 建立虚拟专用网络，用户通过账号、密码登录（身份认证技术）即可检索馆内资源，保证了资源的专用性。VPN 还通过隧道技术、密钥管理技术、加解密技术保证数据在公共互联网传输时的私密性和安全性，因此非常适合高校图书馆和专业图书馆客户的远程访问设置[86]。由于 VPN 的安全性高、运营成本低且易于管理，近年来在高校图书馆远程访问中应用流行，有效地解决了图书馆资源的远程访问问题，提高了资源的利用率。

（2）易瑞授权访问系统 易瑞授权访问系统（IRAS Authorized Access System），采用 Java NIO 异步式架构，基于云模式的 WebOS 管理平台，以流式重写与端口映射的方式，实现公共图书馆、高校图书馆和专业图书馆的电子资源可在馆外远程登录访问[87]。其功能特点如下：

①可在任意浏览器直接使用，无须安装插件及客户端。

②其呈现界面简洁明了（图 9-1），将图书馆购买数字资源分门别类以导航模式出现，便于读者直接找到检索目标。

③教育网、公网等多重网络接入，解决跨网访问问题。

④云模式的平台管理，可以与图书馆系统、一卡通系统无缝链接，实现用户数据快速导入。

⑤增加数据监控、馆读互动功能。实现用户访问的后台监控，可防止用户恶意

1. 全文期刊 （11个）	
CNKI中国期刊全文数据库	Ebsco Business Source Complete (BSC)
Emerald 管理学全集数据库	E线图情
读秀百链学术搜索平台	国道外文特色专题数据库
皮书数据库	万方数据外文文献
万方学术期刊全文数据库	维普期刊资源整合平台
月旦知识库（台湾）	
2. 文摘索引 （7个）	
IngentaConnect期刊检索平台	NoteExpress参考文献管理与检索系统
OCLC FirstSearch（信息检索第一站）	超星知识发现系统
方略学科导航	南大核心刊引文索引(CSSCI)数据库
维普学科服务平台	
3. 电子图书 （5个）	
EBM电子书	读秀中文学术搜索平台
美星外文数字图书馆	书香经贸读书乐园 账号：一卡通，密码：123456
万方数据知识服务平台（图书）	
4. 论文库 （5个）	
PQDT国外博硕士论文全文数据库	万方博硕士论文
万方数据知识服务平台	中国博士学位论文数据库
中国优秀硕士学位论文全文数据库	

图 9-1　某高校图书馆易瑞远程访问界面

下载；同时可对用户访问行为、资源利用情况进行统计。

⑥Windows、Linux、Unix 平台均支持。

3. 资源导航类

现在各图书馆都在整合发现信息资源，其中一个重要的途径就是构建搜索平台，帮助用户快速识别、定位、使用数字资源和实体资源，其中最流行的就是一站式检索平台、各类型资源检索平台等。

哈佛大学图书馆为加强资源导航于 2012 年 8 月上线了图书馆新门户——Library Portal，使哈佛图书馆用户切实感受到了改革的新变化。哈佛图书馆新门户功能强大，界面简洁、大方，首页的中心位置为统一检索区，用户通过统一搜索框可以检索到哈佛图书馆的书目记录 HOLLIS（Harvard Online Library Information System）、自建机构库 DASH（Digital Access to Scholarship at Harvard）、购买的各类数字资源、开放存取资源、常春藤高校图书馆联盟 Borrow Direct 目录以及公共目录 Google Book、WorldCat 等共计 34 个资料库，文献类型涵盖所有图书目录、学术文献、期刊、电子资源、新闻、档案手稿、图像、学位论文等。

哈佛图书馆新门户能够实现资源的高度整合，采用简单、界面友好的方式向用户提供其所需要的一切信息。这是哈佛图书馆优先发展信息技术，为用户提供强有力的检索和发现功能的产物[88,89]。

馆藏资源是图书馆的基础，哈佛图书馆为了更好地利用资源，在不断完善HOLLIS(Harvard Online Library Informaion System)资源检索体系，将传统馆藏资源与数字资源整合检索外，还针对不同的研究主题组织馆藏资源，提供专题研究资源导航(Research a Topic)，并根据各专业图书馆馆藏数据的特殊性开发各种不同类型的信息检索系统，给用户利用资源提供途径。如搜索地理空间数据信息的HGL(Harvard Geospatial Library)，各种建筑材料尤其是新材料的研究及展示平台 Material Library，寻找档案、手稿、照片、绘画等资料的 OASIS(Online Archival Search Information System)，查阅可视化资源的 VIA(Visual Information Access)，世界上最大的搜寻社会科学研究数据的 IQSS Dataverse Network 数据库等。这已成为哈佛图书馆的一项重要服务[90,91]。

9.2.3 美国国会图书馆为特殊馆藏推出新版信息检索系统

2010 年，美国国会图书馆为特殊馆藏推出新版信息检索系统使美国国会图书馆特殊馆藏的检索变得更加容易。1 100 个分块检索工具能够使远程和当地研究人员更加顺利地检索到超过 3 200 万条档案信息，包括手稿、音乐、美国民俗、印刷出版物、图片、电影、广播节目、录音以及国会图书馆其他研究中心的资源，同时能够帮助研究者定位那些他们最感兴趣的原始资料。

通过该检索系统，用户可以更加简明、快速地检索和浏览所需信息。系统会对资源的各个部分进行描述，能够概括材料的整体内容，能够对信息中包含的个人和组织信息进行细节描述，并指出该信息是能被访问还是能被复制，同时提供可获取的相关数字信息的链接。该检索系统拥有完善的关键词系统，能够在单独文献内容内定位检索结果，为用户提供基于情景的检索结果。用户几乎能够在系统任何一个界面上开始检索信息，这使得精确检索更加简单并且避免了再次检索时重新返回检索界面的问题。

对于一些研究人员需要远程实地获取使用的图书馆珍稀资源，系统则醒目地标识出这些资源内容是否为异地存储内容以及是否有访问限制。信息检索系统在其显示内容中隐藏了元标签，使得用户能够将检索助手添加到自己的参考引文数据库中，并且支持下载、打印通常篇幅较长且复杂的 PDF 文档。

国会图书馆“信息检索助手”使用国际通用的文档编码描述标准编写，这个标准是由国会图书馆和美国档案工作者协会共同维护。这个新的检索系统将EADXML文档封装到METS工程中，然后使用XQuery搜索语言在本地XML数据存储平台存储、索引显示这些内容[92]。

通过前台设备与后台资源有机融合的空间改造来满足个性化的需求，图书馆正在不断将技术手段和设备应用到服务与空间中，以此来提升读者的体验。

9.3 图书馆基础设施的智能化

图书馆基础的硬件设施包括建筑、电器设备、计算机设备以及其他硬件设备，为探讨智慧图书馆的建设，采用各种技术措施和技术手段达到硬件设施智能化的目的，从而将图书馆员从繁重的体力劳动中解脱出来，提高图书馆管理的效率，节省劳动力。可以说在图书馆中，先进的技术可以在发生事件时迅速做出反应，这种以减轻图书馆负担为目标的新兴技术是智慧图书馆顺应时代发展的必然产物。这里介绍两个例子看一下相关技术如何使图书馆硬件设施智能化，从而提高图书馆的日常运行效率。

9.3.1 上海交通大学图书馆环境监测与节能系统

2011年12月，上海交通大学图书馆与美国国家仪器公司NI合作，发动本校学生针对传统中央空调忽冷忽热的现象，基于物联网理念，推出国内首个高校图书馆室内“环境监测与节能系统”[93]。

图书馆是空间较大的公共建筑，由于日照、季节等因素会导致室内温度分布不均匀的现象，这样一方面会影响学生的学习环境，另一方面会造成能源的极大浪费，为对图书馆的温度进行实时调控，针对目前图书馆空调控制系统不足的问题，上海交通大学图书馆推出了“环境监测与节能系统”。

该系统基于先进的物联网理念，通过构建无线采集和分析系统对阅览室环境参数进行采集及三维建模分析，实现了对室内大环境温度、湿度和空气质量的监测。对监测的结果分析后，对空调系统进行调节优化，确保在室内环境舒适的最大化，降低能耗，实现减排的目的。NI提供的WSN无线传感器网络可以通过无线网络传递采集数据而无须架设信号传输线，这降低了系统安装难度。对于阅览室内环境参数的显示方面，图书馆通过NI系统联盟商上海聚星仪器有限公司提供的RIO-Mesh数据库，用户可以在大型显示屏上清楚看到室内温度分布情况，同时还可借助全球网络在图书馆甚至交通大学以外的任何地点接入本系统，查询图书馆的当前的环境参数[94]。

国内首个高校图书馆室内“环境监测与节能系统”是图书馆基于物联网理念走向智慧图书馆的实验，也是图书馆智能化重要的一步。

9.3.2　河北经贸大学图书馆巡检系统简介[95]

随着信息网络技术和计算机技术的不断发展，各大图书馆都引进了自动化系统、各种管理软件和各类型数据库，使图书馆软实力得到了极大地提升。但随之而来出现了一系列问题，服务器被攻击、信息同步终端、设备断网等，图书馆员每天进行巡检，工作繁杂且容易遗漏。河北经贸大学图书馆设计开发了图书馆巡检系统，能够实现针对不同应用系统的自动巡检，从设备、网络、系统网页、数据库、应用系统等多方面提供监测数据，快速找到问题症结，及时报警提示技术人员进行修复。

巡检系统设计第一步确定 7 个监测对象，包括座位管理系统、图书管理系统、门禁系统、阅报系统、微服务站系统、管理服务器系统和资源服务器系统。第二步明确监测内容，监测各应用设备的网络环境是否正常运行；监测各网站、数据库链接页面的链接情况；监测数据库服务运行状态、数据库间数据同步情况等。第三步针对各个系统之间异构情况，实行独立监测，但会出现防止代码冗余问题，这就需要整合不同系统数据库信息，针对不同的数据库建立不同的连接串，针对不同的数据监测内容书写不同的 SQL 查询语句，将不同系统中的网络信息和网页信息进行统计、整理、编号、入库；通过 web 访问监测网络连通性，对数据库系统设置双网卡，合理配置网络路由信息，解决异构网络问题。最后，系统采用 HTML＋CSS 对巡检结果进行展示，对于多角度、多类别的访问对象，采用“一对一”的方式对页面结果进行显示，完善了网页响应时间，提高了用户的视觉感触。

河北经贸大学的巡检系统解放了技术人员每天的例行巡检工作，能对系统出现的问题进行及时维修，确保了读者的高效使用，提高了读者满意度，完善了图书馆管理。

9.4　图书馆中的人工智能

新技术与信息时代的新挑战是难以预测的。人工智能自诞生以来，理论和实践不断成熟，应用领域也日渐扩大，可设想人工智能带来的技术产品将开创革命的时代。谷歌人工智能阿尔法围棋已经战胜了韩国围棋高手李世石。这表明，随着计算机技术的发展，人工智能系统的运行速度、存储容量、数据拥有量等都将大幅度提升，而且更意味着人工智能已经拥有了“自学习”或深度学习的能力。阿尔法围棋的咨询师在与围棋对弈的过程中，自己的排名在 3～4 个月的时间里，从世界第600名一下子提升到第300名，这同样表明在与智能机器人互动的过程中，人的思维能力也在不断提升。将来智慧图书馆与人工智能设备结合，不仅解决的是图书馆工作效率的问题，其他专业的人员可与智能机器人互动，从而提升自身的专业知识和思维能力。

9.4.1 新加坡图书馆试用机器人管理员

人工智能为人类带来便利，其运用到图书馆中可减轻图书馆员的工作量，优化图书馆环境。新加坡图书馆试用机器人管理员，能够扫描书架并报告丢失书籍，从而减少图书馆管理人员的工作量。

新加坡图书馆试用机器人管理员，是由研究人员研发制造出一款名为AuRoSS的自主式机器人，能够在夜间用激光器扫描图书馆书架，并且编写生成关于丢失书籍或摆放错误书籍的名单。次日清晨，图书馆工作人员将根据这份名单整理相应的图书区域，这极大地节省了工作时间。研发AuRoSS机器人的A*STAR信息通信研究所称，AuRoss机器人利用激光器和超声波扫描检查书架。目前已在新加坡数个图书馆内试用，报告准确率高达99%。并且这种技术可以广泛应用于仓库及零售商店，有效节省员工工作时间。

9.4.2 图书馆咨询机器人

对现有的图书馆参考咨询系统进行技术升级，开发创建图书馆智能化机器人平台，实现全天候自动实时咨询服务。数字参考咨询系统一般包括常见问题自动回答子系统、人工处理问题子系统、图书馆资源检索子系统3个部分。有些图书馆将3个子系统嵌入到移动图书馆APP或微信公众号上，方便用户随时使用。这3个子系统的有机结合，可以把图书馆员从重复简单的工作中解脱出来，系统自动发掘用户常问问题，形成题集，辅助图书馆员回答用户问题。结合人工智能技术，对读者以自然语言提出的问题进行分析后，通过对关键词所表达的概念语义，从语义上理解、处理和检索读者提出的问题，为准确解答读者问题提供了保障[96]。

9.5 图书馆移动服务

计算机技术、互联网技术和通信技术的发展让图书馆移动服务成为现实。图书馆移动服务的方式，从短信推送到手机WAP网页，再到手机APP软件下载；服务载体，从2G手机、3G手机到4G手机、平板电脑等，用户随时随地可登陆图书馆网站或移动图书馆客户端检索图书馆数字资源。智慧图书馆广联互通的特点，使其能够实现IPTV(互联网协议电视技术)和手持移动设备之间的无缝对接。移动网络和计算机设备的不断发展,使随时随地检索、浏览文献资源成为可能,用户不再满足只在图书馆实体空间中检索阅读资料。

9.5.1 移动图书馆

借助3G、4G智能手机或其他阅读器,用户可浏览数字图书馆网页或下载移动图书馆客户端。①馆内外均可使用,任何时间、任何地点通过任何方式(手机、电脑、平板等)均可访问移动数字图书馆。②移动图书馆与用户的借阅卡号绑定,即可实现个性图书馆的构建。每个用户都拥有一个终生书房,可终生保留历史阅读记录。③移动图书馆中资源丰富,涉及图书、期刊、报纸、新闻资讯、视频等,其中大多数移动图书馆提供文本格式的阅读资源,其中上海图书馆提供电子图书种数达21万种,使用超星移动图书馆系统的图书馆均可使用3万册EPUB文本格式电子图书、400种报纸、10 000集有声读物、20 000部视频[97]。④移动图书馆APP实现了图书馆电子资源的一站式检索与全文移动阅读,使用移动图书馆APP可在馆内外进行书目查询、图书续借、到期提醒、文献查询与下载、视频观看等个性化移动阅读服务。⑤参考咨询服务,与图书馆员实时交互,发送咨询问题并得到相应回答。

9.5.2 微信公众号

微信是当下运用广泛的新媒体互动通信平台,微信公众平台可以依据用户自身的需求来开发相应的服务模块、编辑信息和采集信息,进行定制化的服务。各大图书馆在移动阅读服务建设的过程中,正是看到微信公众号的成本建设和便捷性,纷纷发布了图书馆微信公众号,并将图书馆数字资源、图书馆相关服务纳入其中。

一、整合图书馆馆目查询和数字资源提供检索渠道,让师生更便捷的获取图书馆信息资源,同时可进行书目检索、图书预约续借和到期查询。

二、微信平台可发布资源推介公告信息和讲座信息。微信平台上可发布最新采购的图书、数据库资源、试用资源等信息,告知读者使用;还可对图书馆近期活动进行推广宣传,例如数字资源检索与使用讲座、读书月相关活动等公告信息,同时对已开展的活动及时发布现场视频、图像、文字总结等,可让未参与人员享受活动带来的信息知识。

三、有的高校图书馆发布座位预约功能块,师生可提前预约自习座位,在规定时间到图书馆微服务站进行确认,即可在预约座位自习,这一功能使图书馆空间得到极大利用,避免了占座现象。

四、参考咨询与互动服务,微信平台可与用户进行互动活动,对图书馆资源建设和使用、服务有疑问的，可进行咨询和意见反馈。收集的用户意见和咨询问题会成为图书馆服务的信息采集渠道，从中可了解用户需求，优化服务质量。对常见问题可发布常见问题题集，或在平台上进行相关主题发布[98]。

五、其他创新服务，如课表查询、线下图书直接互借、扫描二维码直接借阅等[99]。

9.5.3 超星云舟

超星公司开发的云舟域空间知识服务系统，集空间、工具、平台、资源、服务于一体，是图书馆虚拟空间、移动服务的前沿探索。云舟域空间知识服务系统有以下特点：

(1) 新的信息组织单元——域　云舟打破传统期刊的模式，将其进行重组，以“域”为单元组织信息资源，“域”可按读者需求进行内容更新，其载入信息类型包括文本、图片、音视频，轻松实现资源的结构化、富媒体化。

(2) 便捷的专题建设工具　作者可在线编辑文本、图片、链接等，同时可添加整本图书、编辑图书内页、剪辑音视频，以及已建专题的资源插入等，轻松实现富媒体效果。

(3)虚拟空间　在获取图书馆的资源和服务的同时，可把自己的阅读感悟、学习记录、创作作品等资源分享给大家。

(4)全终端学术交流平台　支持 PC 端及移动设备端等多终端交流方式，读者按域建立不同学术小组，形成学习者与他人协作和交流的互动关系。移动客户端可在移动设备随时订阅专题、查看专题、管理我的书房、记录笔记等。

图书馆的移动服务，通过相应的接口开发，利用数字图书馆和移动手持设备的交互，实现两者的互联。用户随时随地借助相关设备，可对图书馆资源进行移动阅读和享受图书查询、预约、续借，建立虚拟学习空间等服务。这种创新服务增加了图书馆在用户心中的地位，增强了用户对图书馆的依赖度。随着计算机和通信网络技术的发展，未来图书馆的移动阅读服务和虚拟空间服务会不断提升，开创出更多的服务项目，满足用户的科研、娱乐需求。

参考文献

[1] Borja J,Castells M. Local and Global Management of Cities in the Information Age[M]. London: Earthscan,1997.

[2] Song G,Zhang N,Meng Q. Innovation2.0 as a Paradigm Shift: Comparative Analysis of Three Innovation Modes[A]//Proceedings of the 2009 International Conference on Engineering Management and Service Sciences[C]. Beijing: IEEE,2009.

[3] 宋刚,张楠. 创新 2.0:知识社会环境下的创新民主化[J]. 中国软科学,2009(10):60-66.

[4] Palmisano S J. CEOs Deliver Remarks on the Economy and Stimulus Package [EB/OL]. (2009-01-28)[2016-08-09]. http://www.ibm.com/ibm/ideasfromibm/us/news_story/20090130/index.shtml.

[5] 王广斌,崔庆宏. 欧洲智慧城市建设案例研究:内容、问题及启示[J]. 中国科技论坛,2013(7):123-128.

[6] 约瑟夫·奈. 软实力[M]. 北京:中信出版社,2013.

[7] 李春佳. 智慧城市内涵、特征与发展途径研究——以北京智慧城市建设为例[J]. 现代城市研究,2015(5):79-83.

[8] 董伟,等. 数字城市的"有机增长"模式//赖明,王蒙徽. 数字城市的理论与实践. 广州:广东世界图书出版公司,2001.

[9] 蔡苏,黄荣怀. 服务是数字校园新的需求[J]. 中小学信息技术教育,2009(11):59-60.

[10] 陈丽. 数字化校园与 E-learning——信息时代大学的必然选择[M]. 北京:北京大学出版社,2007.

[11] 程艳旗. 浙江大学智慧型校园建设探索[EB/OL]. http://wenku.baidu.com/view/dfe4352c2af90242a895e5e9.html? from=rec&pos=1&weight=18&lastweight=5&count=5[2016-08-10].

[12] 祝智庭,贺斌. 智慧教育:教育信息化的新境界[J]. 电化教育研究,2012(12):5-13.

[13] 黄荣怀. 智慧校园:数字校园发展的必然趋势[J]. 开放教育研究,2012,18

(4):12-17.
[14] 宗平,朱洪波,黄刚,许建真.智慧校园设计方法的研究[J].南京邮电大学学报(自然科学版),2010,30(4):15-19,51.
[15] 内蒙古移动"智慧校园"项目在锡林郭勒启动[EB/OL]. http://www.jx.10086.cn/group/whatsnew/news/file68.html.
[16] 陈颖.基于情景感知的智慧校园体系及运营模式探究[D].北京交通大学,2013.
[17] 马先皇.网络图书馆定义研究[J].图书馆理论与实践,2007(6):12-13.
[18] 和艳会,李和娟,关琼,杨慧.浅谈网络图书馆、数字图书馆、虚拟图书馆的概念[J].农业图书情报学刊,2006(9):118-121.
[19] 和艳会,李和娟,关琼,杨慧.浅谈网络图书馆、数字图书馆、虚拟图书馆的概念[J].农业图书情报学刊,2006(9):118-121.
[20] 吴慰慈,董焱.图书馆学概论[M].北京:国家图书馆出版社,2008.
[21] 张晓林.颠覆数字图书馆的大趋势[J].中国图书馆学报,2011(9):4-12.
[22] 苏新宁.大数据时代数字图书馆面临的机遇和挑战[J].中国图书馆学报,2015(11):4-12.
[23] 王世伟.未来图书馆的新模式——智慧图书馆[J].图书馆建设,2011(12):1-5.
[24] 张洁,李瑾.智能图书馆[J].图书馆理论与实践,2000(6):2-3,31.
[25] 陈鸿鹄.智能图书馆设计思想及结构初探[J].现代情报,2006(1):116 - 118.
[26] 李峰,李书宁.基于物联网技术的智能图书馆发展研究[J].图书情报工作,2013(5):66-70.
[27] 王世伟.未来图书馆的新模式——智慧图书馆[J].图书馆建设,2011(12):1-5.
[28] 陈鸿鹄.智能图书馆设计思想及结构初探[J].现代情报,2006(1):116 - 118.
[29] 严栋.基于物联网的智慧图书馆[J].图书馆学刊,2010(7):8-10.
[30] "智能图书馆　改变了大学图书馆的风景"[EB/OL].[2010-12-01]. http://chinese.joins.com/gb /article.do? method=detai&lart_id=43056&category=002002.
[31] 严栋.基于物联网的智慧图书馆[J].图书馆学刊,2010(7):8-10.
[32] 王世伟.论智慧图书馆的三大特点[J].中国图书馆学报,2012(11):22-28.
[33] 韩丽.物联网环境下智慧图书馆的特点、发展现状及前景展望[J].现代情报,2012(5):48-50,54.

[34] 马然. 馆员驾驭智慧图书馆的研究[J]. 情报探索,2012(9):109-111.
[35] 王世伟. 论智慧图书馆的三大特点[J]. 中国图书馆学报,2012(11):22-28.
[36] 董晓霞,龚向阳,张若林,等. 智慧图书馆的定义、设计以及实现[J]. 现代图书情报技术,2011(2):76-80.
[37] 牛勇. 论图书馆物联网[J]. 图书馆理论与实践,2011(1):15-16.
[38] 季拥政. 基于物联网技术的图书馆管理[J]. 河南图书馆学刊,2011 (4):78-80.
[39] 季拥政. 基于物联网技术的图书馆管理[J]. 河南图书馆学刊,2011 (4):78-80.
[40] 董晓霞,龚向阳,张若林,等. 智慧图书馆的定义、设计以及实现[J]. 现代图书情报技术,2011(2):76-80.
[41] 王海树. 我国图书馆 RFID 技术应用研究——以安徽大学图书馆 RFID 项目建设为例[D]. 安徽大学,2014.
[42] 姚国章,余星,项惠惠. 智慧图书馆的总体设计与应用系统建设研究[J]. 南京邮电大学学报(自然科学版),2016(2):18-28.
[43] 蒋永福,付军. 图书馆服务五原则[J]. 中国图书馆学报,2003(3):21-24.
[44] 程亚男. 再论图书馆服务[J]. 中国图书馆学报,2002(4):18-21.
[45] 程焕文,张靖. 图书馆权利与道德[M]. 桂林:广西师范大学出版社,2007:12.
[46] 中国图书馆学会. 图书馆服务宣言[J]. 中国图书馆学报,2008(6):5.
[47] 范并思,肖群. 志愿者行动与现代图书馆服务原则的有机融合[J]. 图书馆理论与实践,2009(8):1-3.
[48] 陈克杰. 普遍均等原则下的城市公共图书馆服务体系建设[J]. 图书馆设,2009(10):53-55,59.
[49] 王磊. 社会包容视域下的图书馆服务原则研究[D]. 哈尔滨:黑龙江大学信息管理学院,2011:33-40.
[50] 黄俊贵. 公共图书馆的服务原则及其实践[J]. 中国图书馆学报,2006(6):5-11.
[51] 蒋永福,付军. 图书馆服务五原则[J]. 中国图书馆学报,2003(3):21-24.
[52] 程亚男. 再论图书馆服务[J]. 中国图书馆学报,2002(4):18-21.
[53] 初景利. 西方图书馆评价理论评介[J]. 中国图书馆学报,1999,25(3).
[54] 黄俊贵. 图书馆服务理念琐谈[J]. 图书馆,2001(2).
[55] 董晓霞,龚向阳,张若林,等. 智慧图书馆的定义、设计以及实现[J]. 现代图书情报技术,2011(2):76-80.

[56] 物联网概念的起源及演变.中移物联网[2014-02-20]
[57] 韩丽. 物联网环境下智慧图书馆的特点、发展现状及前景展望[J]. 现代情报，2012，32(5)：48-50.
[58] 刘伟，张益铭.物联网关键技术[J]. 数字技术与应用，2011(6)：172.
[59] 徐军玲. 物联网技术与图书馆的智能化[J]. 图书情报工作，2013，57(12)：114-117.
[60] 陈文娟. 现代智慧图书馆的构建研究[J]. 绿色科技，2016(6)：249.
[61] 王玺. RFID系统在高校图书馆的应用[J]. 科技资讯，2016(8)：125.
[62] 李桂林.RFID技术在国外图书馆的应用研究[J].现代情报，2010，10(11)：156-158.
[63] 徐军玲. 物联网技术与图书馆的智能化[J]. 图书情报工作，2013，57(12)：114-117.
[64] 百度文库. M2M平台[EB/OL].(2016-08-12). http://baike.baidu.com/view/2197449.htm
[65] 上海社会科学院信息研究所.智慧城市辞典.上海：上海辞书出版社，2011.
[66] 上海社会科学院信息研究所.信息安全辞典.上海：上海辞书出版社，2011.
[67] 罗根源. 云技术和云的发展[J]. 科技传播，2011(9).
[68] 中国云计算. 云计算的关键技术.[EB/OL]. (2014-04-9)http://www.chinacloud.cn/show.aspx? id=9087&cid=22
[69] 王金英. 云环境下图书馆创新策略研究[D]. 河北大学，2012.
[70] 祝森生. 大数据时代关于智慧图书馆的几个研究问题探讨[J]. 图书与情报，2013(05)：126-128.
[71] 许艳丹，张前进. 基于物联网的智慧图书馆研究[J]. 陕西理工学院学报：自然科学版，2016，32(1)：50-53.
[72] ProQuest company. Summon网络级发现服务简介及功能说明. [EB/OL]. (2014-01-20). http://wenku.baidu.com/link? url=CIhU-KKBZ8qyh4vWf-uSMlAuUnh5St2aJrVc56Uzy1On_CF5LMgIdv4JgQKvkX2YadOebIJvDElZfV860LDsnt8O2nBP7wGuEUrf1vu3nsW
[73] 王红霞. WorldCatLocal资源整合与服务集成及其启示[J]. 现代情报，2010，30(03)：45-47.
[74] WorldCat Local libraries now have mobile views[EB/OL]. http://www.oclc.org/us/en/news/announcements/2010/announcement516.htm
[75] 孙杨. OCLC WorldCat Local发展综述[J]. 山东图书馆学刊，2011(5)：46-

49.
[76] 胡小丽. 国内图书馆基于 LibGuides 学科知识服务——平台的应用调查与对策研究[J]. 图书馆学研究, 2013(3):81-86.
[77] 袁晔, 郭晶, 等. Libguildes 学科服务平台的应用实践和优化策略[J]. 图书情报工作, 2013(2):19-23.
[78] Breeding, Marshall. Themes of Consolidation to Prevail in 2014[EB/OL]. (2014-01-20). http://librarytechnology.org/repository/item.pl? id=18816
[79] Breeding, Marshall. Serials Solutions Announces Intota Assessment[EB/OL]. (2013-06-22). http://librarytechnology.org/repositoryitem.pl? id=18079
[80] 大夏通信社. 智慧图书馆或将无处不在. http://sanwen8.cn/p/13dG4Ic.html
[81] 马骏涛. 基于移动互联网技术的移动图书馆系统研建[D]. 中国人民解放军军事医学科学院, 2012.
[82] 刘煦赞. 我国智慧图书馆研究述评与思考[J]. 图书馆理论与实践, 2015(5):32-36.
[83] 经济日报, 走进智慧图书馆, 2016-5-13, [http://finance.huanqiu.com/roll/2016-05/8924495.html
[84] 盛兴军. 专业性、研究型大学图书馆信息空间共享服务的创新模式:以印第安纳大学布卢明顿分校信息共享空间服务模式为例[J]. 情报科学, 2007, 25(12):1839-1864.
[85] VIVO WEB[EB /OL]. [2011-08-25]. http://vivoweb.org /.
[86] 曾斯. 基于 VPN 技术的高校数字图书馆的应用研究[J]. 电脑知识与技术, 2015(8):39-41.
[87] 易瑞授权访问系统[EB /OL]. [2016-08-25]. http://baike.baidu.com/link?url=ENtMa6vcvwPGzsc0igLMSVhXDHqVjxCF2WjJ_LyGqfaC1onL6TulDGs7YhtXKWzaLdW5tNBdmf9So-EOK8yZia
[88] 申蓉. 哈佛大学图书馆改革与启示[J]. 图书馆建设, 2013(6):63-65.
[89] http://harvardmagazine.com/2012/10/harvardlibrary-new-portal-and-reorganization
[90] 陈启梅, 张冬荣. 哈佛大学图书馆学科服务特色即对我国的启示[J]. 知识管理论坛, 2013(7):6-11.
[91] 俞德凤. 哈佛燕京图书馆工作与实践[J]. 新世纪图书馆, 2009(5):92-94.

[92] Library of Congress. Library of Congress Unveils Redesigned Searc System for Archival Finding Aids[EB/OL]. [2010-10-28] http://www.loc.gov/today/pr/2010/10-242.html
[93] 陈文娟. 现代智慧图书馆的构建研究[J]. 绿色科技，2016(6):249.
[94] 佚名. NI携手上海交通大学新图书馆构建环境监测与节能系统[J]. 电子测量技术，2012(01):224-224.
[95] 胡永会，高玉梅. 图书馆巡检系统的设计和实现[J]. 图书馆理论与实践，2016(01):95-97.
[96] 张惟. 人工智能与机器人在现代图书馆中的应用[J]. 数字技术与应用，2012(11):106-106.
[97] 魏群义，袁芳，贾欢，等. 我国移动图书馆服务现状调查——以国家图书馆和省级公共图书馆为对象[J]. 中国图书馆学报，2014，40(3):50-63.
[98] 卢建松. 基于微信公众平台的高校移动图书馆的服务探讨[J]. 现代营销旬刊，2016(3):144-144.
[99] 陈文文，李燕，周欢. 微信环境下高校移动图书馆信息服务的创新[J]. 图书馆建设，2015(5):80-83.